永不停息的探索者

朱政惠先生纪念文集

华东师范大学中国史学研究中心 编

上海辞书出版社

图书在版编目(CIP)数据

永不停息的探索者：朱政惠先生纪念文集 / 华东师范大学中国史学研究中心编. — 上海：上海辞书出版社，2023

ISBN 978-7-5326-6135-0

Ⅰ. ①永… Ⅱ. ①华… Ⅲ. ①朱政惠—纪念文集 Ⅳ. ①K825.81-53

中国国家版本馆CIP数据核字（2023）第196727号

YONGBU TINGXI DE TANSUOZHE: ZHU ZHENGHUI XIANSHENG JINIAN WENJI

永不停息的探索者：朱政惠先生纪念文集

华东师范大学中国史学研究中心　编

责任编辑　陆琦杨　裴　杰
装帧设计　黄　骏
责任印制　王亭亭

出版发行　上海世纪出版集团
上海辞书出版社®（www.cishu.com.cn）
地　　址　上海市闵行区号景路159弄B座（邮政编码：201101）
印　　刷　上海展强印刷有限公司
开　　本　720毫米×1000毫米　1/16
印　　张　19.75
字　　数　305 000
版　　次　2023年12月第1版　2023年12月第1次印刷
书　　号　ISBN 978-7-5326-6135-0/K · 1252
定　　价　128.00元

朱政惠先生（1947 — 2013）

1968 年 1 月，朱政惠先生在黄山茶林场砌砖建造知青宿舍

1970 年，朱政惠先生开拖拉机耕田

1976 年，为修公路，朱政惠先生与连队成员抡榔头打炮眼

1982 年华师大历史系 78 级党支部全体党员合影：
前排左起：朱政惠、忻平、龚丹臣、龚若栋、邬国义、苏智良；
后排左起：朱华、杨金福、杜小悌、沈坚、陈忠信、黄四海、陆妹娣

在导师吴泽先生（左）书房

1993 年 9 月 1 日拜访吕振羽先生的夫人江明女士

1993 年 11 月 15 日在美国费城图书馆查阅资料

1996 年 3 月 26 日，华东师范大学海外中国学研究中心成立（左二为朱政惠先生）

1998 年 5 月 28 日，硕士研究生毕业论文答辩会留影

（前排右一为朱政惠先生）

参加“世界中国学论坛”学者合影

（左起：马大正、戴逸、于沛、耿昇、朱政惠）

参加“世界中国学论坛”与学者、弟子合影
(左三为朱政惠,左五为张芝联,左七为姜进,左八为王维江,其余均为朱政惠弟子)

左起：胡逢祥、仓修良、乔治忠、朱政惠、盛邦和

左起：成崇德、朱政惠、于沛、耿昇、孙立新、于逢春

在费正清研究中心门口朱政惠夫妇（右一、右三）与曹景行夫妇合影
（左起：曹景行、林雪仙、蔡金莲、朱政惠）

访问密歇根大学费维恺教授（左）

与史景迁教授（右）合影

在加州大学圣地亚哥分校与周锡瑞教授（右）合影

斯人已逝　风范长存

——悼念政惠学长

（代前言）

王　东*

朱政惠教授离开我们快十年了。这些年来，每次经过他生前工作过的办公室门前，我的内心都会油然而生出一种无法言说的怅惘。这种怅惘，交织着多种复杂的情感，因其复杂而无法言说，更因其无法言说而郁结于内，久久未能释然。其中，既有对他早逝的痛惜与不舍，也有着自己因未能完成他的托咐而生出的遗憾与愧疚，同时还兼有对当下学术生态无可奈何的感喟与慨叹。也正因为如此，当马少甫几个月前嘱我为他们编辑的这本纪念文集写一篇文字时，我每每一坐到电脑台前，便情不自禁，浮想联翩，无法整理自己的思绪，故而迟迟未能成文。

我生也晚。当我于 1981 年 9 月考入华东师范大学历史学系的时候，政惠兄已是即将毕业的高年级学长。1985 年 7 月，我大学毕业，考上本校中国史学研究所的硕士研究生，政惠兄已完成了在史学所硕士阶段的学习，即将进入博士阶段。我和政惠兄之间的交往，也由此开始。开学不久，我们便得知，由于史学所的研究生人数不多，所以硕士生和博士生的党组织活动，都放在同一个支部，而政惠兄正是我们的支部书记。除党组织活动之外，每个星期五的下午，我们都有政治学习和时事讨论，而学习和讨论的地点就在政惠兄位于第五宿舍的寝室。那是一个理想主义狂飙突进的年代，改革开放的新局，把大学校园点染得百花齐放。新思想、新知识纷至沓来，各种主义、各色蓝图层出不穷。熏陶于其间的青

---

* 王东，华东师范大学历史学系教授。

年学子，一个个意气风发，豪情万丈，凛凛然而有舍我其谁的气概。正因为如此，每到学习和讨论的时候，我们便聚集在政惠兄的那间寝室，指点江山，激扬文字，无所顾忌地宣泄着激情，无拘无束地放飞着自我。特别是我们这一帮从学校到学校的同学，不是海阔天空，放言高论，就是唇枪舌剑，辩难抬杠，往往语不惊人誓不休。年长我们十多岁、在黄山脚下“经风雨，见世面”整整十年的政惠兄，看着我们一个个像好斗的公鸡，不是面红耳赤，就是意气难平，总是在平静之中保持着他那特有的微笑。他既没有附和我们的话题，也从不批评我们的幼稚。他只是在讨论即将结束之际，三言两语，说出自己的看法，语气平静，表情温和，不徐不疾。多年之后，遥想当年的一幕幕场景，除了自嘲我们当时的年少轻狂，更多的是感念政惠兄那些年所给予的兄长般的呵护与包容。这种呵护与包容，对我们此后的人生产生了莫大的影响。我本人一路走来，始终就是一个不可救药的理想主义者。除了时代的塑造和个人的禀性之外，当年政惠兄和诸位学长的呵护与包容，是不是也有着潜移默化的作用？

1988 年 7 月博士毕业后，政惠兄到学校研究生院培养处担任管理工作。那个时候，博士毕业直接从事行政管理工作的，还属凤毛麟角。他负责的培养处，是研究生院的一个核心部门。政惠兄以他踏实稳健的作风、循序渐进的方法、缓急有致的节奏，一方面建章立制，一方面推进改革，很快便把研究生的培养工作做得成绩斐然。我至今都还记得，在几次全校大会上，他领导的培养处都作为典型而受到表彰。我还记得，张瑞琨和王建磐前后两任校长都曾在公开场合把他誉为“学而优则仕”的代表。

正是在政惠兄主政培养处期间，华东师范大学研究生院推出并不断完善了对研究生学术成果的奖励措施。如所周知，改革开放以后，为适应国家各项事业发展对更高层级人才的需要，研究生的招生制度，很快就建立起来。但是，对于研究生该如何培养，除了经验性、程序性的工作之外，很少有系统的制度性设计。举凡课程、教材、论文写作及答辩程序等，都还处在经验的积累与探索阶段。政惠兄在上任伊始就强调，研究生之所以区别于大学生，正在于“研究”二字。研究生的培养成效，主要就体现在研究能力的提升方面，而研究能力的提升自然而然地就外化为研究成果的发表。因此，建立激励性的培养机制，焕发研究生的学术探索热情，鼓励他们多出成果、出好成果，便成为培养环节的重中之重。这些在今天看来，似乎都是卑之无甚高论，但在当时却是重要的探索。我在研究生求学阶段，有幸获得过学术成果二等奖和三等奖的两次奖励。获奖的证书，正是政惠兄亲自颁发的。我第一次听到他关于学术研究就像打一口深井的比喻，就是他在给我颁发证书时说的。30 多年的时光倏忽而过，当时的情景依然历历在目。

前面说过，两任校长都把政惠兄视为“学而优则仕”的代表。他在行政岗位上的确也做得风生水起。然而，凡是真正了解政惠兄的人也都知道，他的生平志业显然不在“仕”而在“学”。对政惠兄而言，管理只是日常的工作，他念兹在兹的依然在于学术。像那个年代的很多学者一样，政惠兄自大学时代开始，就对学术抱有一种宗教般的热忱。在我的理解中，这种热忱，是一种废寝忘食的投入，是一种呕心沥血的付出，是一种矢志不渝的追求，是一种“虽千万人吾往矣”的勇迈，也是一种千回百转而又痴心不改的孤寂与决绝，更是一种用生命来承担学术的神圣使命。正是因为始终对学术抱有巨大的热忱，他才能够在挑起繁重的行政工作的同时，挤出一切可以挤出的时间，利用一切可以利用的条件，在他钟爱的学术领域，辛勤耕耘，无怨无悔。继 1992 年在博士学位论文的基础上出版了首部专著《吕振羽和他的历史学研究》之后，1996 年他又推出了《史之心旅——关于时代和史学的思考》(以下简称《史之心旅》)这部近 30 万字的著作。在当时学术著作出版千难万难的条件下，能够在短短的四年时间里，出版两本专著，可谓十分不易。在《史之心旅》的“后记”中，他以平静的语气写道：走上工作岗位之后，“由于担任了一定的行政负责工作，所以教学科研不得不尽量抓紧时间。通宵达旦写作是常有的事。遇到寒暑假，便是我遨游史学王国的最好时机，严寒酷热全部置之脑后了”。他还夫子自道：“拙著的绝大部分篇幅，都是 1988 年毕业以后，在不得不刻苦奋争的情况下撰就的，所以倍感这份成果的来之不易。”质朴的文字背后，不仅倾注着他对学术的执着与苦恋，而且也折射出他这一代学者以生命承担学术的慷慨与欢欣。

正是由于对学术抱持着近乎宗教般的热忱，日常生活中的政惠兄，与作为学者的政惠兄，时常给我以两种完全不同的印象，甚至可以说是判若两人。日常生活中的政惠兄，言语不多，行事低调，严谨而又谦和，质朴而又敦厚。凡是和他熟悉的人，无不对他温文儒雅的性格印象深刻。然而，一到学术领域，政惠兄就像换了个人似的。他眼光锐利，笔锋凌厉，开疆拓土，活脱脱就是一位横刀跃马、决战疆场的将军。他的硕士和博士学位论文都是关于吕振羽的史学研究。他之所以把这个选题作为学位论文，前后用了六年的时间，苦心孤诣，经之营之，一方面自然与师门的学脉承传有关（吕振羽是业师吴泽先生的老师），但是另一方面，或许也是更为重要的方面，还是基于他对20世纪中国马克思主义史学发展命运及其研究现状的深刻思考。政惠兄写作硕士和博士学位论文的时候，正值20世纪80年代中后期。当时，在反思、批判“文化大革命”极“左”思潮的过程中，历史研究要“回到乾嘉”，也渐渐成为一种时尚。可以说，如何客观地评价中国马克思主义史学的历史贡献，科学地总结包括吕振羽在内的前辈马克思主义史学家的学术遗产，不仅是一项重要的学术课题，而且也关乎拨乱反正后中国史学的健康发展。从研究现状来看，当时的学术界对郭沫若、吕振羽、范文澜、翦伯赞等老一辈马克思主义史学家的个案研究，几乎还是一片空白，既有成果基本上都还停留在粗线条的、笼统的面上的介绍阶段。再则，就吕振羽史学遗产的丰富性和重要性方面来看，吕振羽是继郭沫若之后中国马克思主义史学界的杰出代表，他的《史前期中国社会研究》《殷周时代的中国社会》和《简明中国通史》等，都是马克思主义史学发展史上的经典文本；他提出的“殷商奴隶制社会说”“西周封建说”“明清资本主义萌芽说”等一系列重要论说，不仅是中华人民共和国成立前马克思主义史学界的重大理论创获，而且对1949年之后中国史学的发展，都产生了极其深刻的影响。正因为如此，深入地、系统地研究吕振羽史学这一个案，对于理解20世纪30年代以来整个中国马克思主义史学的发展，实具有非常关键的作用。正像他在《吕振羽和他的历史学研究》“引言”中所说的那样：“研究吕振羽，究明他的学术生涯、学术思想变迁，其突出的意义就在于，它有助于把握当代中国马克思主义史学发展史。某种程度上可以说，吕振羽史学发展的轨迹，体现了中国马克思主义史学发展的轨迹。”正是基于这样的问题意识，他才选择吕振羽这一个案作为自己论文的选题。半个甲子过去，今天我们重读他的这部著作，依然对他眼光的敏锐、选题立意的高远、问题意识的突出而鲜明，感到由衷的敬佩。

作为一位以生命承担学术的学者，在几十年的学术生涯中，政惠兄始终把自己的学术研究与他脚下的这片土地紧紧地连接起来，把自己的学术理想与时代的脉动、国家社会的发展紧紧地关联在一起。在他那平静和蔼、不温不火的外表背后，时刻涌动着对国家和社会的炽热情怀。继博士学位论文之后，他在史学理论、史学史、比较史学等不同的领域，都进行了深入的、具有前瞻性的探索与思考，并撰写了一系列极具理论深度、充满探索精神的论文。这些论文大多收录在《史之心旅》这本著作中。正像该书的副标题所显示的那样，它凝结着他“关于时代和史学的思考”，代表了他一路走来的心路历程。他曾经夫子自道：“历史学家如果不想到自己时代的历史，作品是无论如何写不出力量的，从社会意义上说，一个人只能从自己的同时代那里获得生命。”政惠兄从来就不是故作高论的人，他的每一篇论文、每一本著作，他所耕耘的每一个学术领域，包括他呕心沥血、殚精竭虑发展起来的海外中国学领域，都以具体而微的方式，诠释着他的学术理想与这个时代之间的映照。我想，只有明白了这一点，我们才能理解他矢志不渝、锲而不舍的学术追求，才能理解他惜时如金、孜孜不倦的治学精神，才能理解他病榻之上从容论学的淡定和置生死于度外。我相信，他的学术生命也将因为他在“知”与“行”的层面都和这片土地有着深厚连接而永葆青春。

朱政惠小传

龚咏梅*

1947年8月24日，朱政惠出生于上海市安远路金城里，祖籍江苏江宁（今南京市江宁区）。父母育有四子一女，朱政惠排行老三。朱政惠的祖父是一位爱国商人，曾获得抗日将领颁赠的纪念章。朱政惠的父亲是一位爱国知识分子，母亲是一名幼儿园教师。父亲早年从事商业，受中国共产党影响，向往光明，追求真理。他对“七君子”视若神明，对中央苏区通讯十分关注，对抗战胜利满怀喜悦，对人民解放事业倾心支持，积极参加保护进步人士、保卫社区居民等革命工作。解放后，他热忱翻译出版介绍苏联社会主义革命和建设的书籍，主动捐出祖产帮助家乡人民办学，积极参加中国民主同盟活动，认真履行政协委员职责。

朱政惠的父亲对他的成长产生了巨人的影响。父亲是自学成才的典范，15岁外出谋生，只有初中学历，却成为新中国第一代高级知识分子。他从小酷爱读书，勤学不辍，即便是从商期间，也挤出时间研读四书五经，坚持业余学习，以“忘记呼喝奴役的苦恼，以开辟自己的前途”。解放后，他刻苦学习理论知识和外语，迅速步入翻译生涯，被录用为大学高级职员。

祖、父辈爱国敬业、追求进步、刻苦学习、励志成才的精神，在朱政惠幼小的心灵刻上了深深的烙印。

朱政惠曾这样回忆父亲对他日后走上史学研究道路的影响：“在我儿时记

---

* 龚咏梅，华东师范大学马克思主义学院副教授。

忆中，他读书很勤奋，家里到处是他购买和收藏的书。家里有一套王云五主编的《丛书集成》，近 4 000 册，他每天都看。要找哪本书，告诉书名号码，我就奔过去帮他找。每找到一本书，都会夸奖我，我当然心里也很高兴，长知识了。当时，《人民日报》《文汇报》经常会刊登一些史学研究的文章，他看后常会划个红圈，要我帮他剪下来收藏好。久而久之，我也多少对其中一些问题有印象，什么评曹操、评武则天等等。可那时我才小学、初中的学生，只能说是有一点小印象，不会想到将来去做一个史学工作者，但这种潜移默化的影响确实是很大的。”①

朱政惠自幼聪慧，学习特别勤奋。1952 年 9 月至 1954 年 7 月，就读于上海市普陀区金城幼儿园。1954 年 9 月至 1960 年 7 月，就读于上海市江宁路小学，担任小队长。1960 年 9 月至 1963 年 7 月，就读于上海市五一初级中学，担任中队长。1963 年 9 月至 1968 年 7 月，就读于上海市曹杨中学，担任团委委员。他在中小学期间一直担任班干部，关心爱护同学，在同学中口碑很好。他擅长书法绘画，语文成绩尤为突出，初中时就有作文入选《1963 年上海市初中学生作文选》。1966 年夏，高中毕业时本被选送联邦德国留学深造，因“文化大革命”爆发未能成行。1968 年 8 月，赴皖南上海市黄山茶林场②“上山下乡”。

在朱政惠的人生中，有两个十年为他打下了坚实的基础。这就是知青十年（1968—1978）与大学十年（1978—1988）。两个十年，让朱政惠完成了人生的出色蜕变。在黄山，戴着一副近视眼镜的朱政惠很快就在知青中显示出他的组织领导才能，表现出开拓精神。在黄山茶林场，他历任七连班长、五七连排长、八连和十四连党支部书记、指导员。1968 年 8 月，他被分配在七连，有瓦房、高低铺、食堂、开水房，生活条件相对成熟，然而 10 月下旬，朱政惠率领七连 11 人会同八连、九连几个战友等一共 18 人走向荒凉的大坪田去创建五七连队，他们在没有门、窗的牛棚，铲除牛粪，撒上石灰粉，铺上稻草床单，挖出太平天国时

① 朱政惠、刘莉：《柳暗花明又一村——关于海外中国学研究与史学研究的对话》，《史学月刊》2013 年第 4 期。

② 黄山茶林场虽然地处安徽黄山，但是行政建制却归属上海，所以正式名称是“上海市黄山茶林场”。

期埋在地底下的砖头，从山上砍来树木，硬是用双手盖起了砖墙草房，还做了高低双人床、桌椅，极大地改善了居住条件，并开荒造田，种稻种菜，饲养家畜牛羊，建起五七连队。这16人中就有日后成为朱政惠夫人的林雪仙——来自上海第六女中、小朱政惠两岁的眉目清秀的“小林”。二人于1975年结婚，1976年生子，取名“笑靖”。在五七连队壮大、稳定发展后，朱政惠又被调往茶林场海拔最高、离场部最远、不通公路的八连担任指导员。为解决高山连队的交通和发展问题，朱政惠被任命为上海市黄山茶林场118公路建设副总指挥，他带领数百位上海知青，以大无畏的开拓精神，克服千难万险，劈山开路，硬是在海拔七八百米的高山悬崖上开凿出长达22.2千米的皖南山区公路！1976年他负责的118公路万人坑工区路段建成通车后不久，朱政惠又被调往十四连担任指导员。他白天从事犁地、打炮眼等高强度劳动，收工后还要刷标语、画宣传画、出黑板报、组织稿子，就是在这种艰苦的条件下，他坚持挑灯夜读马列著作和人文社会科学书籍，从不懈怠，这种拼搏精神影响了不少上海知青，其中就有同住一个房间的连长，日后考入复旦大学历史系、成为复旦大学教授的金光耀。中国香港凤凰卫视著名新闻评论员曹景行，也是朱政惠同一草房内同甘共苦的黄山战友。

宝剑锋从磨砺出，十年知青岁月锤炼了朱政惠。当他成为博士生导师后，曾对学生坦言，经历过“上山下乡”，所有的困难都不在话下，“十年茶林场，磨炼了自己的意志、品格，以及抗击困难的承受力，于工作、治学均获益匪浅”。他认为知青运动在中国历史上空前绝后，大胆提出“知青学”概念。他和当年的战友金光耀一起主编了一本反映知青生活的影像著作《知青部落——黄山脚下的10,000个上海人》。他逝世后葬于上海奉贤海湾园知青墓地。夫人林雪仙称其为“大坪田走来的开拓者”，足见知青岁月对其一生的影响。

1978年，朱政惠参加高考，考入华东师范大学历史学系。31岁的朱政惠在同学中属于年长者，从黄山大坪田走向丽娃河畔，坐在窗明几净的华东师范大学文史楼、图书馆里，朱政惠以一种只争朝夕、如饥似渴的精神，遨游在知识的海洋里。朱政惠自小养成写日记的习惯，哪怕是在黄山那样艰苦的条件下，也从不间断。大学时期的日记本上，他工工整整地记录下每日的学习日程、读书学习心得等，体现出对迟来十多年的大学生活的无比珍惜之情。他的开拓精神在学术园地里有了新的彰显，他与同学共同创办了学生刊物《青年史学》，著名历史学家周谷城题词“博大精深”，这份刊物延续至今，成为史学青年初试牛刀的学术平台。

朱政惠在大学本科就读期间，就在《文史知识》1981 年第 6 期上发表了《章太炎志读史日程》一文，显示出从事学术研究的才能与志向。此后他又连续读了硕士、博士，这对于一个三十多岁的已婚已育男士来说，如果背后没有妻子的支持，是不可能在应该承担起养家糊口重担的年龄做到的。[①] 妻子林雪仙在外资企业从事财务和管理工作，以自己柔弱的身躯支撑全家生计。她白天在公司上班，晚上听课，常常一边听课，一边帮朱政惠誊写文章，还兼做几个公司的账，全力支持丈夫完成学业、从事学术研究，无怨无悔。

朱政惠的硕士学位论文指导老师是苏渊雷先生和桂遵义先生，博士学位论文指导老师则是马克思主义史学理论大家吴泽先生，两篇论文均以吕振羽的历史学研究为主题。吕振羽先生是杰出的马克思主义史学家，1980 年夏逝世后，作为吕先生弟子的吴泽先生希望有人全面研究吕先生的史学业绩，他选中了学业成绩优异、忠厚稳重的朱政惠担此重任，而朱政惠也希望通过个案研究，深化中国马克思主义史学的宏观研究。这种研究思路，在日后他指导的海外中国学研究硕博士论文中，被反复运用，通过对多个个案人物、著作、机构的研究，以小见大，逐渐形成对海外中国学宏观把握之下的深入细致研究，发挥了史学史研究的优势。

从本科到博士毕业，朱政惠共发表论文 12 篇，合著、合编著作 4 部，探讨古代和近现代一些史家、史著与史学方法论，以吕振羽研究为突破口，聚焦马克思主义史学理论研究。为了研究吕振羽，朱政惠还与其夫人江明及儿子建立了良好关系，多次登门拜访，获取第一手资料信息。朱政惠的吕振羽研究一直持续到 20 世纪 90 年代，发表了一系列学术论文和专著：博士毕业第二年，就在权威刊物《历史研究》上发表论文《论吕振羽史学》，1992 年出版的专著《吕振羽和他的历史学研究》被导师吴泽赞誉为一部马克思主义史学研究的“掘井之作”，又

① 1978 年 9 月至 1982 年 7 月，华东师范大学历史学系本科，担任班长；1982 年 9 月至 1985 年 7 月，华东师范大学史学研究所硕士；1985 年 9 月至 1988 年 7 月，华东师范大学史学研究所博士。

出版《吕振羽学术思想评传》等专著，在《史学集刊》《探索与争鸣》《华东师范大学学报（哲学社会科学版）》《史学理论研究》等刊物上发表多篇有关吕振羽和马克思主义史学研究的学术论文，成为著名的吕振羽研究专家，甚至被湖南人误称为“湘籍学者”。

朱政惠另外一个更为人称道的学术贡献是在 20 世纪 90 年代中期开创“海外中国学研究”，其开拓性至今令人感佩。然而，这并非偶然的心血来潮，而是首先源于他对伴随着改革开放而来的域外学术思潮的深刻洞见和史学研究方法论的高度自觉。《从接受角度研究史学》（载于《历史教学问题》1986 年第 5 期）和《从接受的角度研究史学——由“接受美学”引起的一个思考》（载于《社会科学杂志》1986 年第 11 期）两文表明，早在博士研究生学习期间，朱政惠就提出了借鉴“接受美学”以研究史学的“接受史学”方法论。大量海外学者研究中国的作品被译介进来，使其眼界大开，他先后撰写《注意国际间史学交流情况的研究》（载于《光明日报》1990 年 8 月 1 日）、《略说比较历史学中的“比较史学”》（载于《光明日报》1991 年 12 月 31 日）、《关于比较史学研究的若干问题》（载于《社会科学》1993 年第 1 期）等文，一直到发表《日益受到关注的海外中国学研究——当代中国史学趋势研究之五》（载于《华东师范大学学报（哲学社会科学版）》1995 年第 6 期）、《美国中国学的由来和发展》（载于《华东师范大学学报（哲学社会科学版）》1996 年第 5 期）、《美国的中国学和中国学者的反研究》（载于《面向太平洋》1996 年第 3 期）、《“中国学”研究在海外》（收录于《高等学校文科学报文摘》1996 年第 1 期）这 4 篇论文，建构其“比较史学”的研究视角，由此正式提出“海外中国学”概念。博士毕业后，朱政惠原本有两个研究计划，一是继续深化马克思主义史学研究，二是酝酿写作“当代中国史学趋势研究”之类的专著，但“写了《日益受到关注的海外中国学研究》之后，之前的写作计划就搁置了下来，因为想法有了新变化。历史学界出现的对于海外汉学、中国学关注的情况使我眼睛一亮，感到这也许是我的新使命”[①]。在转向海外

① 朱政惠、刘莉：《柳暗花明又一村——关于海外中国学研究与史学研究的对话》，《史学月刊》2013 年第 4 期。

中国学研究的过程中，他特别提到李学勤、张芝联等学者的呼吁，这也是促使他转向新研究领域的原因之一。虽然选择了海外中国学的研究领域，但现当代中国史学、马克思主义史学始终是朱政惠关心和研究的重要方向，他从未背离初心，研究海外中国学，根本上是为了更好地研究中国的史学。朱政惠去世前几年，还参加了《吕振羽全集》的编纂工作，负责《史论》卷的选编。史学理论和史学史，是其一生治学的脊梁和根基，可以说一天都未曾离开。

水到渠成，1996 年 3 月 26 日，华东师范大学海外中国学研究中心隆重成立，朱政惠担任中心主任，这是国内成立最早的海外中国学研究机构之一。中心的成立，显示出朱政惠出色的学术组织才能，他邀请王元化、季羡林、张仲礼、张岱年、章开沅等学术界前辈和学校领导担任中心顾问，邀请哲学系的杨国荣教授、教育系的丁钢教授、中文系的陆晓光教授、古籍所的严佐之教授、法政系的周敏凯教授、历史系的盛邦和教授等担任中心的研究员，邀请法国的巴斯蒂教授和美国的柯文教授、魏斐德教授等担任中心的名誉顾问。他制订了雄心勃勃的周密计划，以史学史研究为学科基础，以美国中国学史研究为国别研究出发点，以学生培养为抓手，以走出去、请进来、开展海内外学术交流和学术会议为途径，逐步建立起跨学科、跨国别的海外中国学研究学科体系。他特别重视开展海外中国学博士学位论文、上海史、清史[①]、中国马克思主义史学史与史学理论、机构、人物、海外中国学发展史等专题研究。在研究马克思主义史学理论与建立海外中国学研究学术版图的过程中，朱政惠广结善缘，在海内外学术界同好极多。他待人宽厚善良，和蔼谦逊，既尊敬学界大佬，也善待提携后学。

朱政惠在 1988 年博士毕业后顺利留校，先后在研究生院、学生工作部、人文学院担任领导职务。[②]自从找到海外中国学这一中国历史学一级学科下的新的研究方向后，作为一个学术领导人，需要集中大量的时间精力整体谋划全局性的学科建设。他从三个方面着力：一是完成国家课题“美国中国学进程及其特点研究——以历史学为主线的探讨”，这是学术史研究，从 1996 年开始招收海外中国

① 朱政惠是国家清史编纂委员会的成员，帮助搜集整理海外清史研究资料。

② 1988 年 9 月至 1994 年 2 月，任华东师范大学研究生院培养处副处长，兼任华东师范大学学生工作部副部长。1994 年 7 月至 2000 年 9 月，任华东师范大学人文学院党委书记。

学研究方向研究生，开设海外中国学史课程，坚持十几年；二是做好与此相关的史料学、文献学建设；三是解决海外中国学研究的学科导论或学科概论问题。高校的文科学者一般都是单干的学术“个体户”，但朱政惠扮演的却是真正的学术带头人、学术组织者的角色，他不仅总体谋划，而且事必躬亲。作为一个20世纪40年代出生的人，他擅长使用各种电子设备和电脑软件，走在时代的前沿，不仅善于搜集纸质版的图书资料，还善于利用网络搜集资料。他亲自建立海外中国学研究中心网站，自己担任管理员，及时更新网站内容。他建立海外中国学创新团队，购买图书资料，甚至为了节约经费，自己去电脑市场购买设备。他还打算建立海外中国学数据库。为了反映海外中国学研究的动向，朱政惠花费了大量力气，创办学术辑刊《海外中国学评论》，生前出版4辑，第1、2辑由上海古籍出版社出版，第3—5辑由上海辞书出版社出版，现已出版至第6辑（上海古籍出版社出版）。他邀请了日本大学文理学部东亚语言文学系教授小浜正子、美国罗文大学教授王晴佳、韩国安东大学历史系教授李润和、荷兰莱顿大学教授施耐德、澳大利亚拉特罗布大学教授费约翰、法国法兰西学院教授魏丕信等多位外国学者担任编委。他的学术组织才能尤其体现在成功组织召开了多次影响很大的国际学术研讨会，如“传教士与美国早期中国学”（2005年5月）、“国际视野下的中国史学”（2005年10月）、“20世纪上半叶美国中国学”（2006年6月）、“史华慈与中国：纪念史华慈教授诞辰90周年”（2006年12月）、“全球视野下的史学：区域性与国际性”（2007年11月）、“北美中国学的历史与现状”（2011年4月）等。他还承办了上海社会科学院举办的历届“世界中国学论坛”的分论坛。会议的组织安排、国内外名家学者的邀请与接待、论文集的结集出版，等等，事无巨细，他都亲力亲为，展示出卓越的学术组织力、号召力、亲和力。丽娃河边、樱桃河畔，曾因他而鸿儒齐聚，盛况空前，“有朋自远方来，不亦乐乎？”传为佳话，至今还被人津津乐道。

读万卷书、行万里路，是中国读书人的理想。1993年，朱政惠出访美国洛杉矶、华盛顿、波士顿、纽约等地的大学中国学机构。1999年10月，又相继访问瑞典隆德大学、法国巴黎的近现代中国研究中心。2000年2月至2002年7月，朱政惠在哈佛大学费正清东亚研究中心和哈佛燕京学社进行访问研究。为了行动方便，年已五十多岁的朱政惠学会了开车，驾车走访了芝加哥大学、密歇根大学、威斯康星大学、康奈尔大学、耶鲁大学、布朗大学、哥伦比亚大学、宾州大学、普林斯顿大学、加州大学、斯坦福大学、夏威夷大学等的几乎所有中国学研究机构，拜谒了施拉姆、史景迁、魏斐德、孔飞力、周锡瑞、柯文、裴宜理、高家龙等众多美国著名中国学家。当时没有导航仪，他全凭自己看纸质地图，按图索骥，座车“老坦克”还没有空调，在这样的情况下冒着酷暑飞驰在毫不熟悉的异国他乡的公路上，体现了为了学术不知疲倦、勇往直前的冒险精神。他曾生动地回忆起当时的情景：“那老坦克式的小车在高速公路急驶，酷暑中没有空调，只能洞开所有车窗。巨大的集装箱从小车旁呼啸而过时，剧烈颤抖的小车车身仿佛会被立刻吸入对方车底，碾得粉碎。也永远难忘赴康奈尔大学的那个不眠之夜，山城迷路，无休止地在公路盘旋，精疲力竭，至深夜一点，碰上几个好心的大学生……”[①]这种劲头让最后一站——加州大学伯克利分校的魏斐德教授震惊了，见面第一句话就是：“你怎么还像学生这样折腾啊！”2001年9·11事件前一天和事发当日，朱政惠恰好在华盛顿、纽约，与恐怖袭击擦肩而过。9月18日，仅仅一周后，当整个美国还笼罩在巨大惊恐中时，他已经飞往去美国西部考察的路上，在西部租车前往各个高校和学术机构拜访学者、搜集资料。2005年7月7日英国伦敦地铁、巴士发生连续爆炸时，朱政惠正好在访问牛津、剑桥大学。面对死亡的威胁，他也无所畏惧，反而谈笑风生，安慰为他的安危提心吊胆的妻子。除美、英、法、瑞之外，他还曾至丹麦、荷兰、挪威、韩国以及中国台湾、香港等地的中国学研究机构访问，每到一地，他会拍下大量的照片，风景照很随意，但凡是与中国学有关的，他都在照片背面仔细标注信息。他还撰写大量的学术考察记，及时记录见闻与思考。当然，收获最大的是在哈佛大学的两年多。在时任哈佛大学费正清东亚研究中心主任裴宜理教授的大力支持下，朱政惠获得了在哈佛档案馆查阅著名中国学家史华慈先生档案的宝贵机会。他十分珍惜这样的机会，每天都泡在档案馆、图书馆里，啃面包、喝凉水，电脑包带背

---

① 朱政惠：《美国中国学史研究——海外中国学探索的理论与实践》，上海古籍出版社2004年版，“后记”。

断了三根。回国时托运了十几箱图书资料，还有大量的电子资源，如学术录音录像。其中有部分被儿子使用摄像机时不慎删除，他十分生气，每每提起都痛心不已。朱政惠利用从哈佛大学带回来的档案资料，写成一本《史华慈学谱：1916—1999》，这些档案资料的使用，都需获得哈佛大学档案馆的批准，他最大的愿望是今后写一本《史华慈传》。搞史学的人拥有如此丰富的资料实乃幸事，他说："我写到90岁，这些资料都用不完。"

朱政惠不仅是学术达人，生活中的他还是一个兴趣爱好广泛、多才多艺的人。他是交响乐与古典音乐的发烧友，收集了大量碟片。

在华东师大人文学院成立大会上，他特意托朋友邀请到了交响乐团与著名指挥家来演奏，校园由此兴起了交响乐的波澜。儿子刚拿到华东师大的录取通知单，就吵着要成立校网球队，让爸爸去帮助请示有关部门，想不到他真的带回学校同意的消息。儿子马上在校内张贴了自己用电脑打印的手挥网球拍的广告纸，就这样在朱老师"网球是种高雅的体育运动"的推动下，华东师大的第一支网球队由此建立起来了。他家在上海丰庄的顶层复式房，是他自己亲手设计的，一层偏西式，二层则是中式风格。其宽敞雅致，令2006年12月在"史华慈与中国"会议期间前往探视的哈佛大学费正清东亚研究中心主任裴宜理教授十分喜欢，称比她在美国的house好多了。他喜欢驾驶，从美国回来后，于2008年购买了别克轿车，不少来访的中外学者都坐过他的车，如历史学家汪荣祖就曾由他亲自驾车陪同前往崇明、海门寻访故里。朱政惠在生活中注重仪式感。每逢节日，他都要动手在家里进行布置，烘托节日气氛，如圣诞节装饰圣诞树，挂上小礼物，上下楼挂上五颜六色的闪烁灯。春节自己书写张贴对联，张灯结彩。情人节他会悄悄地带回几个好菜，开瓶红酒，播放优美的背景音乐，与夫人共进浪漫的烛光晚餐。逢年过节，他都会给亲朋好友送贺卡，从早些年的纸质贺卡演变到动感十足的电子贺卡。他是一个有心人，收藏了两大箱楼盘广告彩图纸。有一次，夫人将这些"废纸"送给了打扫卫生的阿姨，他很生气，原来他是打算以后利用这些资料，研究上海房屋建筑的变迁史。他喜欢书法，购进了大量的字帖，还让夫人去学习裱画，等老年时大显身手。他还特别喜欢参观博物馆，每到一地，都会去参观当地的博物馆，仔细观赏这些人类文明的结晶。上海博物馆也是他招待中外友人最喜欢的去处之一。

正当朱政惠全身心地投入到心爱的学术研究和人才培养工作时，他的健康却亮起了红灯。2006 年 10 月，他在无锡疗养院的体检中被查出了肺癌，但他向家人隐瞒了，因为一个多月的时间里家中有三个晚辈结婚，他害怕自己的病情会影响大家的喜悦心情。直到婚礼举行完，11 月 13 日，他才进上海市胸科医院检查，被确诊为肺癌，接受手术并进行了四次化疗。即便在病床上，他依然坚持工作，一手打点滴，一手打电脑，给医生留下深刻印象，以至于 2013 年复诊时，医生一眼认出："啊！我们华师大的大教授来了！"朱政惠患肺癌之时，已经是华东师范大学的终身教授，59 岁，正是做学术研究的大好年纪。手术、化疗后短暂休息了几个月，在医学治疗和夫人林雪仙的精心照料下，他迅速康复。看到他一如既往地像"壮劳力"一样孜孜不倦地工作，大家似乎都忘记了这其实是个癌症患者，各种学术活动邀约、撰写论文和专著、主编书籍、课题申报、学科建设、人才培养、论文答辩评审、会议组织等连轴转，跟正常人一样，甚至能者多劳，一个人顶几个人干。他是否忘记了自己身患癌症？不得而知。但就是在这生命的最后七年，朱政惠共发表学术论文和报纸文章 74 篇（含译作），出版专著 2 部，主编 10 本书，其中 7 篇论文、1 部专著发表于身后，这中间就有他长达 750 页的厚重的封笔之作——《美国中国学发展史：以历史学为中心》（中西书局 2014 年版），该书获得国家出版基金资助，是其集大成之作。这七年中他还指导硕士学位论文 9 篇、博士学位论文 10 篇、博士后论文 2 篇，每个学生打开论文，都会被上面老师亲自所写的密密麻麻的批注和修改感动不已。他组织召开十多次重要的国际学术会议，运营网站，组建海外中国学创新团队……这是在与时间赛跑，与死神赛跑，在他所热爱的学术园地辛勤耕耘，结出了丰硕果实，朱政惠及其所开创的华东师范大学海外中国学研究，一时间蜚声海内外，他成为这一领域的著名学者。他牺牲了生命的长度，换来了生命的厚度和宽度。美国加州大学圣地亚哥分校荣誉教授周锡瑞教授高度赞誉朱政惠为跨文化交流作出的贡献："作为一个坚持以各国文化友好交流为使命的人，我特别欣赏朱政惠教授为促进中美学者在中国历史、文化和社会等方面的交流所作的毕生不懈的努力。唯有通过互相理解，这个世界才会有持久的和平，而朱政惠教授为这一进程作出了巨大的贡献。"

2013年7、8月间，朱政惠的下颌部位突然长出一个鸡蛋大小的肿块，且发展迅速。该年10月国庆节期间，他组织了兄弟姐妹五个家庭的二十多个成员，开启了祭祖寻根之旅，祭奠了父母、老保姆，回到了故乡江苏南京市江宁区杨柳村，再驾车从南京回上海。从10月18、19日开始，他就发烧至38～39℃不退，夫人陪着他四处就医，也没有查出究竟。夫人坚决反对他赴天津参加在南开大学历史学院召开的学术会议，他提交了一篇2万多字的论文《美国学者的中国人物传记研究——概况、特点、背景及相关诸问题的思考》，后由学生压缩为1万多字，发表在《史学理论研究》2015年第3期上。这是他最后发表的一篇学术论文。11月1日，朱政惠住进上海市长宁区中心医院，当天还能自己上楼下楼拍片、验血，到了第四天就病倒了。住院期间终于确诊为嗜血细胞综合征，这是一种免疫系统的可怕疾病，输入大量血、血小板，指标还是每况愈下。为了挽救敬爱的老师的生命，华东师大历史学系的118名学子报名要去血液中心献血，大弟子曹景文想方设法搞到几袋血小板，但所有的努力都无法阻止凶险的病情急速恶化。11月13日9时许，带着无限的眷恋，带着对未竟的学术事业和对家人、亲朋好友、学生的不舍，朱政惠永远地离开了人间。所幸的是，他赶在进医院之前，完成了他最后的那本专著，而他心中构想的其他宏伟计划，却再也无法实现了。面对前来探望他的学校和系里的领导，他费力地交代要让几个没有毕业的学生得到妥善的安排，就像临终的父亲托孤。

1996年，少年儿童出版社出版《100个博士的少年情》一书，其中收录了朱政惠的《亲爱的母校，你信么？》，文末他引用东汉著名历史学家班固《汉书》中的“一日一钱，千日千钱；绳锯木断，水滴石穿”作为自己的人生格言。朱政惠走完了66个春秋，完美地践行了自己的人生格言。他自1988年从华东师范大学史学研究所博士毕业后留校，1990年晋升为副教授，1996年8月晋升为教授，2005年1月受聘为终身教授，著作等身，培养硕士14名、博士16名、博士后2名。朱政惠富有探索与开创实干精神，是令人景仰、蜚声海内外的马克思主义史学理论和海外中国学研究的著名学者，集才学识与美德于一身。人们将永远铭记他。

目录

斯人已逝　风范长存——悼念政惠学长　王　东……1
朱政惠小传　龚咏梅……1

上编 / 追忆斯人

· 师友篇 ·

思故人忆往事：怀念朱政惠教授　汪荣祖……3
探索无穷　风范长存——朱政惠教授逝世十周年祭　张广智……11
政惠教授，我的良师益友　于　沛……16
跨越十年的追念——朱政惠先生的学术与情谊　乔治忠……20
怀念令人敬重的朱政惠先生　梁　怡……35
怀念政惠　金光耀……38
翰墨余迹　留香学苑——忆朱政惠老师　何培忠……44
海外中国学研究的开拓者——怀念朱政惠先生　张西平……48
倏忽十年，追怀故人　邬国义……51
斯人虽已去，猛志固常在——怀念朱政惠教授　胡逢祥……52

忆朱政惠老师与“世界中国学论坛”　黄仁伟……56
朱政惠先生之道德与学问　李红岩……60
追忆朱政惠先生——朱政惠先生逝世十周年祭　孙卫国……66
朱政惠先生的中国马克思主义史学研究　张　越……71
纪念朱政惠：改变我人生的教授　劳尔·拉米雷斯·鲁伊斯……80
对朱政惠教授的点滴回忆　马　军……94
远去的背影——怀念朱政惠老师　冯贤亮……97
做学问就是打一口“深井”——朱政惠的吕振羽史学研究　王　传……104
照片里的点滴往事　金　鸣……113

·亲属篇·

永远的先生——深切缅怀朱政惠一生　朱政明　朱政源　朱政平　朱政成……117

下编 / 斯人文存

| 史学理论研究 |

从接受角度研究史学……123
关于比较史学研究的若干问题……132

| 中国马克思主义史学研究 |

论吕振羽史学……141
马克思主义史学在中国的传承与发展……158

| 中外史学交流研究 |

20世纪中外史学交流回顾……175

20世纪美国对中国史学史的研究……………………………………………… 200

｜海外中国学研究｜

日益受到关注的海外中国学研究——当代中国史学趋势研究之五………… 219

关于史学史研究和海外中国学研究的若干问题……………………………… 232

｜美国中国学史研究｜

美国中国学史研究中的若干问题……………………………………………… 242

美国“中国学”：进展·阶段·走向……………………………………………… 250

附　录

朱政惠先生学术著述系年目录　吴原元　编……………………………… 267

后　记……………………………………………………………………………… 285

上编

追忆斯人·师友篇

思故人忆往事：怀念朱政惠教授

◎ 汪荣祖 *

十年前的 11 月 13 日，朱政惠教授盛年早逝，在学术上的壮志未酬，令朋友们不胜唏嘘，我更感惋惜。我流寓海外三十余年，于 1981 年的夏天，初返祖国，在上海先识复旦大学的朱维铮教授，后结识华东师范大学的朱政惠教授，两位朱教授都研究史学史，与我兴趣相投，很谈得来。政惠兄致力于海外中国学，曾远赴哈佛大学收集美国著名汉学家史华慈（Benjamin Schwartz）的资料，并为其编写年谱。史教授确是美国研究中国的翘楚，著作颇有识见。西方学界久以中国共产党承袭马、列、斯为说，而史教授早于 1951 年出版的处女作《中国的共产主义与毛泽东的崛起》（*Chinese Communism and the Rise of Mao*）就独排众议，认为中国共产党有不同于马、列、斯的毛泽东思想，他提出“毛主义”（*Maoism*）的概念，意谓毛泽东思想有原创的重要性。史教授有识，朱教授有眼识史氏，可称佳话。龚咏梅教授以史华慈的高弟孔飞力（Philip A. Kuhn）写博士论文成书，就由她的朱老师所指导。

---

* 汪荣祖，美国弗吉尼亚州理工大学及弗吉尼亚州立大学荣休教授。

难忘的一日谈

我于2010年主持中国台湾中坜中大人文中心时，曾举办史学史与史学理论系列演讲，特于是年5月间邀请政惠教授来访，并主讲史学。其间承他应《中国社会科学报》之邀，采访了我。我因而有机会与政惠从容畅谈美国的中国学研究以及相关问题。

政惠提到在国内对“汉学”与“中国学”有争议，有的机构以汉学命名，有的以海外中国学命名。中国社会科学院有国外中国学研究中心。所谓“中国学”包括藏学、西夏学等的研究。我说西方也有“汉学”（Sinology）与“中国研究”（Chinese Studies）的说法，都是指研究中国的学问，只是在方法上有所区别，汉学家比较重视语文训练，兴趣也较广，而“中国研究”则强调用社会科学的方法，多比较专治一端的专家，尤其重视现代中国，显然有现实意义在内。不过值得注意的是，在西方无论是汉学还是中国研究，都是在讲汉地，与政惠所说不同，国内的中国学指对中国全方位的研究，包括现当代中国问题的研究，简称中国学，可以包括汉学，但反过来就不行。朱教授此说点出一大关键，因美国人总是将中国人局限于汉族，不把蒙古族、满族等多民族包括在内。美国本身是多民族国家，就不认为中国是多民族国家，美国的所谓“新清史”学者，不认为清朝是中国的王朝，乾隆不是中国皇帝，就是此一偏见的延续，具有分裂中国的潜意识，其心可诛。

政惠对美国的中国研究最感兴趣，我认为美国人认真研究中国，始于第二次世界大战（以下简称“二战”）后，因为“二战”期间的太平洋战争，所以美国急需懂日文、中文的人才，例如，赵元任在哈佛大学教汉语，后来成为著名汉学家的牟复礼（Frederick W. Mote）教授就是赵元任中国语文班的第一名毕业生，战后又读金陵大学本科毕业，故而牟氏的中国语文根底远高于他的同侪。哈佛大学于“二战”后，成立了东亚研究中心，主要研究中国和日本，由费正清（John K. Fairbank）开创并主持，后来为了纪念费正清，改称费正清东亚研究中心，慢慢学院化、系统化了，已非业余者的兴趣了。费正清的学问，用中国大陆的话说很一般，他对中国学问的了解也有限。我记得刘子健先生曾告诉我说，他到哈佛参与研究计划，费正清问他做什么题目，刘子健说要做范仲淹，费正清居然问："谁是范仲淹？"可见他只知道近代以来的中国。不过，他是非常能干的人，后来美国学者称他是"学术企业家"，他在美国创了一个中国研究的重镇。他做事非常有计划，培训了一大批美国汉学家，他的毕业生几乎占了美国比较重要大学的所有的位置。有点名气的美国中国史学者像柯文（Paul A. Cohen）、孔飞力（Philip Alden Kuhn）、费维恺（Albert Feuerwerker）、易劳逸（Lioyd E. Eastman）、康无为（Harold L. Kahn）等人，都是费正清的学生，这是美国中国学的渊源。费正清不用汉学名称，而用"中国学"，因当时美国盛行所谓"区域研究"（area studies），所以将中国作为一个区域来研究，日本作为另一区域研究。美国对越南的研究在越战前根本没有，后来越战打得不可开交，才知道了解越南的重要性，于是在哈佛设了全美第一个越南史讲座，那是 20 世纪六七十年代的事了。美国奉行西方中心主义，地区研究以欧美为主，对其他地区的研究无不讲究实用主义，对中国研究也有知己知彼的战略目的在。我感觉到美国是把中国当敌人来研究的。所以冷战期间，他们花了大量金钱和精力研究中国与苏联。我在美国念书时，美国政府给愿意研究中国的美国人，尤其是退伍军人很多奖励金，让他们进入学院，研究中、苏。费正清更重视社会科学方法，因为历史研究会碰到经济问题、社会问题，甚至心理问题，因而没有像欧洲汉学家那样在语文能力上下功夫。再由于古文难读，所以多研究近现代中国，尤其想了解中国共产党，当时有关中共研究的专书与论文相当多，如莫里斯·迈斯纳（Maurice Meisner）写《李大钊与中国马克思主义的起源》等书，还出版不少史料集，符合美国的实际需要，与传统汉学家的广博兴趣很不一样。费正清在哈佛，是中国专家，旅美中国学者杨联陞，才是真正的汉学家。

记得政惠问及老一辈的拉铁摩尔（Owen Lattimore）与顾立雅（Herrlee G. Creel）。拉研究边疆史，顾研究上古史，与研究近代中国的费正清是同一辈的人，也都是学院中人。他们培养的年轻一辈"中国通"，分布在美国各主要大学；除哈佛大学外，还有西雅图的华盛顿大学、加州大学、斯坦福大学、芝加哥大学等 12 所大学，设置了比较有规模的中国研究中心，随着 20 世纪 50 年代以来冷战的不断深化，兴起“中国热”，了解中国显得更为重要。

我曾就读于西雅图华盛顿大学，在 20 世纪 50—70 年代，西雅图华盛顿大学和哈佛大学是美国东西两个研究中国的重镇，就像北京师范大学和华东师范大学是中国大陆史学史的两个重镇一样。为什么？因为在华盛顿大学也有一位像费正清一样的人，可是他没有像费正清那样能干，他叫乔治·泰勒（George Taylor），中文名字叫戴德华。他也是因为战时在中国学了中文，战后就到华盛顿大学办远东学院，里面有中国、日本、俄国的研究。当时那里邀请了中国著名学者如萧公权、李方桂、施友忠等人。还有来自中国的卫德明（Hellmut Wilhelm），他是德国著名《易经》学者卫礼贤（Richard Wilhelm）的儿子。卫德明教授生于山东，讲汉语带青岛口音，他来到华盛顿大学后做中国文学方面的研究，我曾选过他的课，他比较重视旧汉学的传统。

政惠不能理解美国中国史研究何以出现频繁的模式化，研究模式一直在变。美国学者的确喜欢用模式来作文章，出现不同的模式，要因想出奇制胜，提出与别人不一样的模式，引人注意，容易发表，但不能持久。当时美国的学术界面临“不出版就会灭亡”（publish or perish）的氛围，在学院里生存就要出版新作，炒冷饭无法出版，所以一定要求新，要有新的模式，于是模式泛滥，变得没有价值。用模式来套，就是以论带史，模式就是论，找点史料配合模式，就出来新的东西了，但很快会被否定掉，但这没有关系，只要出版就可以了。这是美国学界的一个流弊。

至于说模式从哪里来？主要是从社会科学理论那里来的。费正清所用“挑战与反应”的模式，是从英国史家汤因比（Arnold Toynbee）的《历史研究》的“挑战与反应”（challenge and response）理论架构而来的。汤因比曾在中国台湾很红，可是他的模式有很大问题。我的《史学九章》中的一章，就批评汤的模式，套在中国历史就讲不通。他的“挑战与反应”说，挑战越凶，反应越强，如说黄河泛滥的挑战才有中国文明。他不知道长江的挑战并不亚于黄河。可是费正清就用这个来研究中国，他搞中国近代史，看西方挑战和中国如何反应。他编了很多材料，他与邓嗣禹编的《中国对西方的反应》（*China's Response to the West*）这本书，搜集从魏源、冯桂芬以来，中国对西方回应的许多材料。这个模式将整个中国近代史解释成对西方的反应。史华慈就不太赞成，觉得这样的模式过于粗糙，实际情况很复杂，质疑了“挑战与反应”的模式，费正清的学生柯文提出从中国看历史的说法，其实也是想用一种模式取代另一种模式。我认为，“挑战与反应”大的框架还是可以参考的，柯文的只是补充。总的来说，模式太机械化，因历史的发展是有例外的，把历史放在模式里，看起来很科学、很整齐，但往往挂一漏万，露出破绽。所以最近的发展，诸如新文化史，重新重视叙事，现在研究历史的人多不再建立模式来写历史，当然政治学、经济学、社会学等社会科学，也继续在搞模式。

模式多半想要建构理论，西方历史学者以能提出理论为高，然历史理论出自历史经验，中西历史经验截然不同，如套用西方的理论，拘泥于外国理论，不免有削足适履之讥。应该以中国的历史经验来修改西方理论，例如按照西方都市发展的经验，一定要有文化中心，要有市政府、教堂、公园等。如以西方经验来看，古中国就没有都市了。按中国城市与西方不同，例如庙宇，除了城隍庙，都在郊外，中国也没有市中心之类的设施。牟复礼教授对苏州的研究显示，中国城市有异于西方的特点，主要是“城乡一致性”（urban-rural uniformity），城墙并非文化的界限，因为有很多富人、有学问人住在城外。不像西方城乡在文化上是截然不同的，乡村像沙漠，城市像绿洲。牟教授因而从事实说明中国城市的特色。中国传统史学不讲究理论，并不是提不出理论，中国有绵长而丰富的历史经验，有意从中提炼理论，并无困难。但是即使在西方，汤因比之后，史家对建构理论的兴趣，已经不大如前了。

政惠关切中国史学史的研究，自不待言。我直言：自金毓黻奠定基础以来，书写方式基本上没有脱离一种写法，就是从司马迁《史记》、班固《汉书》一直写下来，详略不一。我的老学长杜维运毕生研究史学史，很有成绩，他的三大本《中国史学史》远比金氏详细，可是基本上没有太大的突破，主要还是介绍历史学家及其史书。大陆的好朋友瞿林东用马克思主义观念来处理历史的发展，著作甚丰，别有见解。我听说复旦的朱维铮想写一部别出心裁的《中国史学史》，我看过他给我的大纲，倒是有新的想法，可惜没有完整地写出来。西方人写史学史，是在用思想史的方法来写。什么是思想史？西方的概念不同于我们传统的学术史，史华慈的定义为“人在想”（man thinking），就是要从人的思考问题出发。比如写儒学史，主要不是儒家思想的传承，而在于个别儒者的思维，这样才能看出孟子、韩愈、朱熹、王阳明，直到康有为的儒家思想的变化。他们都是儒家，但他们对儒学有不同的诠释。所以不能泛论，而要从个案的转变入手，才能看清整体的演变。研究史学史也应该把重点放在历史学家如何思考的问题上，他的宇宙观，他对当时政治与社会的观感，他如何处理史料、选择史料等。顾颉刚与陈寅恪不一样，他们都用史料，可是他们的看法和选择史料是不一样的，所以写史学史，须要这样着手，才能深入。西洋史学通史并不很多，我读过比较流行的有两本，一本是20世纪30年代出版的巴恩斯（Harry E. Barnes）的《历史书写史》（*A History of Historical Writing*），另外是比较新的恩斯特·布赖萨赫（Ernst Breisach）的《史学史：古代、中世纪和近代》（*Historiography: Ancient, Medieval and Modern*）。后一本要比前一本详尽得多，而且是按时代潮流来述论，如近代理性主义史学、浪漫主义史学、民族主义史学等。记得政惠说，他在哈佛图书馆查到过布赖萨赫的这本书，还有一本是唐纳德·凯利（Donald R. Kelley）写的《多面的历史：从希罗多德到赫尔德的历史探询》（*Faces of History: Historical Inquiry from Herodotus to Herder*），也是西方史学史，他说像这样的史学通史并不很多。我们可以注意到，有些书名都没有加上“西方”两字，显然在他们眼中，只有西方才有史学史！

西方的史学通史虽然不多，但有关著名史学家如吉本（Edward Gibbon）、麦考莱（Thomas B. Macaulay）、阿克顿（Lord Acton）等的学术传记颇多，研究上古史的学者，于希腊罗马残存的史籍考订，也颇下功夫。西方史学之父希罗多德（Herodotus），虽受重视，但生平事迹难考，遗著略无系统，近年看到有一别出心裁之书，是一位英国年轻人马洛西（Justin Marozzi）出版的《希罗多德之路》（*The Way of Herodotus*），他追寻史学之父旅行的足迹，从地中海到中东，访地方采风，以今观古，重新绘出希罗多德的古代世界景象，生动可读，也使我希望有历史感的旅行家，也能追寻太史公的旅行足迹，写一本书。

政惠因而下问我对中国史学的发展有何建议。我一直认为中国于五四新文化之后，因全心全意的西化，使数千年的传统史学有了断层。众目所见，现代中国的史学，基本是西方史学，无论历史教学、书写方法、范式概念，无不来自泰西，在史学方法上尤其师法兰克（Leopold von Ranke）的实证史学。但西方后现代史学起来，一举否定兰克史学，让许多人有无所适从之感。后现代风潮虽渐平息，如果后现代变成主流，我们怎么办？正可告诉我们，不能盲目追随西方史学。西方史学非不可学，他山之石，可以攻玉，但不可移植，因史学有文化之根，移植无根之史学，安能成长？何况历经数千年之中国史学，岂无精华？借西学以踵事增华，岂不善哉？所以我建议不必亦步亦趋模仿西方史学，何妨对西方史学有所批判，对中国传统要作反省，然后在传统史学的基础上，借邻壁之光，建立具有自主性的中国现代史学，才能掌握历史的话语权。

政惠对断层很感兴趣，尤注意如何在教学与研究上弥补断层。断层的出现主要是因为胡适提倡以白话文取代文言文，且视古文为死文字，应该唾弃！我曾随同班同学在吴相湘引导下，于 1959 年前往南港拜访胡适，我乘机问胡适如何学好古文，他毫不考虑地说古文根本不必学！不学古文，如何读懂自先秦至前清的文献？如何从中提炼史学思维？如何承继传统？岂非有了断层？所以要填补断层，是很艰巨的工作，必须加强读古文的能力。政惠也在呼吁重视古典，国学需要有很好的接班人，能够继续传下去，认为大陆有不少古籍研究所在做整理工作，难能可贵。的确多年来大陆做了大量注释、标点古典文献的工作，为有心人提供自修的便利。丰富的古籍若不利用，像丰盛的宴会没有人去吃，岂不可惜？

难忘的崇明、海门之旅

时至 2012 的夏天，我应复旦大学傅杰教授之邀，从台北到上海。政惠亲自驾驶他的别克轿车，来虹桥机场相迎，然后驶出上海，穿过雄伟的跨海长桥，进入崇明岛。崇明是我外公陈干青的故里，童年时我曾避日寇于外公的思蓼山庄，时隔四十多年，只记得在团结村。政惠知道后，不懈地一定要找到，我几次劝他不要找了，但他执着要找到，最后居然找到，可见他做事的认真，锲而不舍。可惜大门深锁，望进去残破不堪，有点扫兴，也有点辜负政惠的热情。后来继承外公航海事业的小舅陈晓钟，要回庄园，大加修缮，焕然一新，已成崇明一景。后来朱门龚咏梅教授曾驾车陪我去参观了一次。

政惠从崇明继续驾车北上到海门。海门是内人陆姓的老家，内人于 1981 年初返沪上，她的外婆尚在，急欲往见，可惜港口淤塞，道路不通，延误了见面的时机，至今犹未能一访故里，而我因政惠之故，得以到访。我原以为海门是乡下，不意已是城市规模，可见长三角一带，都市化之普遍。说到海门，何炳棣先生研究明代，找不到有关海门的任何资料，原来海门是明末的新生地，逐渐才有人迁入，久而始成县城，才有记录。我在海边沙岸，观览良久。我又在海门见到张謇的纪念馆，原来张謇出生在海门，后来在南通发迹，故世人多知南通张謇也。

政惠一路一人驾驶，谈笑风生，不觉劳累，沿路安排顺适，坚持不让我出一分钱，高情厚意，没齿难忘。孰料一年之后，忠厚洁行的朱政惠教授骤然仙逝，太史公不云乎：“天之报施善人，其何如哉？”

2023 年 3 月 28 日

探索无穷　风范长存

——朱政惠教授逝世十周年祭

◎　张广智*

故人风华已不再，
声音笑貌今犹在。
古今通变成遗梦，
归忆江天动地哀。

光阴似箭，倏忽之间，朱政惠教授离开我们已有十年了。我推开窗户，遥望远方，回忆往事，泫然命笔，写下了如上的一首小诗，以寄托我的哀思。政惠兄乃吾同城挚友、学界同仁。曾记得，我们在丽娃河畔衡文，在曦园卿云论道，不管是晴天云舒云卷，还是大地急风暴雨，不畏艰难，携手同行。我们今日纪念他，怀想他的学术成就，业绩昭然，光彩照人，在探索史学研究的道路上，为人们留下了厚重的足印……

在探索的行程中，他以学习与研究中国马克思主义史学起步。他苦读十年，其中六年集中研究吕振羽史学思想，终成硕果，从博士学位论文增补而成专著《吕振羽和他的历史学研究》（湖南教育出版社 1992 年版），被导师吴泽先生

*　张广智，复旦大学历史学系教授。

赞之为“打出一口好井”，为他早期史学研究的探索交出了一份出色的答卷。为此，需要指出的一点是，在《吕振羽和他的历史学研究》一书出版前，他就有很多的积累，同时也发表了不少文章，大作出版后，仍始终关注着吕振羽史学的研究，陆续发表和出版有《吕振羽年谱简编》（1996 年）、《吕振羽学术思想评传》（2000 年）等论文和专著。可以这样说，他一生与中国马克思主义史学的开创者、“五老”之一吕振羽为伍，这是史家之荣耀与缘分啊。

2006 年，我应《历史教学问题》主编王斯德先生之邀，为该刊开设“马克思主义史学史”专栏，约定六篇，前五篇从马克思主义史学的诞生一直到西方马克思主义史学的勃兴，由我落墨，第六篇《马克思主义史学遗产的传承及其在中国的回响》，由政惠执笔。文稿成后一览，出类拔萃，深得吾心，发表后也得到了广大读者的好评。这篇文章还收录在我主编的《史学之魂：当代西方马克思主义史学研究》（复旦大学出版社 2011 年版）一书中，易题为《马克思主义史学在中国》，为拙著增辉添彩，他无愧为当时学界公认的中国马克思主义史学研究的名家。由此，我与他也加深了浓浓的学术情缘。

在探索的行程中，他在史学理论与史学史研究领域深耕，新作不断，时有新见，辑集为《史之心旅——关于时代和史学的思考》（华东师范大学出版社 1996 年版，以下简称《史之心旅》）。大作一经问世，即引起了学界的热烈反响。回望 20 世纪 80 年代，那是一个激情澎湃的岁月，改革开放的潮流推动了思想解放，迎来了“历史科学的春天”。他的《史之心旅》诸文，正是改革开放新时期史学十年的产物。比如他对当代中国史学的研究，尤其是对当代中国史学思潮的探索，颇具卓识：他揭示主流与非主流的对立统一，各种史学思潮的交流与碰撞，进而分析马克思主义史学研究总体要求的革命性、科学性与主张史学的纯学术性的碰撞与斗争，马克思主义史论结合的总体要求与重论轻史、重史轻论治史观念的批判和反批判，马克思主义研究的民族化、国际化的客观要求与文化关闭主义、“全盘西化”理论的批评和反批评。以上立论，既是对新中国史学发展历程的一种如实描述，也是对中国现代史学发展史的一种总结。我认为，政惠之论，很具前瞻性，在 20 世纪 90 年代之后的中国史学的进程中已经或再次凸现，并像钟摆那样不断地左右摇摆，历史验证了这一点。

又如，他在20世纪80年代中期相继发表了《从接受角度研究史学》和《关于比较史学研究的若干问题》等佳文，这个被他认为在当时属探索性的尝试，迅即得到了学界的响应和支持，我也是，并以自己的史学实践，从域外史学之东传到中外史学的交流互通，进而研究中外史学交流史。现在回想这些，他在这方面的成绩影响深远，功不可没。

在探索的行程中，他的海外中国学的研究为新的“史之心旅”打开了一扇窗户。他在这一领域的前期成果，辑集为《美国中国学史研究——海外中国学探索的理论与实践》（上海古籍出版社2004年版）。记得2004年初，政惠给我打电话，要我为他的书写一个序，这令我诚惶诚恐，再三推辞未果，只能以一个学界同仁的身份，写点读后感。时光如流水，不知不觉间19年过去了，当下又重读此文，真让我感慨万分，往事历历在目，大作新论，我深深地感受到了他那永无止境的探索精神。

记得1996年初春时节，华东师范大学春来早，“海外中国学研究中心”在中山北路校区举行成立会议。政惠作为中心主任，他在会上的发言，自谦中透着自信，困难中充满信心，至今仍使我印象深刻。他那时还不到50岁，是那样的朝气蓬勃，那样的奋发有为，我钦佩他一往无前的探索精神和创新精神。他在《从〈史记〉看司马迁的创造性思维》一文中（见《史之心旅》一书）说道：“任何创造都是人们创造性思维的成果。所谓创造性思维，即在思维领域里追求‘独到’和‘最佳’，在前人和常人的基础上有新的见解、新的突破、新的发现。”是的，探索与寻求“新的见解、新的突破、新的发现”谈何容易，但他却见难而上，并为此锲而不舍，奋发不已。他的《美国中国学史研究——海外中国学探索的理论与实践》就是他为此不断努力而收获的成果，由此也引发了我的思考。

海外中国学研究，是进一步发展当代中国学术研究的需要。海外中国学研究，传统的称之为“汉学研究”，“二战”后则称之为现代的“中国学研究”，政惠把这两者统称为“中国学”，这是颇为明智和可行的。他从20世纪80年代中期开始，在海外中国学研究的道路上，集中在美国中国学史，对“他乡的夫子们”——不管是史华慈也好，还是柯文也罢，其研究成果为我们提供了一个可资借鉴的参照系，颇具学术价值和现实意义。这不由让我想起苏格兰诗人彭斯所说的“能以别人的眼光来审查自我”。换言之，在学术研究工作中，从对方的视角与立场去观察和思考问题，这对我们深入展开学术研究，意义重大，政惠对海外中国学研究亦然，比如为他所深研的“他乡夫子”史华慈尤然。21 世纪初，他在哈佛大学费正清东亚研究中心调研，用了将近一年的时间，查阅了几大箱的史华慈个人学术档案，连放有笔记本电脑的书包带也换了三根，可见政惠的学术研究之艰苦，这就有他后来史华慈研究的系列成果，进而深知史华慈的史学思想是以中国学为基础，而延伸到人类文明的探索，学术贡献非凡。对此，政惠也是以对方的视角剖析这样或那样与我们有距离的见解，足见他治史之深之慧矣。

开展海外中国学研究，是进一步发展中外史学交流的需要。须知，中外文化交流，倘缺少了史学文化的交流，那么世界文明的发展也会显得苍白和浅薄。因为史学，乃是文化之中枢，文化中的文化。政惠研究的海外中国学，既为我们打开了一扇新窗户，也为沟通中外史学文化交流开辟了一条新途径。他指出：“中国史学和世界史学交往密切之日，是中国史学昌盛之际，也是世界史学繁荣之时。”此乃金句，真知灼见也。他曾对 20 世纪中外史学交流百年史作过系统的梳理，写下了长篇华章《20 世纪中外史学交流回顾》（载于《史林》2004 年第 5 期）。在这方面，我们又一次精诚合作，令我铭记于心。2005 年，我应主编“20 世纪中国史学研究系列”丛书的瞿林东先生之邀，主编《20 世纪中外史学交流》卷，全书共 18 章，政惠撰写了两章，内容都是现代国外学者对中国史学的研究，大体涵盖了世界史学中的各个主要国家，这对我来说是一个鼎力的支持。知己知彼，他之研究助力我们对中国史学理论和史学史的研究，也是为了进一步开展中外史学交流的需要。

在此顺便说一则与此有关的史事。2002 年，吾生梁民愫从复旦大学修习西方史学史专业方向毕业，随后我向政惠引介小梁去他那里做博士后。至 2006 年冬日，出站报告名《英国马克思主义史学及在中国的反响研究——以埃里克·霍布斯鲍姆史学研究为中心》。这篇博士后论文，经当代中国马克思主义史学研究名家政惠的指导，写得像模像样，如今梁民愫已在西方史学理论与史学史领域立足，自然离不开从丽娃河畔汲取的营养。稍后，我主持教育部人文社会科学重点研究基地重大项目“近代以来中外史学交流研究”（后成书易名为《近代以来中外史学交流史》，复旦大学出版社 2020 年版），在组建写作团队时，我又从他那里“引进”了高足吴原元，小吴不辱重托，出色地完成了第二十章《中国史学之西渐：美国篇》，令我非常满意，自此与我也结下了深厚的学术情缘。

开展海外中国学研究，是进一步发展中国的史学理论和史学史学科建设的需要。我与政惠都是从事史学理论与史学史专业工作的，虽侧重点有所不同，他比较多地关注中国史学史，而我则侧重于西方史学史，但海外中国学研究却使我们走到一起来了，那就是姑且被我称之为的“影响研究”。我这里说的“影响研究”，指的是中外史学史的研究，不应只局限于各自史学自身发展历程的研究，还应当研究不同国家或地区之间史学文化的相互交汇与相互影响。我个人以为，海外中国学是一种史学上的“影响研究”。在这方面，政惠既有理论，又有实践，在他晚年尤甚，他的遗著《美国中国学发展史：以历史学为中心》（中西书局 2014 年版），是他毕生致力于海外中国学研究的示范和总结，是留给后人的一笔丰厚的遗产。

探索之路，曲折坎坷，崎岖难行。但是，历史学家的职责就是要勇于探索，勇于创新，历史学的价值与生命力也就体现在不断地探索与创新之中，这是时代赋予当代中国历史学家的历史使命。探索之路漫长，作为个体的历史学家的生命是短暂的，但历史学却伴随着广阔的世界而趋于不朽。但是，时代在变迁，社会在进步，人的认识能力也在不断提高，因而对人类历史发展进程的探索是没有止境的，对历史学自身的探索也是没有止境的。

是的，探索无穷，朱政惠教授的一生就是在不断地探索，从《吕振羽和他的历史学研究》到《史之心旅》，再到《美国中国学史研究》，到《美国中国学发展史》，一步一个足印，在探索史学研究的道路上，不畏艰难险阻，勇敢前行，生命不息，探索不止，值得我们向他学习。“历史”一词，按古希腊文的原意即为“探索”，因此，在这个领域中，探索，发现真理，再探索，再发现……以至无穷。只要历史之树是常青的，那么历史学就注定不会枯萎与死亡，让政惠的学术探索和他的学术结晶为之作证吧。

探索无穷，风范长存。值此朱政惠教授逝世十周年之际，谨以此文作为由衷的祭念。

癸卯春日

政惠教授，我的良师益友

◎ 于 沛*

我书桌旁书柜里的书，除了几本百科类的工具书外，其他的书往往随着研究或教学工作的需要经常更换，而始终不变的，则是有政惠签名赠予我的他的专著，如《吕振羽和他的历史学研究》《吕振羽学术思想评传》《美国中国学史研究——海外中国学探索的理论与实践》《史华慈学谱：1916—1999》等。在我的心目中，这不是几本普通的图书，而是故友熠熠闪光的崇高的灵魂，即使在整理书柜时我也总是轻拿轻放，担心会不经意打扰到他。十年来，我始终感觉我们经常见面，政惠依然和我们工作、生活在一起，我们肩并肩、手挽手，为繁荣发展中国历史科学相互勉励，奋力前行。

政惠教授是一位品学兼优、正直、善良、有社会担当的著名历史学家。他认为“历史学作为一门学问，与现实紧密结合，具有鲜明的时代特征，这已是万古不朽的历史结论”。张广智先生就此说：掌握时代脉搏，体悟时代精神，以自己的学术成果奉献给社会，奉献给人民，这正是当代中国历史学与历史学家的时代使命。朱政惠所专注的当代中国史学的研究以及他在这方面的探索成果，所观照的正是当代中国史家的那种强烈的时代责任感与使命感。陈丽菲女士编完朱政惠

* 于沛，中国社会科学院世界历史研究所研究员。

所著《史之心旅》后，她“始终不能忘怀的，正是他通过全书的叙述所表达的那种热切关注时代与现实，努力为社会的进步而奉献自己的心力与才智的可贵精神”。张广智、陈丽菲两位先生讲得真好，对这些我也深有体会，这使我更加怀念与政惠在国家清史编纂委员会工作中的难忘时光。

2002年末，在党和国家大力支持和关怀下，国家清史编纂委员会正式成立。我受戴逸先生之嘱参加国家清史编纂委员会编译组工作，主要任务是组织翻译出版海外清史名著（含文献档案）、加强与海外清史研究学者和相关研究机构的联系。清史纂修不仅要面向现实和未来，而且要有“世界眼光”。我邀请政惠参加国家清史编纂委员会《编译丛刊》与《清史译丛》编委会，但他所做的工作则远远超出“编委”的任务，而是关注现实、服务大局，为国家清史纂修作出了更多的积极的贡献。

2004年，由国务院新闻办公室和上海市人民政府共同主办、上海社会科学院和上海市新闻办联合承办的首届“世界中国学论坛”在上海开幕。论坛旨在为海内外中国学研究界提供对话渠道和交流平台，反映中国学研究的动态与趋势，增进中国与世界的相互了解。政惠作为该论坛筹备委员会委员、华东师范大学海外中国学研究中心主任，不辞辛劳，进行了大量的繁纷复杂的工作，促成了国家清史编纂委员会组团与会，同时邀请海外一流清史研究专家同时到会，清史研究诸问题成为论坛主要议题之一，大大提升了国家清史编纂的世界影响力。

2004年8月19日至23日，国家清史编纂委员会主任戴逸教授率团一行六人参加了首届“世界中国学论坛”。戴逸向与会的海内外专家学者介绍了清史纂修工程的缘起和进展情况，反响十分强烈。作为大会的特邀代表，戴逸还主持了名为“传统与现代：中国之道”的分论坛。会议期间，清史编委会编译组还与到会的俄罗斯著名汉学家季塔连科、美国学者王国斌、日本学者狭间直树、澳大利亚学者黎志刚、澳门基金会吴志良博士等国内外清史专家进行了广泛的接触和交流，达成了诸多共识，并确定了今后进一步加强合作的意向。在政惠的努力下，此次会议达到了向海内外学者宣传清史纂修工程，进一步扩大对外交流与合作的目的。

首届“世界中国学论坛”闭幕后不久，政惠在2004年11月6日向国家清史编纂委员会提交了一份《“国际清史论坛”筹备设想》的报告。政惠就论坛的宗旨写道：当前，海内外清史研究发展很快，为促进国内清史编纂这一国家重大文化工程的顺利进展，很有必要及时召开国际学术会议，与国内外清史专家交流研究情况、切磋学问，听取他们对清史编纂大业的建言。“国际清史论坛”可对如次主题——“清代政治制度”“清代经济”“清代法律”“清代军事”“清代边疆”“清代军事”“清代社会”“清代民族”“清代城市”“清代民俗”“清代妇女、性别史”“清代学术”“清代文献”“清代科技”“清代大众文化”等展开研究。更难能可贵的是，政惠还在报告中提出了一份详细的海外清史研究知名专家名单，如孔飞力、史景迁、艾尔曼、彭慕兰、黄宗智、王国斌、卜正民、巴斯蒂夫人、魏丕信、科大卫、达素彬、米亚斯尼科夫、滨下武志、狭间直树等。由于各种原因，“国际清史论坛”没能举行，但政惠提出的一些重要建议和设想却以不同的方式，在国家清史编纂委员会编译组的各项工作中有序地展开。我们不会忘记，在编译组的各项成果中，浸透着政惠的心血、奉献和热情。

政惠在华东师范大学有繁忙的教学和科研任务，但他仍挤出时间，亲自承担了国家清史编纂委员会的课题，这主要是上海图书馆徐家汇藏书楼藏《海外清史记载和研究之英文著作目录》（与马少甫合作）和《上海档案馆藏晚清租界外文文献概况》（与李江涛合作）。前者的英文著作目录，始于1669年，迄于1957年，内容十分丰富。上海档案馆藏《上海公共租界工部局年报》《上海公共租界工部局公报》是目前世界上保存最完好的关于上海租界的英文档案。其中，《年报》的清朝部分始自1861年，下迄1911年，也相当完整。《公报》清朝部分时间不长，为1908—1911年。两部分加起来共计12 000余页（A4纸），蕴含着丰富的内容，对于清史纂修有重要的史料价值。

1992年5月，政惠的专著《吕振羽和他的历史学研究》出版。他在“引言”中写道：吕振羽的一生，“是为中国革命积极奋斗的一生，也是从事马克思主义史学研究，为现实贡献历史智慧的一生”。他特别强调，研究吕振羽史学思想的突出意义就在于“它有助于把握当代中国马克思主义史学发展史”，因为“吕振羽史学发展的轨迹，体现了中国马克思主义史学发展的轨迹”。1996年10月，中国社会科学院、中共中央党校、湖南省社会科学界联合会等16家单位，在邵阳联合举办“全国吕振羽学术研讨会”，政惠应邀与会，并提交论文《走中国马克思主义史学的开创之路——吕振羽的学术思想述要》。文章指出：吕振羽和郭沫若、范文澜、翦伯赞、侯外庐等一起，从榛莽中，为中国马克思主义史学发展，开出一条成功之道。这些论述，生动地体现了一名真诚的马克思主义史学家的崇高信仰和理论造诣。近三十年过去了，他的一些远见卓识，至今仍闪烁着真理的光芒。毋庸讳言，在实现中国式现代化、实现中华民族伟大复兴的伟大征程中，我们离不开历史的智慧；在构建中国历史学独立自主的知识体系，让中国历史科学高高屹立于国际史坛之林，首先要继续走好中国马克思主义史学所开创的正确道路。政惠的一生，是为中国人民“贡献历史智慧的一生”，是“走中国马克思主义史学的开创之路”的一生。他以他的所识所行所为，成为我们永远的榜样。

曾在上海社会科学院历史研究所就职的章念驰先生，是章太炎的嫡孙。他的祖母常说：人都会死，后死的人应为先死的人去完成未竟之业，这叫“后死之责”，汝当知之。章先生记住了这些话，将最近新出版的一本文集命名为《后死之责：祖父章太炎与我》。在悠久的中国文化中，“后死之责”并不陌生，正是我们的先人一代一代前仆后继、砥砺奋进，创造出灿烂的中华文明。但近些年，有些人却忘记了“后死之责”，而热衷于追名逐利，沉溺于声色犬马之间。我以为，对政惠最好的纪念，就是后来者不忘记“后死之责”，自觉地坚持和发展中国马克思主义史学所开创的道路，在以中国式现代化全面推进中华民族伟大复兴的宏伟事业中，为人民提供更多的历史的智慧。

恢宏巍峨的中国历史科学大厦，有政惠搭砌的砖瓦，留下了他的智慧、汗水和生命。在新的历史起点上，我们迎接中国历史科学大繁荣大发展新时代的到来，一定会使其变得更加辉煌。政惠，我的良师益友！在建设新时代的新史学中，让我们永远并肩战斗！

2023 年 6 月 25 日

跨越十年的追念

——朱政惠先生的学术与情谊

◎ 乔治忠*

一、引　　言

学术事业，大多在平和的状态下运行，惊天地、泣鬼神的事件极其罕见；学者的交往和情谊也大多恬静淡雅，少有军人间同生共死的激情感受。然而，故友朱政惠先生的学术业绩和深情厚谊，却使我萦怀在胸，跨越十年、进而跨越时间与空间地永远追念！

朱政惠先生生于1947年，2013年11月因病去世，年仅66岁。这个年龄，对于颇有造诣的历史学者而言，特别是对于业绩优长、已经取得终身教授资格的朱先生，应当正值在学术上创树频出、踔厉风发之时，然而溘然而逝，令历史学界至为叹惋！此前一月即2013年10月，我正在南开大学历史学院操办举行史学理论及中国史学史的全国学术研讨会事宜，朱先生既是本专业学术同行，又为挚友，自然是筹备本次会议时特别邀请、切盼与会的要员之一，朱先生也早早提交了长篇学术论文，表示一定会参加。然而，到临近会议开幕的2013年10月22日，我却收到朱先生的微信，较详细地说明近来被查出癌症复发而且已经十分严

* 乔治忠，廊坊师范学院特聘教授，南开大学历史学院荣誉教授。

重的隐情，这使我惊愕异常，潸然泪下，呆坐片刻才准备书写回复的微信，似有千言万语却不知从何说起，于是谨回复不足20字的微信，一是表示震惊，二是为朱先生的康复而祈祷。又隔二十多天之后，11月13日中午，竟然收到了朱先生逝世的讣告，致使我泪洒书桌，整个下午心神不宁，晚间一口气写了4首悼诗，发给华东师大的学友，后曾在朱政惠先生追悼会大厅荧光屏上滚动播发，不妨录于下抄：

遥知儒雅又遭殇，戟手临轩斥上苍。
满眼泪花流不断，霎时顿觉日无光。

一书同忆少年时，河北江南名互知。
多少衷情犹未诉，今朝隔世化追思。

夜话扬州夜欲明，史坛学府道铨衡。
君今离我独仙去，无限哀思无限情！

南开聚会盼君来，忽晓病因惊若呆。
泪洒桌书难复信，孰知隔月更添哀！

这里自然流露出的是对朱先生逝世的极端哀痛心情，我们二人学术交谊的片片断断，随机无序地涌上心头。在朱先生逝世已然十年之际，心情依旧，谨以简述朱政惠先生的学术贡献，以及回忆朱政惠先生与我的诸多学术情谊，作为对于学友的深切怀思。

二、朱政惠教授的学术贡献

朱政惠教授是著名史学家吴泽先生培养的博士，他的博士学位论文研究的是马克思主义史学家吕振羽的学术贡献。获得博士学位的前前后后，他发表多篇文章探讨吕振羽的学术思想和学术卓见，评论中肯，结合中国现实的背景作实事求是的分析，成就突出。朱政惠指出：吕振羽在中国马克思主义史学发展史上做出许多首创性业绩，吕著《史前期中国社会研究》1933年出版，是第一部以马克思主义的唯物史观研究中国远古历史的著作。《殷周时代的中国社会》一书1936年出版，第一次系统地论定殷商是奴隶制社会，研讨中利用了甲骨文、金文、考古资料和文献资料，证据相当完备。论述清晰展现了中国原始社会和殷商社会的政治、经济与文化面貌，显示了中国上古最早的阶级社会起自商代，同时第一次提出了中国西周进入封建社会之说。

所有这些，皆具有中国历史研究的开创性。其他如《中国政治思想史》《简明中国通史》《中国民族简史》等书，也都是同类马克思主义史学著述中首发之作。这样，揭示了吕振羽乃中国马克思主义史学最主要奠基人之一，非常清晰和扼要地梳理出中国马克思主义史学早期发展的一缕关键性线索。

在中国史学史的论著、论文中，大多侧重于对马克思主义史学创始问题的研讨，郭沫若《中国古代社会研究》的成就令人耳熟能详，吕振羽的业绩往往被淡化。但据实而言，吕著《史前期中国社会研究》《殷周时代的中国社会》的学术意义绝不亚于郭沫若《中国古代社会研究》，二书皆遵从马克思主义历史观，皆运用马克思主义唯物辩证法的研究方法，皆利用甲骨文、考古资料，皆具首创的历史见解，而吕振羽提出殷商为奴隶制社会，纠正郭沫若将该时代描述为原始社会末期的误说，郭沫若后来接受了吕振羽的见解。由此可见，吕振羽研讨古史，学习和遵循了郭沫若的研究理路，上述两书的书名都从郭著之书名演化扩充而来，但不盲从郭沫若的所有观点，其杰出的史识不可小觑。二人前承后继，推进中国马克思主义史学发展，是当代史学史研究中不应分开别论的重要史学家。揭出这种机理的朱政惠教授，正是这一学术成果的功臣之一。

朱政惠先生在马克思主义史学史研究上取得突破之后，随即开拓了海外中国学研究，这从表面上看似乎迈出了极大跨度。但朱先生并不这样认为，他专门发表多篇文章，论述史学理论和史学史与海外中国学研究的联系，指出“史学理论与史学史研究，与海外中国学研究走到一起，是学科建设和发展中十分自然的事”。他说：

> 对海外中国学的研究，有助于我们对国际上前沿史学理论与史学方法的研究和借鉴。这种借鉴，还包括对其研究视角和研究思路的考察。海外学者对中国历史文化的研究水准，根本上不会超过中国，隔靴搔痒的弊端也很多。但应该承认，由于这些学者看问题的角度往往与我们不一样，或者理念有差异，他们的有些成果可能处于相当前沿的水准，有些成果也会因视角独特而令人印象深刻。这对我们的研究是重要的补充和参考。[①]

海外学者研究中国学术问题，早有“汉学”的概念予以表述，朱先生指出随着世界性学术研究的进展，“汉学”之称已经过时，应当代之以“中国学”，他说：“目前海外中国学的发展已经到了多学科发展的地步，绝非一个专门学科单纯研究所能对付。……‘中国学’可以包括对蒙古学和满学的探讨，‘汉学’就难说，而且还有个和汉代训诂之学的区分问题。”[②] 这种理念充满与时俱进的现代思考，同时也是国内外许多学者的共识。

朱政惠先生自己很早就进行了海外中国学的研究，同时进行学科理论的探讨和官方推进此项研究的呼吁。1996 年 3 月，华东师范大学建立了“海外中国学研究中心”，是国内最早的以“海外中国学”为名称的研究机构之一，这主要得自朱先生本人的学术成就、呼吁倡导和组织工作，学校领导的支持当然是重要条件，而华东师大史学史专业同仁的密切襄助尤为关键。从此，朱先生殚精竭虑地部署学科发展计划，培养学生，编辑资料，著书立说，举办研讨会议，加强国际学术联系，使华东师范大学迅速成为这一领域的学术重镇，启发和参与了上海社会科学院创立的“世界中国学论坛”学术平台。这个论坛，随后扩展为国务院新闻办公室、上海市人民政府及上海社会科学院等联合举办，规模巨大，机制完善，其联系范围和积极影响，真正扩展到整个世界。这是十分重大的创树，值得在中国学术史上以浓墨重笔大书一页。

---

① 朱政惠：《关于史学史研究和海外中国学研究的若干问题》，《探索与争鸣》2007 年第 1 期。

② 朱政惠：《日益受到关注的海外中国学研究——当代中国史学趋势研究之五》，《华东师范大学学报（哲学社会科学版）》1995 年第 6 期。

20世纪末至21世纪初期，中国学术研究联结国际学界，已经形成澎湃潮流，在全国学术部门和高等学府各有不同专业、不同方向的治学体现。正如朱政惠先生所做出的精辟分析，中国学在不同单位有不同方向的选择，如北京大学侧重于比较文学和比较文化的研究，北京外国语大学、北京语言大学凭借其外语研究优势，做了海外中国学研究状况的大量译介工作，清华大学认为重点应在中国学术思想在海外传播和发展的研究等，“所以，事实上的海外中国学学科建设，已经分解到各相关学科来落实和推进。抓得早的，已经硕果累累；抓得晚的，也崭露头角”。

朱先生给华东师大“海外中国学”的定位，“主要背靠史学理论与史学史学科，在这样的学科背景下发展壮大。由此，我们又把它称为史学理论与史学史研究的分支”[①]。这是极其允当、极其明智、极有学术意义的论定，符合华东师大已有的学术优势，抓住了海外中国学研究的核心价值，即以史学理论与史学史的学术方法和学科理念研究海外中国学，有助于揭示历史学产生和发展的机制和规律。

论说至此，这里简要介绍南开大学史学理论及史学史专业的理念与努力。2004年，笔者正在日本早稻田大学访学期间，与《求是学刊》历史学编辑商议策划一个新的栏目，即“中外史学及其比较研究”，预定首次亮相发表我与孙卫国博士两人的文章。论文尚在写作之际，我于2004年12月21日从日本向孙卫国发出电子邮件提出：

> ……南开史学史建设，因人员队伍不大，必须形成鲜明特色。东亚各国史学比较研究，是好的方向。同时，杨先生开辟的本专业资料、信息建设工作，也需要接续下来，两项工作做好，即足立于专业的显著地位。似应尽快以此精神向硕、博研究生宣讲，鼓励有志者往此方向努力。特别要鼓励学习日语或韩语作为二外，事不宜迟。望借研究室活动时机，郑重提出希望。你看如何？暂不多及，时时联系。
>
> 预祝圣诞快乐！

---

① 朱政惠：《关于史学史研究和海外中国学研究的若干问题》，《探索与争鸣》2007年第1期。

《求是学刊》2005 年第 2 期，在新设栏目中刊出乔治忠《论中日两国传统史学之“正统论”观念的异同》、孙卫国《〈明实录〉与〈李朝实录〉之比较研究》，此后，我们在中外史学比较方面的论文逐年积累，成果日益丰硕。我对于中外史学比较研究中的学术理念，是不局限于具体史书编写现象上的异同罗列，而应当直接触及核心的史学源起、史学理念、史学机制、史学发展等比较宏观性问题。通过中西史学和多篇中日史学比较论文的探索，我提出若干具备理论层次的新观点，例如：不是每个地区每个民族都会原发性地产生史学，事实上只有西方古希腊、古罗马与东方的中国，产生了原发性并且延续发展的两大史学脉系，其他国家后来的史学皆为从外部传入的次生性史学；史学的产生需要三大条件，即社会文化具有大体可用的文字和历法，社会发生了激发人们试图记载的重大事件，社会上具备如实记载史事的理念。最后的这一条件，决定了历史学不可能处处原发性萌生；史学发展的内在动力，是记史求真与治史致用之间的矛盾，这两种宗旨的矛盾在主要方面不是对抗性的，在中国传统史学中，官方史学与私家史学成为对等的主体，两者互动、互补又互有排抑，这是中国古代史学十分繁盛的主要原因；在中国，官方史学与私家史学之间的矛盾运动，往往涵括了记史求真与治史致用的矛盾。如此论断，已经紧紧贴近于讲清历史学产生、发展的运行机制，清晰展示出中外史学源流的共性和各具特点。

由此可知：中外史学比较的思路，比海外中国学研究更能解决史学理论与史学史学科的最大任务，就是揭示历史学发展的规律，特别是中国历史学的发展规律。而海外中国学的研究，则能够提供极为丰富的国际性史学资料和学术信息，这是中外史学比较无法企及的功能。两者可以相得益彰，理应重视其结合与互补的作用。

三、朱政惠先生与我的学术情谊

朱先生与我相知甚早而相见很迟，2000 年春，刚刚成立的教育部社会科学研究基地——北师大史学理论与史学史研究中心举办一次学术委员会会议，朱先生和我都是委员，会议间朱先生热情主动地与我交谈，如同久违的挚友。我们说到上海少年儿童出版社1996年出版的《100个博士的少年情》一书，其中有朱先生的文章《亲爱的母校，你信么？》，回忆中学时期的学习生活与几位教师，充满一定要为母校争光的豪情；有我的文章《从重理到学文》，叙述中学时期极端偏重理科，而最终却研治历史学的经历。

100个博士的回忆录，属于史学史专业者只有我们二人，因此早就互相关注。我说："我们最先互相了解了少年时期的情怀。"但朱先生似有不同看法，他更正说："我们从少年之时就相知、相识。"这话语说得温暖、亲切而且愉快。本次在北师大的会议为时短暂，我们很快就匆匆告别了。

2005年早春，我正在日本早稻田大学访学，收到朱先生的电子邮件："……致春节问候。又，我们这里年底将开一个关于史学研究的国际会议，其中的主要议题是关于海外对中国史学史的研究，欧美关于中国史学史研究的学者已经邀请，唯日韩学者未定，也不十分熟悉。先生正在日本访问，熟悉之，望指点一二，当邀请一起与会……我们5月也有个关于海外中国学的会议，两个主题：一是美国早期中国学的问题；一是如何深入开展海外中国学的问题，港澳台和海外皆有学者与会，如果先生来得及，也很希望与会。"

我于春节之当日（2005年2月9日）回复，年底前的学术会议一定参加，5月份的会议或恐来不及撰写论文。因为到4月，我在日本的访学到期，方能整装回国。

朱先生设定在一年内举办两次海外中国学国际学术会议，反映了一种急切推动学术发展的心理，以及朝气蓬勃的学术奋进精神。但施行起来困难多多，提出此等设想，已经是2005年1—2月间，而通知和邀请国内学者，要在三四个月写出新内容、新思路、新视野的学术论文，决非易事，即便是会议筹备时间上，实际上也感觉比较仓促。我是2005年10月首次参加朱先生举办的海外中国学国际学术研讨会，这次会议紧紧接续北师大史学理论与史学史研究中心、安徽师范大学合办的学术研讨会，双方会议的筹备人已经商定：安徽师大会议10月28日结束，与会人如果愿意，即可从芜湖乘傍晚的火车直到上海，次日即10月29日为华东师大学术会议的开幕日。此等安排，可补充华东师大自行邀请参会学者数量的不足。这意味着原拟5月的会议可能并未举行，同时会议也已经不限于研讨

朱政惠与美国著名史学家伊格尔斯在会议中

“海外中国学”，史学理论、中国史学史的论文内容占了相当大的比例。

本次会议为两年后朱先生主办的大型国际学术会议提供了宝贵经验，例如不再强调以“海外中国学”作为学者参会的论文内容，史学理论及史学史研讨甚至各种历史学内容均可包容；做到对于可邀请学者范围的心中有数，形成海外史学界与国内史学史专业内可以相互呼应的学术圈；闭幕式采取以圆桌会议形式办理，气氛比较宽松，安排发言人但不限于事先所安排者等。

2007 年 11 月初，华东师大举办的国际学术会议，可称为令人大开眼界的隆盛之会，会议邀请到美国（5 人）、日本（2 人）、荷兰（4 人）、西班牙、加拿大、德国、希腊、波兰、意大利各国的著名史学家，另加中国台湾（3 人）、香港、澳门的学者，阵容雄伟，其中如美国布法罗纽约州立大学伊格尔斯、美国斯坦福大学海登·怀特、日本佐藤正幸、荷兰莱顿大学施耐德（后转到德国哥廷根大学）等，是国际上名气极高的学者，有着很大的学术影响。会议在朱政惠及同事胡逢祥教授等操办下，规格高端，程序周密，节奏优越，可圈可点。11 月 3 日至 4 日上午进行了紧密、深入的学术研讨，4 日下午则安排参观上海博物馆，这一安排适应该博物馆周日开馆时间长的规定，而给与会者一个会期中间的休整。

我与朱政惠先生的情谊，建立于学术上惺惺相惜和坦诚沟通的基础之上，也不完全排除吃饭进餐、象征性送礼品纪念之类的私人来往，朱先生曾在预先未曾通知我的情况下，以出租车接我到他家里吃饭。作为“陪客”的胡逢祥教授告诉我：朱先生轻易不请客到家中，凡极少见破例请到家中用餐者，都是视为“贵客”中的“贵客”。而最重要的一次“请客”是在2012年，这一年中秋节与国庆节前后接连，朱先生以电子邮件向学界50多人发出“请柬”，其中包括年轻学子与自己的学生。打开附件，乃是PPS图片3组，美酒珍馐，琳琅满目，另有各色精良月饼，丰盛得无可伦比。虽是一批图片，风趣幽默，而给人以温馨的关怀，丝毫不亚于真实的宴会。

感动之余，我随即写七律诗回赠：

小憩中秋独在乡，荧屏一页系八方。
朱君请柬瞬间至，陈列珍馐永日香。
莫虑世间诚信短，当知学界友情长。
莘莘君子相存问，电信胜于明月光！

因此，学者间的请客吃饭，本身并不重要，重要的是学术情谊的建立与发展。

津沪两地，相距千里，学术会议之外，各自忙于自己的工作，我与朱先生会面时机本不甚多。华东师大举办会议期间，朱先生往往忙前忙后，日常学术工作及各种事务安排得满满当当，难得闲暇。至2006年8月，在扬州大学举行的中国史学史的学术会议时，终于有了一次彻夜长谈的机会。

8月22日晚，约谈于朱先生的住处，直到午夜，意犹未尽。这时我因与瞿林东先生约好午夜会谈，只好请假暂停，朱先生嘱言：无论到什么时间，还要回来，他在住处等待。于是，这一夜直谈到东方发白。话题围绕史学史学科的研究与建设，涉及各个大学与研究单位以及相关学者。我讲述自己的观察体会，认为史学理论及史学史专业虽然列为国家二级学科，但全国状况仍然薄弱，兴旺程度比不上中国古代史内一个断代方向。这除了历史学旧传统的积淀造成沉重包袱之外，还因为多数大学与研究机构领导者对本专业太不重视，其间列举了种种实例。当前北师大、华东师大与南开大学的史学史专业学人，应当精诚团结，同心

朱政惠先生（中）与笔者（左二）共同参加学术会议

尽力，共同推进本学科的发展，摈弃一切可能发生的误会。瞿林东先生主持教育部下达北师大的史学理论和史学史研究中心，放眼全国，顶住校内的某些压力，以立项经费支援各个高校的本专业发展，厥功甚巨！我们二处应当积极配合瞿先生的工作，给以极可能的协作。这类话语引起朱先生的沉思，随之认可了我的分析，表示一定向同事转达，力促本学科全国同仁的同心同德。后来2013年朱先生逝世时，我的悼诗“夜话扬州夜欲明，史坛学府道铨衡”句，即为对当时扬州长谈内容的感慨。

华东师范大学史学理论及史学史专业，是个极其团结的整体，多位学术精深的学者，能够做到同心同德，可以说朱政惠与胡逢祥两位教授在团体中具有核心性的作用。这里没有太多的奥妙：第一，两位都具有学术精神至上的理念；第二，是对待问题、处理问题出于公心，宽厚包容。我在中国史学史之研究中，主要关注中国古代的传统史学。而2010年5月下旬，因华东师大史学史专业学者参与整理的《王国维全集》出版，胡逢祥教授主导举办此书发布会暨学术研讨会，提前筹备时就邀我参加，说明会议最后将要参观上海举办的世界博览会。我决定撰写一篇分析“二重证据法”的文章，孰知一看资料，立刻发现王国维“二重证据法”大有问题，首先就是严重违反了学术思维的逻辑。随后追究，其学术宗旨、主要论点以及导致的后果，都是错误和荒唐的，于是撰成《王国维“二重证据法”蕴义与影响的再审视》，提交给会议筹备组。文章全面否定“二重证据法”，指出其错误的本质，无疑是违反此次会议的主导基调。胡逢祥教授对我文章没有丝毫嗔怪，视为正常的学术独见，而安排在会议闭幕式时最后发言，虽然引起激烈争论，但没有影响此前会议的进程。我对这种宽容、包容和巧妙部署，十分感动、感激和佩服。会议闭幕，朱先生意犹未尽，建议我购买晚间列车返津，自驾车带我到上海世纪广场一游。那时，朱先生虽然做过手术，但仍体魄伟岸、气宇轩昂、精力充沛，他自己对身体状况信心百倍，笑谈曰“不就是那几个小小癌细胞么！有什么了不得”。我作为友人，也为朱先生的健康而由衷地高兴。我回到天津后，收到朱先生电子邮件，发来照片，我也将拍摄朱先生健步前行的照片回赠，并且题词四句：“‘世纪’同游处，感怀情谊长。前瞻尤健步，更有大风光！”这反映了当时极为乐观的情绪。

上海市拟于2012年11月举办第五届“世界中国学论坛”，在筹备期间的7月，朱先生就急切与我联系：

治忠先生，您好。

打了两次您的手机，都没有接通。卫国那里倒是通了，主要是关于参加第5届中国学论坛的事。这是国务院新闻办和上海市人民政府联合主办的世界中国研究论坛，已经连续举办四届，这次是第5次。我一直协助打点工。今年上海社会科学院成立世界中国学所，转由他们为直接操办单位，但还是要我协助工作，除了整体咨询意见外，具体在协助他们第5分会场工作。会议偏重应用研究。我建议他们基础理论建设也要投入，他们同意。所以正在给他们建议名单，其中包括您。我想您在中日史学交流、日本的中国史学研究很有研究，能否就此发言，提出一些理论性的问题呢？会议要求先交提纲，会议以后提交论文，编入会议论文集，所以准备是完全来得及的。如果您觉得可以，他们会向您发出正式邀请。我觉得这样的会议，史学理论的工作者要发点声音，会上老外也将近一半。非常期待您的参加。

祝好。

政惠　叩首

我于7月21日当天就回复说：

朱老师尊鉴：

大函收悉，感谢惠顾与提携厚意！只是不巧，在下已经接受并且预定本年11月11日赴台湾“中央”大学做学术讲座，随后参加台湾辅仁大学的学术会议。因此上海盛会难以安排，至为遗憾！此次上海中国学论坛，规格之高，阅其发布的信息即可知晓，失去此次获取新知识以及放弃与朱老师等再次相聚的机会，实乃无奈的损失。谨此致歉，万望海涵。

敬颂

夏安！

乔治忠 拜复 7月21日

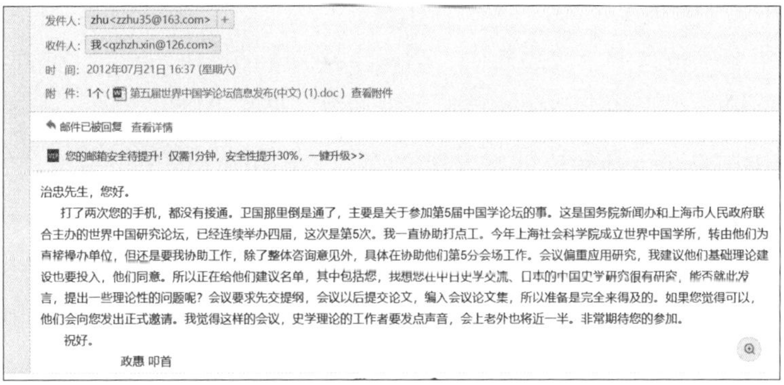

发件人：zhu<zzhu35@163.com> +

收件人：我<qzhzh.xin@126.com>

时 间：2012年07月21日 16:37 (星期六)

附 件：1个 (第五届世界中国学论坛信息发布(中文) (1).doc) 查看附件

邮件已被回复 查看详情

您的邮箱安全待提升！仅需1分钟，安全性提升30%，一键升级>>

治忠先生，您好。

打了两次您的手机，都没有接通。卫国那里倒是通了，主要是关于参加第5届中国学论坛的事。这是国务院新闻办和上海市人民政府联合主办的世界中国研究论坛，已经连续举办四届，这次是第5次。我一直协助打点工。今年上海社会科学院成立世界中国学所，转由他们为青榕樺办单位，但还是要我协助工作，除了整体咨询意见外，具体在协助他们第5分会场工作。会议偏重应用研究，我建议他们基础理论建设也要投入，他们同意。所以正在给他们建议名单，其中包括您，我想您在中日史学交流、日本的中国史学研究很有研究，能否就此发言，提出一些理论性的问题呢？会议要求先交提纲，会议以后提交论文，编入会议论文集，所以准备是完全来得及的。如果您觉得可以，他们会向您发出正式邀请。我觉得这样的会议，史学理论的工作者要发点声音，会上老外也将近一半。非常期待您的参加。

祝好。

政惠 叩首

朱政惠先生邮件截图

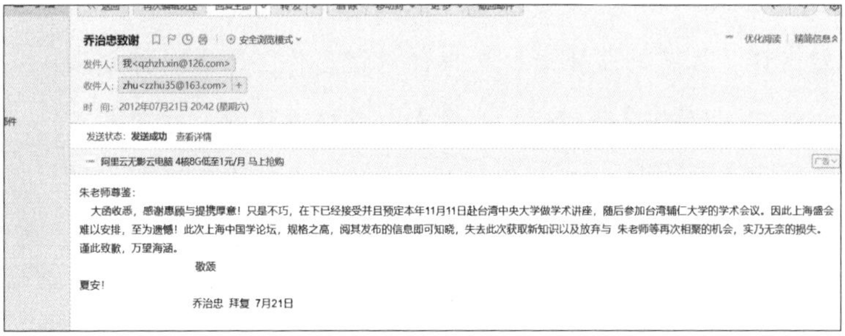

乔治忠致谢 安全浏览模式 优化阅读 精简信息

发件人：我<qzhzh.xin@126.com>

收件人：zhu<zzhu35@163.com> +

时 间：2012年07月21日 20:42 (星期六)

发送状态：发送成功 查看详情

阿里云无影云电脑 4核8G低至1元/月 马上抢购 广告

朱老师尊鉴：

大函收悉，感谢惠顾与提携厚意！只是不巧，在下已经接受并且预定本年11月11日赴台湾中央大学做学术讲座，随后参加台湾辅仁大学的学术会议。因此上海盛会难以安排，至为遗憾！此次上海中国学论坛，规格之高，阅其发布的信息即可知晓，失去此次获取新知识以及放弃与 朱老师等再次相聚的机会，实乃无奈的损失。谨此致歉，万望海涵。

敬颂

夏安！

乔治忠 拜复 7月21日

笔者回复邮件截图

朱政惠先生（左二）与笔者（左三）在第五届“世界中国学论坛”分会场。原图刊登于上海《社会科学报》2013 年 3 月 28 日第 8 版

然而，上海的第五届“世界中国学论坛”因故推迟到 2013 年 3 月，在朱先生鼎力推荐及斡旋下，我还是参加了这次盛会，见识了海外中国学研究的波澜壮阔局势，进一步领略了中国在全世界越来越扩展的积极影响。这个机会很难得，全靠朱政惠先生尽心尽力地提携并且亲自参与组织工作。

回思多年来与华东师范大学朱政惠先生、胡逢祥教授等的情谊，实际上多是对方对我的惠顾和襄助，朱、胡二位请我参加学术会议、做学术讲座多次，已经难以胜计。只有一次，是我主动地给朱先生主编的《北美中国学的历史与现状》一书撰写书评，这是一本多人提供论文的合集，围绕同一个主题。2013 年 9 月 5 日成稿后，发给朱先生阅看，朱先生回邮件说：

治忠先生大鉴：

晨起欣悉先生大扎（札），又是凌晨 1 点发来，不甚（胜）感佩。兄亲为拙著撰写书评，本已非常感激，又拜读所撰大作，体会到行文非常精彩。归纳、梳理、评论都很到位，非学术大家难以撰就，非学术高人难以发见。许多观点与分析完全出于（乎）我的思考，有的还没有想到过，对我的启迪更多、更深。我倒是要好好研读这份大著，再对照书中文章的问题，连同正在发展中的美国中国学，期待有更多、更深、更全面的认识。

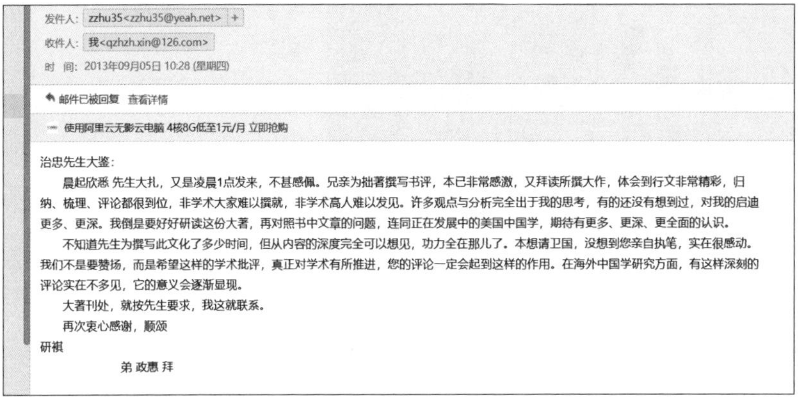
发件人: zzhu35<zzhu35@yeah.net> +
收件人: 我<qzhzh.xin@126.com>
时 间: 2013年09月05日 10:28 (星期四)

邮件已被回复 查看详情

使用阿里云无影云电脑 4核8G低至1元/月 立即抢购

治忠先生大鉴:

晨起欣悉 先生大扎，又是凌晨1点发来，不甚感佩。兄亲为拙著撰写书评，本已非常感激，又拜读所撰大作，体会到行文非常精彩，归纳、梳理、评论都很到位，非学术大家难以撰就，非学术高人难以发见。许多观点与分析完全出于我的思考，有的还没有想到过，对我的启迪更多、更深。我倒是要好好研读这份大著，再对照书中文章的问题，连同正在发展中的美国中国学，期待有更多、更深、更全面的认识。

不知道先生为撰写此文化了多少时间，但从内容的深度完全可以想见，功力全在那儿了。本想请卫国，没想到您亲自执笔，实在很感动。我们不是要赞扬，而是希望这样的学术批评，真正对学术有所推进，您的评论一定会起到这样的作用。在海外中国学研究方面，有这样深刻的评论实在不多见，它的意义会逐渐显现。

大著刊处，就按先生要求，我这就联系。

再次衷心感谢，顺颂

研祺

弟 政惠 拜

朱政惠先生回复笔者书评文稿邮件截图

不知道先生为撰写此文化（花）了多少时间，但从内容的深度完全可以想见，功力全在那儿了。本想请卫国，没想到您亲自执笔，实在很感动。我们不是要赞扬，而是希望这样的学术批评，真正对学术有所推进，您的评论一定会起到这样的作用。在海外中国学研究方面，有这样深刻的评论实在不多见，它的意义会逐渐显现。

大著刊处，就按先生要求，我这就联系。

再次衷心感谢，顺颂

研祺

弟 政惠 拜

朱先生对我写的书评赞扬有加，并不是因为我对该书作出了褒扬，而是对其中个别文章予以了严肃、凌厉的批评。朱先生回复邮件强调“我们不是要赞扬，而是希望这样的学术批评，真正对学术有所推进”，充分显露了一种学术上的赤诚之心。朱先生肩负繁多的社会活动与繁重的学术及教学工作，还有随时出现的学界应酬性事务。2012 年 6 月一次在天津会面，我正色埋怨朱先生为了这个总共半天、每人发言不足 3 分钟的应酬性会议，两天间往返天津与上海，异常劳顿，太不注意身体。而这种毫无学术含量的会议，根本没有必要参与。但朱先生总觉得一些人的盛情邀请，难以推托，这是太顾及情面、太为他人着想了，简直到了奋不顾身、舍己为人的程度。据许多华东师大同仁回忆，朱先生在治学上也

笔者参加朱政惠教授逝世一周年纪念会

是一副拼战的姿态，同样奋不顾身。这种治学精神和厚道品格，众口皆碑，人人赞叹，但现在反思起来，也十分沉重。

2013 年 11 月 13 日，朱政惠先生因旧病复发逝世，我们失去一位学术界高尚、厚道、学问渊博的兄长，失去一位可以推心置腹交谈诸事的同仁，内心的哀痛无法言状，前引四首悼诗尚不足以表达哀思之万一。2014 年 11 月，华东师大举办朱政惠教授逝世一周年纪念座谈会，本不请外地学者参加，但我闻讯后决意前往，奔赴上海。

于是，我在纪念座谈会发言，在《华东师范大学校报》发表怀思朱政惠先生的专文，并且献上七律一首，表达对朱先生崇高的敬意和衷心的怀念。近十年后的今天，对朱先生的怀念与崇敬一如既往，那就将 2014 年对朱先生的怀思之诗再次抄录，作为本篇追思怀念之文的结束语：

立志高标建业成，学联海外识恢宏。
纯真治史开新域，儒雅修身树令名。
可待时宜增伟绩，奈何天不佑精英。
溘然长逝人哀惋，论著辉煌已永生！

怀念令人敬重的朱政惠先生

◎ 梁 怡*

2012 年 5 月，我与朱政惠先生在上海虹桥机场见面，这是我和朱政惠先生的第一次也是最后一次见面。他提着一包书出现在候机大厅，我们就像多年不见的老朋友一样轻松自然地谈论着共同的研究兴趣、各自侧重的研究领域和对中国学研究趋势的分析。他送我那一包书很珍贵，回京后就开读，包括朱政惠编著《史华慈学谱》，朱政惠、崔丕主编《北美中国学的历史与现状》，朱政惠、胡逢祥主编《全球视野下的史学：区域性与国际性》，还有龚咏梅著《孔飞力中国学研究》、吴原元著《隔绝对峙时期的美国中国学（1949—1972）》、法国戴仁编、耿昇译《法国中国学的历史与现状》。读书过程中，我加了许多小纸条。很多年过去了，为了写这篇怀念文章，再次展读，除了有再次受教之感外，更感命运造化弄人。朱政惠先生不在了，另一位中国学研究领域的学术大咖耿昇先生也不在了。不禁感慨：温和的朱政惠先生，心直口快的耿昇先生，他们一肚子的学问，现在却不能如他们还在那样随时请教了。

我个人对朱政惠先生的了解，确切地说是通过读他的书，以及与同行交流中得来的，大致归纳，觉其独特性有三：

---

* 梁怡，北京联合大学海外中国学研究中心教授。

第一，天才型学者。同为下过乡再考入大学的78级中国近现代史专业的人，我们都痛惜失去了多年的读书时间，珍惜来之不易的学习机会，发愤读书学习，心态是一样的。除此之外，我与朱先生的差距就在于学术的敏感性。朱先生比我年长九岁，他在“文化大革命”前所接受的中学教育比我要扎实得多。大学时期，我先后随着陈庆华、张注洪两位先生研习中国近现代史史料学，读研究生时跟随张先生开始从事国外中国近现代研究。但是，我在主动思考、追踪前沿方面还是比较差。例如，我和朱先生都是1993年去美国访学的。回想起来，我当时还是以学生心态为主，他则有意识地把马克思主义史学与国外中国学研究结合起来思考，进而在20世纪90年代中期起将开展海外汉学（中国学）研究视为重要研究领域。学术的敏感性，是他能在华东师大带出一支响当当的学术研究团队，并出版“海外中国学史研究丛书”的基础。此外，他还兼任国家清史编纂委员会《编译丛刊》与《清史译丛》的编委，更说明他的博学和涉猎领域之广。

第二，重视深耕细作。作为学术团队的领军人，朱先生的学问体现在史学出身所具有的严谨性与扎实性：一是，自己整理出《史华慈学谱》，有益同行和后学。二是，重视研究基础性问题。在“海外中国学史研究丛书”序中，他写道：“我们对海外中国学的研究，起步于史学理论与史学史学科。”他的这种表述，我是非常赞同和欣赏的。海外中国学的优势是跨学科和国际视角。但是，只有把收集到的信息与学科基础理论结合起来，研究才能做得扎实，经得起历史的考验，才能为党中央和相关单位提供准确的学术参考和学术研究依据。三是，对准研究对象。基于学科理论和方法，他将其研究范围设定为“海外的中国学家、中国学著作、中国学机构，以及与其相关的学术思想、研究方法和编纂理念，通过对其历史原貌及其学术流变的考察，探究其学术发展的特点和规律，总结出有益于我们学科建设的历史经验和教训”。按照朱先生设定的研究方向，海外中国学研究的成果定是经得住时间考验并担负起时代责任的学问。

第三，富有前瞻性。朱先生认识到海外中国学具有包容宽泛的特点，从而提出多学科联合攻关的理念。2008年，他在为其编纂的丛书写序时，对海外中国学有所了解、并能就域外研究成果做及时评论的人还不多；填写社科项目申报书时，能写好“国外研究情况”部分的人还非常少。但是，朱先生却已经提出海外中国学研究“必须有历史学、文学、哲学、人类学、社会学、经济学、宗教学、政治学、伦理学等众多学科的联合攻关”的前瞻性指引。十多年后的今天，我们正是沿着朱先生的指引而开展着工作，为讲好中国故事做好基础性的服务。

都说踏着前人的足迹前进。朱先生 66 岁离世，放下了他所规划的研究领域，对于海外中国学研究群体来说是很大的损失。他太累了，需要休息了；我们则要继续完成好他所期望的海外中国学研究使命，继承他为事业拼到生命最后的学术研究精神，不负他的心愿，更不负时代赋予我们从事海外中国学研究者的机遇和责任。深深地感谢朱先生的指导，生前和身后。

2023 年 5 月 22 日

怀念政惠

◎ 金光耀 *

转眼间，朱政惠兄去世十年了。朱政惠去世时，我在出差途中拟了一副挽联：“黄山下乡十年，挥汗苦干，筑就连片水田云端高路，堪称茶人楷模；华师授业卅载，秉烛笔耕，彰显域内史家海外汉学，无愧书生本色。”匆忙间文字不及推敲，但表达了内心对政惠兄相识交往近四十年的感情和哀思。

我与朱政惠都是黄山茶林场的知青。朱政惠是66届高中生，1968年到茶林场。我是70届中学生，1971年到茶林场。朱政惠到茶林场后与其他知青发起创建五七连，开水田种水稻，响应当时“以粮为纲”的号召。在五七连种水稻成功后，他被调往八连出任指导员。八连地处海拔七八百米的高山上，不通公路，连队的口粮要从山下经过十几里崎岖的山间小道靠人背上去，是茶林场生活条件最艰苦的连队。朱政惠上任不久，就提出要开通到八连的公路，这一提议被上级批准了。这条公路从十一连起始，穿越人迹罕至的深山密林后抵达八连，在茶林场被称作118公路，是当时皖南山区海拔最高的一条公路，全长22.2千米。挽联中的“筑就连片水田云端高路”，就是朱政惠在茶林场经历的真实写照。

118公路开工后，我被调往八连任连长，与朱政惠朝夕相处了三年。我到八

---

* 金光耀，复旦大学历史学系教授。

连时还不满 21 岁，朱政惠长我七岁。很长一段时间，我们指导员、连长两人住一间房，饭菜票合在一起吃。一晃已过去了近半个世纪，但许多事情和场景仍历历在目，难以忘怀。

当时八连 200 多人都是 70 届及以后各届的知青，朱政惠不仅是连队的一把手，也是老大哥。开通 118 公路是他最挂在心上的事。春季过后，茶事相对清闲，全连就成了开路大军。开山辟路的主要工具是钢钎、铁锤与炸药。在不少掌钎人的双手或胸膛被 8 磅的铁锤多次砸伤后，八连知青中出现了抡铁锤的好手，朱政惠与我都是其中一员。1975 年学习无产阶级专政理论时，下发的马克思恩格斯列宁 33 条语录中，有一条是列宁谈星期六义务劳动，我们活学活用，组织全连在晚间上山挑灯夜战。其实夜间干活效率不高，不少知青白天辛苦劳动后不愿意挑灯夜战，不过在那时的氛围下无法将自己的意见表达出来。

当年的我们年轻气盛，干起事来有一股冲劲和蛮劲，许多事情也都冲在前面。有一年采春茶时，连日暴雨，溪水骤涨，引发山洪。傍晚收工时，有几名知青被山洪隔在山溪另一头，无法回连队。朱政惠带上几人顶着暴雨进山前去搭救。临近午夜，我守候在连队仍无消息，于是又带上几人进山去，赶到山溪边正好亲历惊险一幕。朱政惠他们到山溪边时，山洪十分凶猛，咆哮着从山上奔腾而下，不要说无法与对岸通话，就是与身边人说话也得大声喊叫，于是只能通过绳索先将手电和食品送过去。我们到达时，洪水势头似乎稍退，对岸人员想拉着绳索过山溪，朱政惠从这边下水去接应。其实此时洪水仍然十分汹涌，他们刚跨入山溪，就被洪水卷起，整根绳索顿时形成一个直角，他们几人都在直角尖上，位于水流最急处。守在岸上的人立即猛拉绳索，硬把直角拉成一个钝角，他们也趁机借力移往岸边。最终在水中和岸上的共同努力下，他们总算上岸了。一到岸上，他们就瘫在地上。朱政惠喘着气说，我已经筋疲力尽，双手几乎拉不住绳索，再过几秒钟肯定要松手了。我们松一口气说，如果松手肯定就被洪水卷走了，那就与黄山十一位烈士一样了。

朱政惠作为指导员，很注重宣传鼓动工作。他对连队的黑板报要求很高，并办起了油印的《公路通讯》，开始几期的组稿、排版亲力亲为，将各班排的工作进度刊登出来，推进班排间你追我赶，相互竞赛。他还发起全连队的赛诗会，鼓动知青将劳动生活中的感受以诗歌形式表达出来，并率先示范，写了一首几百行的长篇朗诵诗《118公路之歌》。这首诗由八连文艺小分队以朗诵加表演的形式搬上舞台后，很受知青欢迎，还到场部礼堂登台演出过。在朱政惠的引领下，我跟在后面现学“打油”多首，抒发的都是壮怀激烈之情，其中有一首被记者写进报道黄山茶林场的通讯稿中，刊登在《文汇报》上，尚未入诗词格律之门的我对此却颇有点沾沾自喜。

在八连与朱政惠朝夕相处的三年对我以后的人生有着决定性的影响。朱政惠是重点中学的高才生，高三毕业前已被选定出国留学，因为“文化大革命”爆发而告吹。而“文化大革命”开始时我才小学五年级，“文化大革命”中上了三年中学并没有学到什么像样的东西。我们两人间的文化水准相差很大。因为同住一屋，耳濡目染，我跟着朱政惠学了很多东西。朱政惠的父亲是华东师大的教授，家中有丰富的藏书，他带了不少到黄山，这些书就成为我汲取知识的重要来源。至今仍清楚地记得，我读的《唐诗三百首》是线装本，读的《十八家诗钞》是万有文库的版本，都是朱政惠从家中带来的。读书之余，朱政惠喜欢读帖习字，还拉着我一起写毛笔字。我就是看着他临帖才第一次知道并读了《兰亭集序》。在几乎无书可读的年代，没读过完整中学的我，就这样读了一点点书。每逢遇到不懂的地方，朱政惠就成了我身边的老师。如果没有这三年断断续续地读了些书，恢复高考后我是不可能考进大学的。

我与朱政惠还有去世不久的曹景行都是1978年秋季从黄山茶林场考进大学的，都进了历史系。我与曹景行进了复旦大学历史学系，朱政惠进了华东师大历史学系。其实朱政惠的考分比我高出不少，后来知道当年复旦招生录取时除了分数以外，还要考虑年龄的因素，我比朱政惠小七岁，占了便宜。进大学第一学期，每个周末回市区差不多都要到朱政惠家去坐一会，相互交流彼此学校的情况。后来朱政惠确定以史学史为自己的研究方向，他说原因之一就是父亲留下了许多史学书籍，要好好地加以利用。

朱政惠一进大学就下决心从事学术研究，本科毕业后不停顿地读硕读博。博士毕业前，他与我商量，想到复旦历史系来工作。我当然希望能与朱政惠再做同事，因为他是做史学史的，就去问朱维铮先生。朱先生说可以叫他来当面谈一次，于是我陪朱政惠到朱先生在第七宿舍的家去。交谈后，朱先生认可朱政惠的学术能力，表示愿意接受他来复旦历史系工作，并说会向系里提出。不过不知什么原因，此事最后没能办成。但此后朱维铮先生与朱政惠一直保持着学术上的来往，2008 年前后，朱先生设宴款待来沪的汪荣祖先生，还请朱政惠和我作陪。

20 世纪 90 年代后期，朱政惠有过一次调往地方院校担任领导的机会，他来征求我的意见。我与他一起分析各种利弊得失，认为他具有把握全局和协调人际关系的能力，鼓励他往新的岗位上去施展身手。但他最终还是放不下钟爱的学术，仍然留在了学校。

我们两人都从事史学研究，我的研究兴趣在外交史，朱政惠专攻史学史，在研究方向上没有交集，但经常见面交流各自的研究心得，并关注对方的研究进展。朱政惠转向研究海外中国学后，我们有了第一次学术上的合作，这就是翻译美国学者纪念费正清的文集。这是朱政惠研究海外中国学初期一项重要的工作。1996 年，他对我说已从美国学者那里获得授权，想着手翻译此书，并请我与他一起来做。在这之前我参加翻译了《剑桥中国史》的最后一卷，这是他请我参加的主要原因。这本书由他与复旦的两位年轻人翻译，由我担任校译。翻译出版后的书名叫《费正清的中国世界——同时代人的回忆》。

我与朱政惠在学术上的再次合作与我们在黄山茶林场的经历有关。2002 年深秋，茶林场四五十名当年的连队干部在太湖边的东山聚会。虽然离开茶林场已经二十年左右了，但大家无法忘怀年轻时在那里的日子，都想为茶林场再做些事。那天晚上，有的提出要竖一块知青纪念碑，有的提出集资捐助当地的希望小学。我们两个学历史的认为应该编一本记录茶林场知青历史的书，考虑到还不具备写一本完整史书的条件，提出编一本照片加文字图文并茂的书。大家讨论后将编写书的任务交给了我们两人。这之后茶林场老知青分工负责，包干落实，从各个连队知青那里搜集到 4 000 多张照片。当时还没有家用的扫描机，数码相机的像素也不高，那些照片的翻印复制花了很大功夫。第二年初夏，搜集好的照片交到我们手中，我们俩商定利用暑假集中时间编写这本书。暑假开始后，我一早从复旦凉城小区的家中坐地铁再换公交车到安远路朱政惠的家中，从上午 9 点多工作到下午 5 点。那年暑假小林姐不在上海，午饭时朱政惠下厨炒两三个菜，有时也会叫外卖。有好几次吃了晚饭继续工作，我们笑称又挑灯夜战了。2003 年暑假的大部分时间，我们就是这样度过的。

那时我们两人习史已有二十年了，都写过书和论文，但写自己经历过的历史还是第一次。首先面对的问题就是如何看知识青年“上山下乡”运动。当时已有不少知青在回顾并书写自己经历过的历史，在各种声音中，“青春无悔”的声音格外引人关注。我们两人讨论后认为，要将“上山下乡”运动置于人类历史的长河中来看，大规模的人口从城市往农村迁徙，不符合历史发展的趋势，这应该是我们编写的基调。不少当年的知青此时已成为各行各业的领头人或骨干，于是社会上有一种看法，认为正是“上山下乡”运动磨炼并成就了这些人。我们两人都已是大学教授，按这一看法，也算是自己专业领域的骨干。但我们对这一看法并不认同。以黄山茶林场为例，近一万名知青中，我们那一年考入大学的只有十几个人。回城后，有不少知青经过努力在各自领域内做出了不凡的成绩，但更多的知青因为在年轻时没有能接受完整的学校教育，影响了此后的人生。因此，我们确定，写黄山知青的历史不能只盯着那些后来做出成绩的人，而要尽可能地反映整个知青群体，反映茶林场生活的方方面面。

这本书最终定名为《知青部落：黄山脚下的 10,000 个上海人》，“知青部落”是朱政惠提出的。我们从几千张照片中最终选了 700 多张，以图像结合文字来书写茶林场的知青历史。这在当时具有开拓性质。那时我对“以图证史”的方法和理论还很陌生，但朱政惠一直专注史学理论，对将图像作为史料已有自己的理解，认为记录了吃穿住行、生产劳动以及政治活动的照片，是存史、证史的重要史料。当然在编写过程中，我们也认识到手中照片的局限。在那个物资贫乏的年代，拍一张照并不容易，许多知青拍照是为了寄给父母，因此留在照片上的都是笑容，这使照片集所反映的历史有一定的局限性。

《知青部落》是较早的以图证史写知青史的书，出版后，不仅在茶林场知青中，也在社会上获得不错的反响。2005 年，拉萨市人民政府为庆祝西藏自治区成立 40 周年要编一本图文书，看到《知青部落》后专门派人来上海请我们两人到拉萨去帮助制订编写大纲，介绍编写心得。这样，朱政惠与我就有了一起去西藏的机会。朱政惠到拉萨后，高原反应很大，最初两天走路脚都抬不起来，但挡不住他对西藏历史文化的强烈兴趣。完成工作后，拉萨市政府安排我们参观布达拉宫、八角街等处，朱政惠提出还想去看天葬台。按当地的规矩，天葬台是不对外来游客开放的。但我们是市政府请来的客人，最后还是安排我们在下午去参观早上刚举行过葬礼的天葬台。天葬台在拉萨郊外山上，海拔比市区更高，朱政惠到了现场，似乎没有了高原反应，不停地向陪同人员询问天葬的情况，还拍了许多照片，下山后连说不虚此行。

编写《知青部落》，对我们两人来说，不仅是又一次愉快的学术合作，也影响了我们此后的学术研究。2008 年，上海一些老知青发起组织“纪念上山下乡 40 周年”学术讨论会，邀请我们两人一起参与。在那次讨论会上，朱政惠以他宽阔的学术视野提出建立“知青学”的倡议，并具体阐述了开创“知青学”的构想和步骤。朱政惠的倡议在知青群体中引起很大的反响和关注。2011 年，上海市知识青年历史文化研究会正式成立，朱政惠和我都被邀请担任研究会的副会长。

当我们都将知青史研究作为自己一个新的研究方向时，朱政惠却被病魔再次击倒。2006 年他被查出肺癌，治疗后恢复很好。最初几年，他很注意保养，放慢了工作节奏。但因为恢复好，又逐渐回到了以前的工作节奏。有一次他在自己的书房里关门奋笔疾书，从下午连续工作到晚上，连晚饭也没顾上吃，小林姐以为他外出未归，给我打电话问是否在我这里。他最后住院期间，我去看望，他不无遗憾地说自己太大意了，以为过了五年恢复期就与正常人一样了，所以为了完成书稿还经常熬夜。闻此言，不禁扼腕长叹！

但这就是书生本色的朱政惠，始终将史学研究作为自己一生的追求。

翰墨余迹　留香学苑

——忆朱政惠老师

◎　何培忠*

2023 年 2 月 7 日晚 8 点，结识了十六年之久的华东师范大学吴原元老师给我发来微信，说他的师尊朱政惠老师逝世十年了，学校要出一本纪念集，内设师友追忆缅怀内容，希望我能提供一篇。

听到这个消息，我不由得唏嘘。“荏苒冬春谢，寒暑忽流易”是魏晋诗人潘岳的名句，说的是“重壤永幽隔”仅一年后的感觉，便已成了千古凄叹之事，现在朱老师离开我们竟十年了，生死两茫茫，岁月无情，时间流逝得太快了！

我与朱老师的交往主要在学术研究活动中。记得中国社科院国外中国学研究中心（现更名为“国际中国学研究中心”）成立后不久，举办了一个国际学术研讨会，题目是“亚洲地区国外中国学研究述评”，时间是 2007 年 1 月 13—14 日。这个会议准备了很久，在那个年代，光是会议的经费就要大费周折，邀请国外学者参加还要提前办各种手续。会议日期定下后，我即刻打电话给朱老师，希望他能参加会议。朱老师很高兴应允了，但临到会议开始前不久，他又联系我说，因有事走不开，派了他的学生吴原元参加。不能不说，听到这个消息，我心中是有点遗憾的，因为举办这次会议，也有让相关机构负责人聚一聚的意思。不过，就

*　何培忠，中国社会科学院国际中国学研究中心研究员。

是因为这一参会人员的变更，或是说因为朱老师的这一决定，让我结识了吴原元这位年轻学者，他在会上发表了一篇很好的论文，在朱老师谢世后也一直笔耕不辍，辛勤耕耘，取得了很好的成绩。

朱老师这次会议的缺席确实在我心里留下了遗憾。不过，这个遗憾很快在年底就弥补上了，同时我也了解到朱老师做出这一决定的一番用心。

这一年的年底，也就是 2007 年 12 月 2—3 日，北京大学比较文学和比较文化研究所、北京外国语大学中国海外汉学研究中心、大象出版社联合主办了“国际汉学（中国学）研究回顾与展望（1977—2007）”学术研讨会，国内几家主要相关机构的负责人都应邀到会，有北京大学的严绍璗老师、北京外国语大学的张西平老师、北京行政学院的侯且岸老师、天津师范大学的王晓平老师等。12 月 1 日晚，我来到会议举办地郑州，办完手续刚刚入住黄河迎宾馆的房间，就听到有人敲门，开门一看，原来是朱政惠老师。

朱老师说，他到得比较早，一直在等我，想找个机会好好聊一聊。这一晚，我和朱老师交谈了很久。

我们开始聊的是开展海外中国学学科研究对于中国文化的自觉与自信的时代意义，接着又谈了这个学科深入下去所面临的困难。在聊这个话题时，双方似乎都有点倾诉的意味。我讲了中国社会科学院虽然开展这一学科研究时间最久，设立研究机构也是最早，但由于机构的变动和认识的不统一，在恢复研究机构问题

作者与朱政惠合影

上总是“久攻难下”，一直奋争了多年。由于社科院机构的设置处在传统学科设置的强大影响之下，报告申请提交之后，又遇上了“非典”疫情的干扰，机构的重建，真有点像唐僧取经的感觉，终于在 2003 年获批，2004 年 1 月才再次立起了旗子，现在是处于重打鼓再开张的阶段，准备开展多国的中国学研究，然后集中拿出研究成果。朱老师也讲了他推动华东师范大学设立海外中国学研究中心的艰辛，几乎一直是孤军奋力而为，在介绍这个中心的文字说明中，有一句话很关键——“海外中国学研究方向创新团队”，这是朱老师的智慧，如无这一个“创新”的标签，海外中国学研究在华东师大也是难获一席之地的。朱老师补充道：也就是说，开展海外中国学研究的意义与迫切性，当时还未得到众人的普遍首肯，只认为是一种“创新”而已。朱老师说，他本人是从事史学研究的，而海外中国学研究，提供了从域外反映中国史学发展的独特视角，让他深受启发。

华东师范大学的海外中国学研究中心成立于 1996 年。这一年，北京外国语大学也成立了中国国际汉学研究中心（2015 年更名为“国际中国文化研究院”），这两个机构，同年诞生，成为中国一南一北为后来的学科建设培养了不少优秀人才的重要基地。

机构设立后，朱老师说，中心的工作重点他也早有预设。华东师范大学历史学系史学理论与史学史是全国最早的史学理论与史学史博士点之一，有很强的学术科研队伍和科研实力，华东师大的海外中国学研究中心一经成立，人才的培养就是结合华东师大的特点，方向定为“海外中国学史研究”，并作为历史学科“史学理论与史学史”研究的分支方向而下力气的。

朱老师认为，要研究海外学界有关中国的研究，必要条件之一是外语要过关，要熟悉研究对象国的文化，熟悉研究对象国的历史。对此我有同感，因为如果外语不过关，只能用二手文献从事研究，是不会写出很好的论文的。朱老师学生的特点，一是史学理论扎实，二是外语功底好。

朱老师认为，人才的培养不能只在课堂上读书，或在图书馆查找资料，还要广泛接触学者，参加学术活动。他一直鼓励或派出自己的学生，参加各种学术活动，让他们多写论文，多结识学者，汲取各种营养，开阔视野，快速成长。

听到这些出自肺腑的话，我由衷钦佩朱老师的做法，他派出学生参加学术活动，是把自己的学术资源尽快告诉学生，有着促使他们快速成长的良苦用心。但当我赞叹他心胸开阔、有真正的学者风范时，他却莞尔一笑，谦虚地说，社科院的会议没能参加，是因为自己当时是手术初愈之人，有不宜活动太多的缘故。

我这才知道，他是动过大手术的人。话虽这么说，但我了解到，他入院后在病床上，仍在为学生修改文章。但在许多场合，即使是他做了大量修改的文章，也不肯写上自己的名字，这一点，非常令人钦佩，因为在某一时期、某一圈子里，许多学生在发表论文时，都会把老师的名字加上，甚至放在自己名字的前面，而一些老师也是坦然接受这一做法。朱老师虽然不在学生的论文中加上自己的名字，但他的每一个学生，都知道老师在自己论文上付出的心血有多大。

此后，朱老师的身体状况，一直是我心中的担忧之事。好在后来几年的交往，即无论是在上海"世界中国学论坛"大会上叙谈，还是在 2009 年 9 月共同参加国家图书馆纪念成立百年的系列活动，一同见证国家图书馆海外中国学文献研究中心的成立，以及在海外中国学文献研究中心所收藏的图书中，相互找出各自的著作拍照，笑谈赞誉该文献中心收藏的资料还是很齐全的，都觉得他精神非常好，没有丝毫病态，不必让人担忧。

2013 年 11 月，我去参加北京外国语大学中国海外汉学研究中心的学术活动，听说会议也邀请了朱老师参加，但到了会上，没见到朱老师，出席的是他的一位女弟子（好像是龚咏梅）。当时我还想，会不会是朱老师又在推出自己的弟子参加会议了呢？但会议中，这位女弟子找到我，告诉我说，朱老师去世了，话未讲完，人已泪水洗面了。

我一下子就呆住了，头脑一片空白，不知说什么好了。这一空白，竟然过了十年。

这十年中，听说朱老师的弟子们过得很不容易，后来度过了艰难的时期，仍遵循师尊的指教，不断努力，学业各个有成，那份饱含朱老师心血的《海外中国学评论》（朱老师邀我写过文章）在中断了一个时期后，也于 2018 年推出了新的一辑。我觉得，这是朱老师最想知道和看到的事情，他的弟子一个个成长起来，他关注和下力气推动的学科得到学界的普遍承认，应该是可以告慰他，让他最感欣慰之事了。

2023 年 6 月 10 日

海外中国学研究的开拓者

——怀念朱政惠先生

◎ 张西平 *

朱政惠先生离开我们已经十年了，往日的交往与友谊还历历在目。我与他结识是因为海外中国学研究。1996 年，我自德国访学回国后从国家图书馆调入北京外国语大学，同年 11 月在北外成立了中国海外汉学研究中心，后来得知朱政惠先生在 1996 年 3 月成立了华东师大海外中国学研究中心，那时我们还不相识，这说明我们的心想到了一起。记得 2005 年他在华东师大召开“传教士与美国早期汉学”的学术会议，我带领北外海外汉学研究团队参会，他十分高兴。从此以后，每届上海“世界中国学论坛”我都会参加，北外召开的汉学会议他也都赶来，我们两人的交往越来越多。

2010 年，为了推动国内的海外中国学研究，严绍璗先生认为应该建立一个国际性的学会，这样才能团结更多的学者，把国内做海外中国学的学者团结起来。他找到了一位香港中文大学的朋友，帮助我们在香港正式注册“国际中国文化研究会”。为此，我和严绍璗先从北京赶到香港中文大学，朱政惠先生从上海

* 张西平，北京语言大学特聘教授，北京外国语大学教授。

赶到香港中文大学。我还邀请了台湾图书馆和澳门理工学院（今澳门理工大学）的两位学者参加筹备会议。在香港期间，我和朱政惠先生有很好的交流，此时我才得知我们是同一代人，有着同样的经历，“老三届”“知青生活”让我们的感情一下子近了很多。他长我一岁，应为兄长。

最后一次与朱政惠先生相见是2013年5月在北外召开的海外汉学研讨会上。那时我已经得知他患过肺癌，但当时他精神饱满，满脸红光。朱政惠先生笑着对我说，病早已经好了，再干十年没有问题。没想到，就在11月听到了他去世的消息，我当时完全无法相信，他这么快就撒手人寰。

朱政惠先生是改革开放以来海外中国学研究的开拓者之一，在学术上有着重要的贡献。

首先，朱政惠先生极大地推动了美国中国学和中国史学史的研究。到目前为止，朱政惠先生的《美国中国学发展史：以历史学为中心》不仅是美国中国学研究的一座高峰，而且在整个海外中国学的国别研究中也属于最杰出的研究成果。这立足于他扎实的史料收集与深入的理论思考，从《史华慈学谱：1916—1999》就可以看出他坚实的史学功底。

同时，朱政惠先生以美国中国学史研究为抓手，对中国的史学史研究提出了全新的看法。他认为国内的史学史研究“从大的方面说，当然不仅包括对本国和东方史学的清理，也包括对西方和其他海外国家、地区的史学的清理。这样，对海外的中国历史学的研究当然应该包括在内。作为史学理论与史学史研究的工作者来说，对海外的中国历史学的研究已经显得越来越重要了”。这是一个非常重要的观点。海外中国学的存在意味着中国的学术必须在世界范围内展开，在世界的中国研究中，中国学者不可以缺席，中国史学史研究应在世界范围内展开。这是一个多么宏大的理想啊！

其次，朱政惠先生所具备的学术组织能力带动了全国的海外中国学研究。朱政惠先生有很强的组织能力，这是“老三届”学者共同的特点，他所创办的《海外中国学评论》成为学术界研究海外中国学的重要阵地，他参与的“世界中国学论坛”成为世界范围内具有重大学术影响和政治影响的论坛，他主编的“海外中国学史研究丛书”成为全国最有影响的学术史丛书之一。

再次，朱政惠先生对海外中国学研究做出了战略性的规划。在全国的海外中国学研究中，北京大学比较文学研究所以跨文化研究方法而著名，朱先生的华东师大海外中国学研究中心以史学史为研究方法而著名。他提出一系列用史学史研究方法展开海外中国学研究的学术路径，在这个研究领域产生了较大的影响。他是最早讨论海外中国学研究对象的学者，从而使这个研究领域逐步形成自己的学科特点。他的《海外中国学研究的学科建设刍议》至今仍是学者必读的文章。他提出海外中国学研究是跨学科的学科群的观点也具有超前性。他最早提出展开百年中国海外中国学研究的设想，并写下《中国学者对海外中国学研究的百年回顾——进程、特点和若干问题的思考》一文，为这个研究领域开辟了新的研究方向。目前，我所主编的“中国海外汉学（中国学）研究四十年（1978—2018）”丛书，就直接受启于朱政惠先生的这篇文章。

朱政惠先生早逝对海外中国学研究是一个重大的损失。可以告慰他在天之灵的是，他的学生已经成长起来，龚咏梅、吴原元等一批弟子现在已经成为海外中国学研究领域的中坚力量。

我自己进行海外汉学研究略有收获，得益于与朱政惠先生长期的讨论与交流，古人云：“云映日而成霞，泉挂岩而成瀑。所托者异，而名亦因之。此友道之所以可贵也。”十年已过，我也年已七十有五，此时怀念朱政惠先生，倍加想念。

书比人长久，朱政惠先生的书放在我的案头，阅书如见人，秋风如烟！朱政惠先生的学术遗产必将在海外中国学研究领域长期产生影响。

倏忽十年，追怀故人

◎ 邬国义*

朱政惠墓志

朱君政惠（1947.8—2013.11），江苏江宁人，华东师范大学终身教授、历史系博士生导师。任海外中国学研究中心主任，中国史学理论研究会副会长。

青年时代，赴黄山茶林场，砥砺艰磨，才具秀出。君笃学不倦，性好史学，尤擅海外中国学史。三十年来，苦心孤诣，笔耕不辍。开拓新域，融古今而贯中西；撰著华章，卓然成一家之说。君性宽厚，待人以诚。循循善诱，桃李盈门。惜天不永年，赍志以没。爰泐此铭，以为永志。

二〇一四年二月

倏忽十年，追怀故人；谨以旧文，祭于灵前。

同学邬国义悼记

二〇二三年七月

---

* 邬国义，华东师范大学历史学系教授。

斯人虽已去，猛志固常在

——怀念朱政惠教授

◎ 胡逢祥 *

政惠学长离我们而去已整整十年了，但其音容笑貌，仍不时浮现在我眼前，他积极的人生观和治学精神，更是长久刻在了我记忆之中，难以忘怀。

朱政惠是66届高中生，属于“老三届”中年龄最长的一批人。1966年，正当他高中毕业，准备到联邦德国留学时，因“文化大革命”突发而不得不停止了学业。两年后，他响应国家“上山下乡”的号召到黄山茶林场当农林工。在那里，除日常的采茶护林外，还与同伴们凭着一双肉手和落后的工具，担起了建水电站和开筑公路等许多艰巨的山区基建。这段人生经历，在他和金光耀合编的《知青部落——黄山脚下的10,000个上海人》中有相当生动具体的反映。后来谈及，他总是既感慨当年的艰辛，认为大规模的“上山下乡”运动曾给不少知青及其家庭后来的生活造成了不良的后遗症，同时又表示从客观上说，自己确实受到了锻炼，由此树立起吃苦耐劳、脚踏实地和自强不息的作风，称“那段日子像一杯垫底的烈酒或苦酒，使他们能坚韧地应对人生道路上的各种挑战和困难，成为他们在社会急剧变革中宝贵的精神财富”（见《知青部落·卷首语》）。也正是怀着这样一种积极向上的人生观，才使他在沉入社会基层长达十年的艰苦磨炼中，

---

* 胡逢祥，华东师范大学历史学系教授。

始终刻苦自励，对未来充满了健康乐观的期许，并得以在“文化大革命”结束后，很快考上大学，重续中断十年的学业。

我和政惠虽然同在1978年进入华东师范大学历史学系学习，但最初几年，并无接触。直到1981年我研究生毕业留中国史学研究所任教的次年，他进入史学所开始攻读中国史学史专业硕士研究生，才逐渐有所交流。

朱政惠给人的印象，朴实沉稳，平时言语不多，但性格坚毅，对于学术，更是一往情深，又因处事较为老成，周围同学都视之为长兄。我们老三届这代人，因被“文化大革命”耗去的时间太多，都十分珍惜后来重新读书和从事学术工作的机会。我个人硕士研究生毕业时，虽也可选择继续考博，但想到已31，较“文化大革命”前正常毕业的本科生也大了好多，自觉还是早点工作为好，学历上遂不复再思上进。相比之下，朱政惠本科毕业已年及35，却仍勇气十足，义无反顾地选择了继续攻读硕、博，现在想来真是令人敬佩。

朱政惠博士毕业后，先到学校机关，在研究生院担任行政工作。按他的能力和性格，本足以在学校行政管理方面一展身手。但他对学术情有独钟，于担任行政工作的同时，仍利用间隙时间积极参与本校史学理论与史学史学科点的各项建设和相关科研，特别是有关马克思主义史学史的研究，并努力寻找新的学术突破口。1994年3月，学校将文史哲等基础性文科系所合并为人文学院，朱政惠被任为学院党委书记，成为我们的直接领导。此时，他已敏感意识到，随着中外文化交流规模的不断扩大，海外中国学的研究情况正越来越引起国内学界的重视，因而决定把自己的学术关注转向这方面。稍后，又确定以美国中国学作为自己研究的重心（参见朱政惠《美国中国学发展史·绪言》）。在他的筹划下，学校成立了海外中国学研究中心。2000年起，他利用赴美访学和获允查阅已故美国学者史华慈个人档案的机会，广泛搜寻有关美国中国学研究的书刊，并到各地拜访美国知名的中国学专家，展开咨询访谈，积累了大量资料。

朱政惠赴美访学期间，正值我们史学理论和史学史学科点新老交替、青黄不接之际，学校对此颇表担忧，让我向校部提供一份本博士点学科队伍现状的分析报告。我的报告中自然也列入了朱政惠从事科研的情况，不料当时校研究生院的一位负责同志对此大不以为然，竟说：“别捣糨糊了，谁知道朱政惠什么时候才能回来！”我一听就很恼火，随口反驳说：“你怎么可以这样说他！”当时校内确有少数人出国以后，“黄鹤一去不复返”，引得这位同志竟对朱政惠赴美访学的动机也产生了怀疑。这种狭促的眼光，焉能知晓朱政惠一心献身学术的大气和怀抱？对此，真不能不让人发出“燕雀安知鸿鹄之志哉”的感叹。不久，朱政惠就从美国满载而归了。在美国两年半，“回来竟连一件像样的电器也没有带回”，有的只是耗尽心血和个人科研经费换来的整箱整箱书籍和资料，这其中凝聚着他多少心血啊！在美国两年半，身背水壶和面包，终日浸泡于图书馆、档案馆阅读和复印，或者驾驶着一千美金买来的旧车到处寻访中国学名家和师友，晚上还要将搜得的资料及时整理储存，这就是他在那里的生活常态（见其夫人林雪仙《美国中国学发展史·后记》）。这种敬业的精神是何等可贵和让人感动流涕！

有了这些充足的资料和国际互访建立起来的学术联系，华东师大海外中国学研究中心的工作日见风生水起。短短的几年内，在朱政惠的主持和辛勤擘画下，华东师大接连举办了多次有影响的国际性学术研讨会；培养了一批专业硕士和博士；出版了多辑《海外中国学评论》和“海外中国学史研究丛书”；开设了一场场中外名家的专题讲座，其中包括美国学者柯文、周锡瑞、海登·怀特、伊格尔斯和华裔学者何炳棣，韩国学者李润和，以及清华大学李学勤、北京大学严绍璗等名震海内外的学者。不但如此，他还以个人之力，搞了一个专业学术网站，每日亲自在上面更新相关信息。由此使华东师大海外中国学研究中心很快就成为国内高校该领域最为活跃的机构之一。如此高效率的发挥，不仅需要很强的组织策划能力，也离不开敏捷坚韧的实践操作。而我最为佩服的是，上述如此大的工作量，几乎都是在朱政惠的直接操持下完成的，因为这个研究中心的工作，事实上几乎全靠他带领几位研究生展开运作，加之其本人素来处事谨慎和事必躬亲的个性，可以想象他为学术事业付出的精力之大和身心劳困的程度。这里仅以2007年我们协助他筹办“全球视野下的史学：区域性与国际性”国际学术研讨会的过程为例就可见一斑。

这是一次由华东师大主办和国际史学史、史学理论委员会协办的国际高层次学术研讨会，前来参会的中外学者达百人之多，其中包括不少国际史学理论界的大咖，如海登·怀特（美国斯坦福大学教授）、伊格尔斯（美国布法罗纽约州立大学教授）、弗兰克·安克斯密特（荷兰格罗宁根大学教授）、艾都拉多·托塔奥罗（意大利皮埃蒙特东方大学教授）、佐藤正幸（日本山梨大学教授）、吕森（德国比勒费尔德大学教授）、丹尼尔·沃尔夫（加拿大艾伯塔大学教授），以及国内著名史学理论家陈启能、姜义华等。整个会议得到了国际史学史、史学理论委员会的鼎力支持，取得了良好的成果，出版了中外文合编的会议论文集。记得会议酝酿筹备期间，我们通过该学会的秘书长王晴佳（美国罗文大学教授，华东师大校友）就会议的主题、内容、参会人员、具体程序等作了反复的沟通。那年夏天，我与朱政惠就此事几乎每天都要通过电话或电子邮件往返商议，光会议的程序、大会发言和有关讲座的安排，就经两周的时间方才确定。整个过程中，其思虑之细密周致和办事之一丝不苟，给我以极为深刻的印象。由此也使我悟到，朱政惠在学术研究和事业上能取得如此成就，绝非幸至。

斯人虽已去，猛志固常在。在朱政惠教授逝世十周年之际，我写这样一篇短文，既是为了纪念并彰显其学问人品，也希望读者尤其是年轻人能从中获得一点做人和治学的精神启迪，面对起伏的社会和人生，增加一点承受的能力，让自己今后的道路走得更为健实和顺畅。

忆朱政惠老师与“世界中国学论坛”

黄仁伟 *

华东师大历史学系 77 级，是个群星璀璨的集体，给当代中国史学界留下了深深的印记。我有幸和他们中间的几位结下终生的友情，其中有些朋友我在本科毕业前就相识了。如沃兴华，是我读小学时的好友，我和他一起练习毛笔字，后来兴华成为闻名遐迩的大书法家。又如陈兼，他在华师大读硕士生时，我就向他讨教“二战”史的问题，后来他成为著名于中美两国的冷战史大师。更有殷一璀，堪称政界巾帼，在上海市委宣传系统是我的顶头上司，后来又是我当市人大代表十年的领导。我曾经梦想成为华东师大历史学系的一员，谁知阴差阳错，最终没有跨入涅瓦河（丽娃河）畔的校园。

然而，在学术上对我直接支持和帮助，某种程度上可以称为老师的朋友，仅有朱政惠一人。称他为老师，并非虚名：其一，朱老师是“文化大革命”前的 66 届“老高三”，这届学生我从小作为楷模加以崇拜。他们的为人和学识，无论有没有上大学，都是出类拔萃的。如果按照同龄人的比例来算的话，甚至在如今的研究生之上。其二，朱老师在黄山茶林场下乡十年，在那里当过连长，领着上百个知青艰苦创业。我认识一些黄山茶林场的老知青，如作家王小鹰，上海交大

---

* 黄仁伟，上海社会科学院原副院长、历史研究所原所长，复旦大学特聘教授。

的王毅捷，上海社科院的顾肖荣、杨鲁民，凤凰卫视的曹景行等，他们对朱政惠都是交口称赞。其三，朱老师本科毕业后在华师大留校教史学史和史学理论，这是历史学系最有难度的两门课程。我在哈尔滨师大历史系的 77 级同学、班长赵寿松就是立志专攻中国史学史，我在东北师大历史系的硕博导师丁则民先生也是深研美国史学史。在我看来，非对历史学痴迷者不能修炼史学史。朱老师终生沉浸在史学史和史学理论领域，可谓悟透了史学的精髓。

我与朱老师终有缘分是在汉学 / 中国学领域，这门古老而又年轻的学科使我们成为知己。从 2004 年起，我在上海社科院承担了“世界中国学论坛”的组织工作。当时，我对这门学科基本上是“门外汉”，但是要把国内外一流的汉学家和中国学研究学者汇聚到上海，进行高端学术交流，谈何容易！正是在筹办连续几届“世界中国学论坛”的过程中，朱老师给了我不可替代的宝贵支持。若没有他的支持，我们举办这个论坛的水平就会大打折扣！

首先，朱先生向我介绍了一大批国际国内知名的汉学家和中国学研究学者。我虽然也有不少国内外学术界朋友，上海社科院也有相当广泛的国际学术网络，但是坦率地说，我们在汉学 / 中国学界的同行朋友为数不多。我一般都是和国际政治经济领域的学者打交道，即使与中国有关，也多数是从事以中美、中日、中欧、中俄、中韩、中印等双边关系为主的政策研究专家。认识的真正的汉学家，许多都是经过朱老师介绍的。即使是国内的中国学著名学者，大部分也是通过朱老师介绍才认识的。如北外的张西平教授、中国人大的杨慧林教授、北语的阎纯德教授、北京联大的梁怡教授等。这样，我们论坛的起点就比较高，一下子汇集了国内外的高水平名家，“世界中国学论坛”就比较名副其实了。

其次，朱老师聚焦于中国学的学科建设，有力支撑了“世界中国学论坛”的学术水平。中国学论坛的形式分为主论坛和分论坛，主论坛大部分是领导和国际名人的主旨演讲，一般以宏大叙事为主基调。分论坛是按照若干个分议题展开的，其中大部分都是不同领域的当代中国研究。其中唯一讨论中国学学科体系的分论坛就是由朱老师承担组织的，而且他连续组织了三届（六年）相关的分论坛，使中国学学科体系得到专业化的深化细化。在朱老师主持的中国学学科体系分论坛上，群英荟萃，精彩纷呈，讨论热烈，欲罢不能。讨论主要集中在几个焦点问题上：汉学与中国学的联系和区别；世界中国学与海外中国学的联系和区别；中国学与中国问题研究的联系和区别。这三大问题看似简单，实则极难。朱老师连续三届负责组织这个分论坛，对全国乃至国际汉学 / 中国学界的学科体系建设起到了推动作用。如果朱老师还健在，我相信相关讨论会越加学术化专业化，国际汉学 / 中国学界的中国话语权会更加显著。

其三，朱老师把举办中国学论坛和培养新一代中国学专家紧密结合起来，是富有远见的做法。在每届“世界中国学论坛”上，朱老师都把他的弟子们带到会场，认真聆听中外学者的宣讲，接触最新的中国学信息。朱老师的学生出现在会场上，给论坛带来新鲜的气息。很快上外武心波教授主持的中国学硕士班也效法朱老师，带来了一批外国研究生参加论坛。再加上上海社科院的青年汉学班学员，一时间“世界中国学论坛”成了老中青学者竞相交流的平台。在国内各大学和研究机构中，设置中国学专业的硕士点、博士点，华东师大可以说是一马当先。朱老师培养的博士、硕士如今已经活跃在国内外汉学 / 中国学领域，并取得丰硕成果。其中如华东师大的吴原元、上海社科院的褚艳红等，已成为中国学领域的新生代学者代表。

这些贡献都是以朱老师几十年攻读积累为基础，把中国学研究作为自己的毕生事业而取得的。朱老师对中国学研究的创新思维和全身心投入的激情，在国内学者中非常罕见。他在这个领域的真知灼见值得我们用心领会。

其一，朱老师的中国学研究始于他的中国史学史研究。他指出，在史学的国际交往中，中国史学输出与影响他方的主要去向是东亚和东南亚。但是，“西方中心论”严重影响对中国古代史学遗产的评价。在研究中国史学史的过程中，朱老师发现西方学术界严重扭曲中国史学的内涵。这正是汉学 / 中国学需要拨乱反正之处。

其二，朱老师十分重视中国学的创新研究。他认为这种创新既有对研究内涵的拓展，也有研究方法和视角的更新，要注意把研究放到国际交流的大环境中考察，从历史的纵向和横向的比较中，探究研究的新方向。国际传播、交流及其影响，是创新研究的重要环节，要把中国学放在世界学术的版图上来作总体观察。这就是朱老师的中国学治学方法。

其三，朱老师提出对中国学的国际交往历史加以全面回顾和梳理，中国学在国际上的发展过程“很大程度上受制于中国本身的国情变化”，同时又与他国的语境和国情有关。国际社会或中国的某个重大事件发生，影响到国际上的中国学研究趋向。朱老师非常准确地揭示了当代重大事件与海内外中国学研究的内在联系。

其四，朱老师提出“要带着我们时代的问题去有针对性地开展研究”，要结合我们的需要，结合对马克思主义的认识和发展需要去研究，要把研究重点放在前沿问题上。朱老师的这一研究思想有别于那种脱离时代、远离现实、钻象牙塔的所谓“纯学术”。而在中国学研究领域，后一种倾向还是颇有市场的。

其五，朱老师非常关注世界中国学研究的多元化格局的发展变化。所谓“多元化格局”，就是以欧洲汉学为中心逐步形成美欧双中心的格局；同时俄罗斯、韩日、印度等国的汉学 / 中国学也各领风骚；更值得注意的是进入 21 世纪以来，发展中国家的中国学研究方兴未艾，涌现出一大批年轻学者；最终还是要解决“中国学回归中国”的问题。

朱老师对中国学研究提出了大量前瞻性、创新性、全局性的论断，这些论断的学术价值和社会价值将随着时间的推移而越来越显示出来。值得指出的是，朱政惠教授关于中国学研究的成果，集中发表于 2004 年至 2013 年他去世前的十年间，这是他在汉学 / 中国学领域成果最辉煌的阶段，也正是他与“世界中国学论坛”合作最密切的阶段。由此可知，“世界中国学论坛”借助于朱老师的学术功力和国际人脉，得以步步登高。可惜可叹的是，正当我们携手并进、走向世界的时候，他突然像流星一样穿过夜空而去。我们只能默默地读着朱老师的等身遗作，请教他，怀念他，踏着他的足迹继续探索中国学的未来！

2023 年 8 月 3 日星期四

朱政惠先生之道德与学问

◎ 李红岩 *

时光如梭，白驹过隙。朱政惠先生离开我们已经十年了！十年来，每当想起先生的音容笑貌，我都不禁涌起对他的无限思念之情！

在史学界，凡是认识政惠先生的人，都承认他是一位谦谦君子。他为人极其正派、善良、忠厚，亲和力极强，无论遇到什么人，都带着诚挚、谦和忠厚的微笑。我从未见他疾言厉色，从未听过他明里暗里贬斥同人。因此，史学界的同人们，都喜欢与他合作、交朋友。在我心目中，他一直是一位长者，一位值得信赖、依靠的老大哥。我发自内心地崇敬他、爱戴他。君子修身，德行为上。他真是一位得道有德的君子。

尤其让我感念的是，他从不以地位高低衡人，而是既敬长者，又尊少年。想当年，他与蒋大椿先生交好，自然对蒋先生非常尊敬。而我是蒋先生的“小部下”，尚处于学习成长阶段，却得到政惠先生毫不逊色的尊重、呵护。那时，我既无高级职称，也没有什么科研成绩，但政惠先生在华东师范大学主持举办史学理论会议，却一直向我发出邀请，让我至今都倍感温暖。开会时，由于年少无知，我时常乱发议论，政惠先生非但不以为忤，还时常给予勉励。夫子循循善

* 李红岩，中国社会科学院大学阐释学高等研究院教授，中国社会科学杂志社二级研究员。

诱！我始终觉得，他是一位循循善诱的夫子！

政惠教授年长我十六岁。古语说："十年以长，则兄事之。"他既长我十岁有余，实介于父兄之间。但是，他却从来不摆架子，更没有"学术权威"的装腔作势。还记得，他在构思"接受史学"文章的时候，与我有过讨论。我没有想到，他竟然那样专注、认真，交流看法，毫无应付敷衍之态。文章发表后，学界反应很好，他也像孩子一样开心。我深深感觉，他的思想与精神像水晶一样，纯粹得没有一点杂质！

有一次，他刚刚学会开车，而我恰好在上海出差，他便一定要拉我去转一转。坦率地讲，我实在不忍心让老大哥亲自驾车。而且，我知道他非常珍惜时间，又有行政工作，事务缠身，便反复予以婉拒。没有想到，他却用带有上海口音的普通话对我说："我车技可好了，你放心好了！"我知道他是故意以这样的口气来表达热情，便只好接受。上车后，我发现他开车非常慢，车技并不特别好，心里不禁涌起一股暖流。这与自己的亲大哥又有什么区别呢！

政惠先生又是一位勤勉而热情的学术组织者和管理者。他不是那种独坐书房、只管自己成名成家的人。对于学科以及本单位的学术发展，他都极为关心，倾注了许多心血与精力。特别是在他主持华东师范大学史学理论与史学史学科工作期间，不仅积极在本校推进学科发展，而且克服各种困难，亲力亲为，面向全国，组织召开全国史学理论研讨会。可以这样说，政惠先生为促进我国史学理论与史学史研究作出了重大贡献。而我以及许多我的同辈学者，都在某种程度上受惠于政惠先生！

所以，圈子内的学者谈起政惠先生，无不既感佩，又痛惜。感佩他的道德，痛惜他走得太早！

早在20世纪60年代，白寿彝先生与吴泽先生就有一个约定，由北京师范大学主持中国古代史学史研究，华东师范大学主持中国近代史学史研究。改革开放后，京沪两家分工合作，成为引领全国史学理论与史学史学科发展的两大重镇，可称硕果累累，全国瞩目。政惠先生就是在这样的学术背景下走进了中国史学史研究的园地。

20世纪80年代，我在山东大学历史系读书。业师葛懋春教授也是著名史学理论家，对史学史研究情有独钟。葛先生极其敬重吴泽先生，曾经专门请吴先生来山大给研究生上课。山大的教师团队，主要有项观奇、蒋俊、李兴芝三位老师。研究生中则有师兄王学典。由于项观奇先生毕业于复旦大学，因此山大的团队与上海方面联系颇多。特别是姜义华教授，曾经受邀参加山大团队的科研项目写作。这样一来，山东大学也成为全国史学理论与史学史研究的一个重要单位，与京沪两家具有良好的学术合作关系，彼此关照，互相支持。

在这样的格局中，政惠先生作为吴泽先生的博士生，注定要肩负起薪火相传的责任。事实证明，他没有辜负吴泽先生的期望。在研究生读书期间，他潜心研究马克思主义史学大师吕振羽，于1992年出版了《吕振羽和他的历史学研究》一书。吴泽先生为该书作序，称赞该书对吕振羽治史的重要特点“一一作了具体而又扼要的揭示”，称赞全书“大架构方正，细小处充实，有血有肉，有灵有魂”。我想，这不仅是对政惠先生第一部专著的高度肯定与赞扬，还是对政惠先生人品道德、治学品格、学术取向的高度肯定与赞扬，更是对政惠先生在中国马克思主义史学谱系当中发挥薪火相传作用的期许。

其后，政惠先生又于2000年出版了《吕振羽学术思想评传》一书。这本书并不是上一部著作的简单重复，而是具备“新史料，新思考，新撰述体系”。所谓新史料，不仅指增加了文献史料，而且指添加了口述资料。所谓新思考，则不仅限于对吕振羽史学本身的思考，更包括对马克思主义史学的整体性思考，特别是对于中国马克思主义史学未来怎样发展的思考。由于本书恰好出版于世纪之交，因此政惠先生的思考不仅是理性的，而且是自觉地带上前瞻性的。

政惠先生感慨极深地说：今后的史学研究，“不可不注意从现代科技革命的潮流中吸取养分，不可不注意同过时的思想观念和思维决裂”。他提出：“21世纪中国史学要造就一批新型史学家，这些史学家应有较高的马克思主义理论修养和中国学问根底，应对世界历史和外国史学有相当的了解，应在专精的基础上向通识发展。”今天看来，这些话可谓先觉。特别是“通识”一词，我认为已经构成中国史学理论能否繁荣发展的关键。

进入新世纪之前，政惠先生的史学思想、史学研究状况、思考的主题，集中反映在他1996年出版的论文集《史之心旅——关于时代和史学的思考》当中。

这本书的主题是时代性，核心特点是通过史学与时代的关系来突显政惠先生对于时代性的思考。所以，笔者深深感到，政惠先生有他超出史学专业之外的抱负。用他自己的话说，就是“试图探讨和总结出若干带有普遍意义的意见”。这里所说的“普遍意义”，包括历史与现实、史学与时代、史学之学术价值与社会价值的互动关系等，关键在于阐明历史学与现代化之间的关系。政惠先生认为，新时期的中国史学“确确实实有力地影响和指导了当前中国的现代化进程”。这是一个重大判断，一方面折射出政惠教授对于吕振羽、吴泽学统的传承，一方面也折射出他从事史学研究的宏大抱负。

所以，政惠先生的史学研究充满经世意识与现实感。这是他提出并论证的吕振羽的一大治史特点，其实也是他本人的一大治史特征。比如他提出：“东方社会有东方社会独有的特点是事实。当代中国社会的建设，它的规划和发展方向的考虑，不能脱离传统与文化，不能脱离中国现实的国情。所以，研究好亚细亚生产方式的理论，研究好中国的历史和现实国情，研究好东方国家社会大体的社会特性和特点，研究好东西方国家历史和现实差异及其不同的发展路径，都会是极大有利于现实中国社会的建设。”类似这样的话，大家当年未必太在意，但今天读来，显然会别有一番滋味在心头！

总之，政惠先生是改革开放后最早一批系统性地从事中国马克思主义史学理论与史学史研究的学者。在中国马克思主义史学的谱系中，他属于第三代。这一代的特点，就是其治学历程与改革开放同频共振，因此负有转型期守正创新的特殊责任。一方面，吴泽等一大批前辈学者还健在，发挥着学术指导、规划、塑形的作用，需要政惠先生这代人去传承。另一方面，国门打开，新事物不断涌现，特别是新一代大学生迅速成长起来，需要政惠先生这代人去教育。因此，传承与创新的双重责任，实际上落在政惠先生这代学人身上。我们看到，就两者关系的平衡而言，政惠先生可以说交出了一份优异的答卷。他不仅在守正传承方面做得好，而且在开拓创新方面做得同样好。这两者的有机结合，就体现在他对中国马克思主义史学的研究成果当中。我们不能不说，今天我国马克思主义史学研究的总体观点、基本格局、基本思路、学术导向与价值取向，是政惠先生这代人在吴泽先生等前辈学者指导下奠定的。

政惠先生一向认为，历史学既在时代中发展，同时又反映时代精神。历史学要科学、准确、全面地反映时代精神，仅仅将自己局限在民族国家的范围之内是不行的，必须强化对外交往，真实地了解国外的情况。只有交往，才能促进事物的生长与繁育。因此，他热情地讴歌改革开放，积极强化与国外同行的交往，并自觉地担负起引领海外中国学研究的责任。

有学者觉得，政惠先生后来转向海外中国学研究，与他先期的史学理论及史学史研究是脱节的。笔者不这样看。其实，仔细看去，他的海外中国学研究不仅早就存在于先期研究之内，而且两者从未脱离。可以这样说，他的海外中国学研究，依然是从史学理论与史学史的视角出发的，而且其最终目的也是为中国的史学理论与史学史研究服务。

2014 年，政惠先生的遗著七十多万字的《美国中国学发展史：以历史学为中心》出版。这部书是政惠先生多年积累的精心之作和代表之作，很系统地梳理了美国中国学的发展历程，介绍和评析了其主要人物、主要著作和代表性见解，提出了对这项研究的总体性看法，但副标题所表明的正是史学史的视角。政惠先生不仅强调自己作为史学理论与史学史研究者的身份，而且特别指出："只有努力成为史学理论与史学史研究的高手，才可能对海外中国历史学的研究作出精深的探讨。"反过来说，"对中国史学理论与史学史研究成果的积累，仅仅来自中国本土的经验是不够的"。他提出："在中国研究的全球化时代下，对海外中国历史学研究成果的研究，将有助于我们了解和把握国际前沿的史学理论与研究方法，会在很大程度上丰富、提升我们学科研究的经验和能力。中外史学的交流和互动，是我们万万不可忽略的，是史学工作者认识自己的重要镜子。认识'他者'眼光中的'我'，有时比我们对自己的印象和评价重要得多。对中国史学的研究，缺少了对海外学者的中国历史学研究这一块的把握，会是跛脚的、不全面的。"这就很鲜明地表明，政惠先生研究海外中国学，依然是出于促进中国史学发展的目的。

同时，史学理论与史学史的视角，也构成政惠先生在海外中国学研究整体格局中的基本特色。所以，从 1996 年 3 月成立华东师范大学海外中国学研究中心，到 2006 年主编出版《海外中国学评论》第 1 辑，再到 2008 年 12 月编辑出版

《中国学者论美国中国学》、2009年10月编辑出版《美国学者论美国中国学》，又到2013年3月与崔丕先生共同主编出版《北美中国学的历史与现状》，我们都可以看到或体会到政惠先生的这一基本特色。这些丰硕的成果，不仅凝聚着政惠先生的汗水与心血，显然还凝聚着他对当代中国史学发展独有的理解与愿景。

在我心目中，政惠先生是一位文化英雄。他的道德、志业与成就，他那勤勉、敬业、一丝不苟、孜孜不倦、勇毅前行的精神，都是我学习的榜样！

追忆朱政惠先生

——朱政惠先生逝世十周年祭[①]

◎ 孙卫国*

2013 年 11 月朱政惠先生遽然辞世，没想到，他离开我们竟然十年了！回想与朱先生交往的往事，不禁思绪万千，遂草此小文，寄托追思。

我进入史学史领域的时间较晚，虽然 1994 年 9 月在职读了杨翼骧先生的博士，但后来并没有专心研究史学史，一直到 2007 年 11 月初，赴华东师大参加学术会议，才首次见到朱先生。记得在会议开幕式结束，茶歇之时，碰见了朱先生，我赶紧自我介绍，他只是轻轻地说了句：“卫国，我知道你！”简短而亲切的一句话，马上消除了我的紧张感。以后我经常向朱先生请教，他的话虽不多，但每句话都相当实在，平易近人。

2007 年 12 月，我受邀参加复旦大学文史研究院葛兆光先生主持的“从周边看中国”的国际学术会议。事先跟朱先生联系，表示会议期间想去拜访他，朱先生很高兴，他说要去接站。朱先生是德高望重的著名学者，又那么忙，我只是一名年轻后学，怎敢劳动朱先生大驾，当即婉拒，并特别强调上海地铁很方便，决不能惊动朱先生！但朱先生坚持，说他开车很方便，且有事想跟我谈。

---

* 孙卫国，南开大学历史学院教授。

① 本文原载《中华读书报》2023 年 7 月 5 日。

当我从高铁下来，走出上海火车站时，看到朱先生已在出站口了，令我既感动又内疚。我们在附近找到一家茶馆，坐下来后，朱先生说他正在主编一套“海外中国学史研究丛书”，鼓励我将相关领域发表的论文，编辑成书，收入这套丛书之中。同时也征求我的意见，问是否可以做翻译。1979 年 6 月，由魏斐德（Frederic Wakeman）等十位明清史专家组成的代表团，在中国进行了为期四个月的访问，这是美国访问新中国的第一个历史学代表团，后来他们的访问报告以 *Ming and Qing Historical Studies in the People's Republic of China* 为题出版，朱先生问我是否愿意将其译成中文，一并收入“海外中国学史研究丛书”中出版。

朱先生如此看重本人，我十分感动！因为这只是我跟朱先生见的第二面，且当时我只是一名年轻的副教授，既没有刊出过什么代表性的学术成果，也从未出版过译著，甚至都没有认真翻译过一篇英文文章，朱先生竟然如此热忱地委以重任，给我机会！我当即说道：“非常感谢朱先生的提携和赏识！晚辈只是一个名不见经传的年轻学人，尚没有出过有影响力的论著，也从未敢想过出版论文集，亦未翻译过英文论著，恐怕难以承受先生的厚恩和重托。”朱先生马上说：“这套书很多作者和译者都是年轻人，海外中国学的研究就要培养年轻人，你的基础很好，视野开阔，外语也好，不要顾虑太多，认真去做，一定能够做好的！”

朱先生如此信任，倍加鼓励，我也就不好再推辞。于是花了半年时间，编成了题为《明清时期中国史学对朝鲜的影响：兼论两国学术交流与海外汉学》的一部论文集，2009 年 8 月由上海辞书出版社出版。在本书《后记》中，开篇我就表达了对朱先生诚挚的感谢：“本人学无所成，从未想过出版论文集，也未想过会出版这样一部论文集，更未想过能够纳入华东师大的海外中国学史研究丛书之中，是华东师大海外中国学研究中心主任朱政惠教授的一再鼓励与指教，才催生出了这部论文集的问世。没有朱先生的鼓励，就不可能有此书的问世。首先对朱先生的指教、鼓励与帮助表示衷心的感谢。”这是本人出版的第一部论文集，也是迄今为止刊出的唯一一部论文集。

与此同时，我也接受了朱先生让我翻译的重托，并于 2008 年 6 月至 9 月，借赴香港城市大学中国文化中心访学的机会，用两个月时间将魏斐德等人的访华报告译成中文，当年 12 月，就由上海辞书出版社出版。在《译者前言》中我写道："翻译这本书，前后近两个月时间，也得到了许多的帮助。首先要感谢华东师范大学海外中国学研究中心主任朱政惠教授的信任与鼓励，尽管我告诉他自己从未译过外文著作，他还是很信任地将此书交给我，而且说不用考虑出版问题，使我才有机会翻译这本书。"魏斐德等著的《中华人民共和国的明清史研究》，也就成为本人的第一部译著。此后我也翻译过其他著作，可以说如果没有朱先生的信任与鼓励，恐怕我不会也没有信心去尝试翻译英文论著。

此后数年，只要是华东师大举办的学术会议，不管是史学史会议，还是海外中国学方面的会议，朱先生都会给我发邀请函，我也总是抓住机会，前往学习，由此也多次近距离感受朱先生的人格魅力与学术思想。

2012 年 6 月，朱先生受邀来南开参加"雷海宗先生诞辰 110 周年学术研讨会"。他抵津的那天晚上，乔治忠老师做东，招待一同参会的瞿林东先生和朱先生，我们南开几位史学史同仁一块作陪。能在南开见到瞿先生、朱先生，我们都很兴奋，席间相谈甚欢。会议结束后，我开车送他去天津西站乘高铁。一路上，他跟我谈及新的学术计划，说道："美国中国学界有不少学者研究中国史学史，有不少很有影响的学者发表了相当重要的学术论文，但中国史学史界很少有人关注，我们应该把这些成果搜集整理，并翻译出来，向中国史学史界推介。你是做这个工作的最佳人选，只是不知道你是否有时间？"我很感谢朱先生一如既往的信任，遂问需要多长时间完成，朱先生说一年之内完成最好。我一方面表达对朱先生再度委以重任的感谢，同时也解释道：刚刚申请到一个新的国家社科基金项目"中韩（朝）古代史学之交流与比较研究"，可能需要在项目上多花些心思，时间又紧，而我对美国相关研究状况了解也不多，担心无法如期完成任务，有负先生重托。朱先生听罢，当即表示理解。后来他独自完成这个计划，并写了一篇题为《美国学者对中国史学的研究探要》，发表在《史学理论研究》2013 年第 3 期上，非常详尽地介绍美国学界对中国史学史的研究特点与价值，开启了我们对美国中国学界有关中国史学史研究的关注。

2013 年 3 月，第五届"世界中国学论坛"在上海举行，朱先生负责组织海外中国历史学小组的研讨，乔治忠老师、阎国栋教授和本人三位南开人一同受邀出席。会议期间，朱先生非常辛劳地组织会议。会议闭幕晚宴上，朱先生了解我们第二天要回天津，他坚持要送行。乔老师说：“这几天会议，您十分辛苦！明天早上我们的车又早，坐地铁前往高铁站十分方便，不必再劳您大驾，完全没有必要送行！您好好休息，保重身体！”国栋教授和我也一再说不必来送行，好好休息为上。朱先生见此，也就不再坚持。次日早上六时半，吃早餐时，国栋教授说：“刚才接到朱先生电话，他说给你们俩打手机，你们都关机了，就给我打了，他还是要来送行，要我们等他来。”七时半许，朱先生匆匆开车来，因为当时正是上班高峰期，马路上交通严重拥堵，实在没办法，他只好将我们送到地铁口，然后送给我们每人一盒茶叶，就此挥手告别。当时怎么也想不到，这竟然是我见朱先生的最后一面！其时朱先生红光满面，尽管满头银发，但精神很好。

2013 年 10 月，南开史学史同仁准备召开一个主题为“中国史学史的基础建设与前沿探索”的学术会议，乔老师说：朱先生接到邀请函，很快就发来一篇两万多字的学术论文，表示一定参会！会议临近，我给朱先生发邮件，希望他告知车次，我准备去车站接他。他回信说：举办会议千头万绪，人手不够，不需要接站，他自己打车来南开大学宾馆即可。会议举办前夕，乔老师在明珠园大厅激动地跟我说：“朱先生的病复发了！他给我邮件中说，没有任何理由不来参加南开的学术会议，只好跟我说实话了！肿瘤扩散到全身，医生劝他必须尽早治疗，火车票都已预订好了，家属阻止，医生也不允许，才将票退掉，故而来不了了！”他一再叮嘱乔老师不要跟任何人提及他的病情。对于会议主办人乔老师，他不得不说实话，但又怕影响大家，故而希望保密。

会后不足半月，2013 年 11 月 13 日上午十时许，接到龚咏梅教授的电话，被告知朱先生大约一个小时前遽归道山！乔老师、国栋教授获悉噩耗，都甚为悲痛！我们仨遂联名发去唁电：

> 惊悉历史学家朱政惠先生因病逝世，万分沉痛！朱先生为全国史学史学科的建设和发展、为中外史学的比较和交流、为北美中国学史的研究，作出了杰出的、不可替代的贡献。朱先生的逝世，是历史学科的重大损失，华东师范大学失去一位学术大家、失去一位宽仁忠厚的名师，我们失去一位尊敬的长者和心心相印的师友！悲哉！朱先生！悲哉！

2013 年之冬!

对于朱先生的逝世，谨致以深深的哀悼！并且请诸位向朱先生的家属致以诚挚的慰问!

朱先生是位纯粹的学人，一生沉潜学术，成就巨大，令人敬佩!

先生于我，本无师生名分，但对我之提携，则又甚于师长!

先生之学，中西融通，以启山林!

先生之恩，山高水长，永志不忘!

2023 年 6 月 25 日匆草

朱政惠先生的中国马克思主义史学研究

张　越*

我初识朱政惠先生，是在21世纪初某年北师大史学理论与史学史研究中心举办的一次会议上。记得当时是华东师大张耕华老师把我介绍给朱先生认识，朱先生见到我的第一句话就是："你是张越，我知道你。"一句话就缓解了初次见面的拘谨，随后我向朱先生请教了一些学术上的问题，朱先生宏博、谦逊的学者风范令我印象深刻。那些年，朱先生还主要是在国外学习、交流，与他见面的机会并不多。直到2007年以后，朱先生大致结束了在国外的学习和交流活动，我去上海参加学术活动，一般都有机会见到朱先生并向他请教，所讨论的问题也以当时朱先生主要从事的海外中国学研究为主。2010年代以后，我的研究重点逐渐倾向于中国马克思主义史学，在不间断地梳理马克思主义史学研究史的过程中，朱先生在20世纪八九十年代的中国马克思主义史学研究逐渐引起了我的高度重视，他当年撰写发表的一些中国马克思主义史学研究的重要著述，成为我反复研读的篇章。在一定程度上说，正是朱先生相关研究的思路、论断，给了我研究中国马克思主义史学的诸多启发，同时也给了我在这个研究方向进一步努力的信心。时值2013年秋季南开大学召开史学史学术会议，得知朱先生将参会，我

*　张越，北京师范大学历史学院教授、史学理论与史学研究中心研究员。

提前拟好一系列关于中国马克思主义史学的问题，准备在开会之余向朱先生当面请教，谁知会议报到之时得到消息，朱先生因旧疾复发无法前来参会，震惊之余祈盼朱先生能够战胜病魔，然而仅两个多星期后即传来朱先生去世的噩耗，呜呼痛哉！

自 21 世纪初期朱先生赴美作学术访问开始，直至 2013 年不幸因病去世，他主要致力于海外中国学的研究，是国内海外中国学研究领域的重要开拓者之一。在此之前，朱先生的主要研究领域是中国马克思主义历史学，他同样也是改革开放后较早开始中国马克思主义史学研究的重要学者之一。笔者最近重读朱先生在中国马克思主义史学研究方面的论著，不仅深受教益，而且感慨良多。

20 世纪八九十年代正是中国马克思主义史学受到严重质疑的时期，加强对中国马克思主义史学研究，是回应各种质疑的必要手段，而开展马克思主义史学研究的首要选题，便是对中国马克思主义史学的代表性史家——中国马克思主义史学“五老”的研究。在 20 世纪八九十年代，一些颇有见识的学者已将中国马克思主义史学“五老”作为研究对象。如王学典的硕士学位论文《翦伯赞与当代中国史学界的历史主义思潮》[①]、刘茂林和叶桂生的《吕振羽评传》[②]、叶桂生和谢保成的《郭沫若的史学生涯》[③]等，而硕士和博士学位论文均以马克思主义史家为研究对象并以博士学位论文为题对马克思主义史学“五老”之一作专门研究的，应该只有朱先生的《吕振羽历史学研究》。1988 年，朱先生完成了以《吕振羽历史学研究》为题的博士学位论文并顺利答辩；1992 年，朱先生以其博士学位论文为基础写就的专著《吕振羽和他的历史学研究》由湖南教育出版社出版；2000 年，朱先生著《吕振羽学术思想评传》由北京图书馆出版社出版。这些成果的完成出版，表明朱先生的史学研究起步于对中国马克思主义史学家吕振羽的研究，而朱先生的导师吴泽先生是著名马克思主义史学家，也是吕振羽的学生，吴先生

---

① 王学典 1986 年的硕士学位论文《翦伯赞与当代中国史学界的历史主义思潮》通过答辩，1994 年作者在该文基础上完成了《历史主义思潮的历史命运》一书，由天津人民出版社出版。

② 刘茂林、叶桂生：《吕振羽评传》，社会科学文献出版社 1990 年版。

③ 叶桂生、谢保成：《郭沫若的史学生涯》，社会科学文献出版社 1992 年版。

指导朱先生重点研究吕振羽史学，既表达了他们对吕振羽的缅怀之情，也是他们深入研究中国马克思主义史学的责任使然。为了研究吕振羽史学，朱先生“曾跑了全国数十个城市的图书馆和大学图书馆”，“很认真地钻研了马克思主义经典作家关于历史科学的种种理论，阅览了几十年来中国马克思主义史学理论发展史的诸多材料”。[①] 朱先生尽其所能搜集了大量丰富的材料，这在当时的学术研究还少有数据库和互联网支持的情况下，所付出的时间和精力是难以想象的。《吕振羽和他的历史学研究》出版后，《历史研究》《史学理论研究》《华东师范大学学报（哲学社会科学版）》《历史教学问题》等刊都发表了该书的书评，得到了学术界的重视与肯定。这里试举一例。评论者不约而同地注意到，作者“不但从国内各大图书馆中如燕子衔泥般地一点点汇聚起半个世纪期间散落的吕著长篇或短文，对吕振羽的专著更是不仅要全，而且每种著作的几种版本也要收全（因为从版本的修订中可以窥见作者思想变迁的轨迹），最后他收集到的吕振羽论文、著作达数百种”[②]。民国时期至中华人民共和国成立后，很多知名中国马克思主义史家的著作经常被重版、再版，作者通常都会对新版本作文字上的修订和一些观点上的调整，因此，研究者引用同一种出版物的不同版本就是一个重要问题，如果不重视这个问题，“人们容易误把修订时加进去的看法当作原出版时的见解”，造成认识上的混乱，朱先生因全面搜集了吕振羽著述的材料，便可以“用 30 年代的版本说明 30 年代的思想，40 年代的版本说明 40 年代的思想”，“作者对所研究著作原始材料、原始版本的辛苦探寻，这种治学精神值得提倡”。[③] 近年来，对中国马克思主义史学研究的力度得到了前所未有的加强，引证马克思主义史家观点言论所出自的不同版本的问题，对于判断他们观点的形成与变化、解释不同时期马克思主义史学研究的语境特点等显得尤其重要，而这一点，三十多年前朱先生的研究，就已经起到了示范性作用。

---

① 朱政惠：《吕振羽和他的历史学研究 · 后记》，湖南教育出版社 1992 年版，第 272 页。

② 赵俊：《马克思主义史学的个案研究——评〈吕振羽和他的历史学研究〉》，《历史研究》1994 年第 4 期。

③ 王学典：《中国马克思主义史学研究中的一部“掘井”之作——〈吕振羽和他的历史学研究〉读后》，《史学理论研究》1993 年第 4 期。

围绕着吕振羽史学，朱先生在20世纪八九十年代发表了一系列文章，如《论吕振羽马克思主义世界观的形成》（1988年）、《吕振羽〈中国民族简史〉的史学思想》（1989年）、《论吕振羽史学》（1989年）、《吕振羽〈中国政治思想史〉贡献论》（1990年）、《论吕振羽的〈简明中国通史〉》（1990年）、《论吕振羽〈殷周时代的中国社会〉学术贡献》（1991年）、《论吕振羽〈史前期中国社会研究〉的学术价值》（1991年）、《吕振羽的史学致用实践及其思想》（1992年）、《辟开榛莽播浓荫——吕振羽史学成就述要》（1997年）、《走中国马克思主义史学的开创之路——吕振羽的学术思想述要》（1997年）、《马克思主义史学家吕振羽》（1999年）等，加之上述《吕振羽和他的历史学研究》和《吕振羽学术思想评传》两部专著，朱先生对吕振羽史学的全方位研究，不仅使他成为吕振羽史学研究的代表性学者之一，也使吕振羽成为当时中国马克思主义史家“五老”中被研究得最为充分的一位。

朱先生的研究并没有停留在吕振羽其人其学这一个方面，他在吕振羽史学研究的深厚积累的基础上，把研究视野延伸至其他马克思主义史学家和中国马克思主义史学中的一些重大问题上，把研究范围扩展到中国马克思主义史学宏观发展的整体进程中。譬如，他撰写了《毛泽东与中国史学》，论述了毛泽东“古为今用”的历史思想，阐发了毛泽东对中国马克思主义史学建设所作出的贡献；他还撰写了《炽热的爱国主义精神——建国后郭沫若史学研究剖析》，梳理了郭沫若在中华人民共和国成立后引领中国马克思主义史学继续发展而在历史研究、普及历史知识、推动考古学研究、创作历史剧等方面的建树。朱先生指出：“古往今来，人们常谈起史才、史学、史识、史德、史心，现在看来，史家的立场、道德、人品确实非常重要，郭沫若所提供的经验，说明了只有站在党的立场、人民的立场，热爱社会主义祖国，才能真正写出具有时代意义的伟大作品。”[①]这与当时已经开始甚嚣尘上的抹黑郭沫若历史形象的那些言论形成鲜明对照。1995年，朱先生发表了《1978年以来亚细亚生产方式问题研究的若干思考》一文，对马

① 朱政惠：《炽热的爱国主义精神——建国后郭沫若史学研究剖析》，《郭沫若研究》第10辑，文化艺术出版社1992年版，第215页。

克思主义史学的核心历史理论问题之一、在改革开放后又一度成为讨论热点的亚细亚生产方式问题进行了专门研究。朱先生总结了1978年以来亚细亚生产方式问题研究的概况和特点，结合中国马克思主义史学发展史上关于亚细亚生产方式问题讨论的“四次高潮”，阐述了在当时应如何看待这个问题的几个要点。

特别强调中国马克思主义史学中革命性和学术性的关系、特别重视对中国马克思主义史学发展中的经验教训的总结、特别关注中国马克思主义史学的发展走向及其现实意义，是朱先生马克思主义史学研究的突出特点。

朱先生研究吕振羽史学所得出的主要结论是：吕振羽的中国马克思主义史学研究对中国革命作出了积极贡献，为中国马克思主义史学发展贡献了重要学术成果，提出了系统的、富有特色的中国历史发展观，是史学致用理论和实践的统一者。[①]朱先生研究郭沫若史学，主要集中于郭沫若在新中国马克思主义史学建设中发挥的作用和1949年后他本人的史学成就特点。朱先生讨论亚细亚生产方式理论，对这个问题的研究所提出的建议和展望同样充满现实感：“关于亚细亚生产方式理论的研究也确实常和政治斗争联系在一起”，“只注重其现实意义而忽视其应有的严肃的科学性是错误的”，“仅在学术理论上下功夫而忽视这一学术研究客观上每每具有的特殊使命也是太书生气的做法”，“研究好亚细亚生产方式的理论，研究好中国的历史和现实国情，研究好东方国家社会大体的社会特性和特点，研究好东西方国家历史和现实差异及其不同的发展路径，都会是极大有利于现实中国社会的建设”。[②]朱先生的这些看法，对今人认识和评价中国马克思主义史学中的一系列重大历史理论问题有着十分重要的启发意义。

1991年，朱先生发表了《中国马克思主义史学与中国共产党的革命事业》一文，文章认为：“中国马克思主义史学对中国共产党革命事业的重大支持，是中国共产党成功进行文化建设的重要一环”，“中国共产党革命事业的发展需要马克思主义史学，中国马克思主义史学的发展也离不开中国共产党的革命事业”。他同时强调：“在具体史著、具体史家、具体课题的研究方面，违背科学性、革

---

① 朱政惠：《吕振羽学术思想评传》，北京图书馆出版社2000年版，第328—337页。

② 朱政惠：《1978年以来亚细亚生产方式问题研究的若干思考》，《史学理论研究》1995年第3期。

命性的情况还是存在的，如搞影射史学等。所以无论党的领导还是史学家，都要认真总结经验教训。”在这篇文章中，朱先生把中国马克思主义史学与中国共产党的革命事业结合在一起，介绍了建党初期中国共产党先驱传播马克思主义唯物史观的情况，梳理了大革命失败后中国马克思主义史学崛起的过程，论述了抗战时期和解放战争时期中国马克思主义史学在斗争中不断发展壮大的史实，阐发了中华人民共和国成立后中国马克思主义史学继续发展的特点，由此得出的认识是：“中国马克思主义史学的诞生，顺应了中国新民主主义革命发展的要求；中国共产党的革命事业，需要中国马克思主义史学的支持；中国马克思主义史学对中国革命事业的贡献是突出的、特殊的和其他社会科学学科所难以取代的，中国共产党对于中国马克思主义史学的关注、领导和支持，也是源远流长，富有成功经验的。”① 这篇文章发表在当时学术界充斥着较多对马克思主义史学的质疑和负面评价的氛围中，不仅在学术层面阐释了中国马克思主义史学形成和发展的合理性和科学性，而且明确指出了中国马克思主义史学介入现实并努力体现时代精神的鲜明特点。

1993 年 4 月和 8 月，朱先生先后发表了《当代中国史学思潮散论》和《挽狂澜而奋进——当代中国史学思潮述评》两篇文章，集中讨论了当代中国史学发展走向问题。在前文中，朱先生先总结了改革开放后中国马克思主义史学的主要特点，随后重点分析了当代中国马克思主义史学中存在的几个重要问题：马克思主义史学研究总体要求的革命性、科学性与主张史学的纯学术性、极端“革命性”思潮的碰撞与斗争；马克思主义史学的史论结合的总体要求和重论轻史、重史轻论治史观念的批评与反批评；马克思主义史学研究的民族化、国际化的宏观要求与文化闭关主义、“全盘西化”理论的批评与反批评。不消说，这几个一直存在于中国马克思主义史学中的矛盾现象确实更清晰地凸显于新时期中国史学中，也是研究中国马克思主义史学的关键性问题。朱先生在文中指出，当代中国史学的发展“在运用马克思主义为历史研究指南时，务必更加扎扎实实、实事求是，僵化的、教条主义的态度，只会给自己带来麻烦，把事情搞坏”。这确为朱

---

① 朱政惠：《中国马克思主义史学与中国共产党的革命事业》，《探索与争鸣》1991 年第 4 期。

先生认识中国马克思主义史学的肺腑之言，也是评价中国马克思主义史学时不能够忽视的问题。他同时给出了对当代中国史学发展的“估测”：“历来人们的生活方式史、物质生活史，各阶级各阶层人们的经济状况、政治地位、文化品格、心态特征、精神素质形成和发展演变，以及饮食心理、闲暇心理、消费心理、购买心理等诸种问题研究，都会引起人们兴趣、正是这种前人社会生活史的研究，更有助于全面、生动、形象地去展开丰富多彩的历史画卷，更使人们亲切地感受到有血有肉的人类历史，潜移默化地改进现实生活中的处事方式、生活理想，积累各种有益的社会经验。事实上，越是现代化的国家越是关注社会生活史的研究。”[①] 自那以后至今已经过去三十年了，当下中国史学的研究状况在很大程度上“应验”了朱先生当年的“估测”。后文分四个时期回顾了中国马克思主义史学的发展阶段，对不同时期中国马克思主义史学发展作了更为客观的分析与评价，并强调“对域外先进经验的借鉴和吸取，使新时期史学充满了勃勃生机”，“引进国外史学理论，不能脱离当代中国历史学家的实践；引进国外史学理论，要与研究西方史学自身的发展变化与新陈代谢结合起来；引进国外史学理论，中国历史学家还应有自主意识”。[②] 这或许是朱先生此后将研究重点转向海外中国学的契机之一。

朱先生的文集《史之心旅——关于时代和史学的思考》[③] 第一部分（“甲篇”）收入了上述三篇文章，如同该文集的书名，朱先生对中国马克思主义史学的反思和评价，反映了他早期治学阶段的“心旅”，其核心就是时代和史学的关系问题。就像评论者所说的：“与时代相适应，我们的学术处在一个激烈变动的时期，知识阶层应该运用自己的头脑，理智地进行选择，及时地回应现实，而以‘关于时代与史学的思考’为其学术旨趣的《史之心旅》，正是史学理论领域中的一本回应现实之作。”[④]

朱先生对中国马克思主义史学的深刻反思，更明显地体现在《马克思主义史

① 朱政惠：《当代中国史学思潮散论》，《历史教学问题》1993 年第 3 期。
② 朱政惠：《挽狂澜而奋进——当代中国史学思潮述评》，《探索与争鸣》1993 年第 4 期。
③ 朱政惠：《史之心旅——关于时代和史学的思考》，华东师范大学出版社 1996 年版。
④ 陈丽菲：《回应现实——〈史之心旅〉编后感》，《史学理论研究》1996 年第 4 期。

学新探》一书由他执笔的第二编第六章“中国马克思主义史学的回顾和展望”部分。[①] 其中的第二节“中国马克思主义史学发展中若干问题的思考”深入阐发了需要总结的三个方面和需要反思的三个方面。朱先生认为中国马克思主义史学需要总结的三个方面是：第一，中国马克思主义史学的形成和发展是历史的必然选择，是急迫的救国实践的需要，是当时中国一批先进的、优秀的、有才华的共产主义知识分子共同考虑和选择的结果；第二，中国马克思主义史学始终有鲜明的时代特色和积极入世的致用精神；第三，人类社会形态发展学说是中国马克思主义史学理论研究的一个核心问题，是中国马克思主义史学的开创、成熟和发展的十分重要的关节点。[②] 这三点分别从时代、社会和历史理论三个方面实事求是地、深刻地揭示了中国马克思主义史学的独到特征，笔者至今还记得当年读到朱先生这些论述时的那种豁然开朗的感觉。中国马克思主义史学在近代中国形成和发展起来的历史必然性、中国社会的东亚农业文明的国情导致的中国马克思主义史学以农民和农业社会为其主要研究内容以及鲜明的史学致用特色、唯物史观社会形态理论成为指导马克思主义史家论证中国历史发展阶段和近代中国社会性质的核心理论所具有的科学性和革命性，这都是研究和认识中国马克思主义史学的根本性问题。朱先生进而指出，中国马克思主义史学的发展路径是曲折的，存在着失误与不足，需要作深刻的反省和认识：第一，必须坚决杜绝影射史学，坚持历史研究的尊严和科学性，要科学地看待史学致用于现实的问题；第二，以历史唯物主义代替史学方法论，影响了作为一门相对独立学科的史学方法论的研究；第三，正确处理好传统文化和海外先进史学和文化的关系。[③] 这些被朱先生称作

---

① 在陈启能、朱政惠等六人合著的《马克思主义史学新探》（社会科学文献出版社 1999 年版）一书中，并未注明该书第二编第六章“中国马克思主义史学的回顾和展望”部分的执笔者。查盛邦和主编《现代化进程中的中国人文学科 · 史学卷》（上海人民出版社 2005 年版）一书的第七章“中国马克思主义史学的回顾和展望”部分，注明执笔人为朱政惠，而该部分内容与《马克思主义史学新探》第二编第六章内容一致，故确定《马克思主义史学新探》第二编第六章“中国马克思主义史学的回顾和展望”的执笔者是朱政惠先生。

② 陈启能、朱政惠等：《马克思主义史学新探》，社会科学文献出版社 1999 年版，第 194—204 页。

③ 同上书，第 204—215 页。

“痛定思痛后的反思的见解”，直到二十多年后中国马克思主义史学研究已经获得长足进步的今天，仍然闪烁着其启发性和深刻性的锋芒，在一些方面仍然是今后研究认识中国马克思主义史学的关键切入点。朱先生在这里还展望了 21 世纪中国马克思主义史学的发展前景，论述了加强历史学方法论研究、处理好与现实社会发展的关系、中外史学交流、多学科和百花齐放、史学人才培养等一系列问题。总体上看，朱先生在该书中撰写的四万余字篇幅的“中国马克思主义史学的回顾和展望”部分，是 20 世纪末关于中国马克思主义史学史、对中国马克思主义史学的认识与评价及展望 21 世纪中国马克思主义史学发展前景等方面的杰出研究成果，是标志着 20 世纪末中国马克思主义史学研究水准的代表性著述之一，而其中朱先生对中国马克思主义史学的系统总结和深刻反思的诸多论断，直到今天仍然对我们继续研究中国马克思主义史学有着重要的启示。

纪念朱政惠：改变我人生的教授

◎ 劳尔·拉米雷斯·鲁伊斯*

2012年，我凭借西班牙政府的何塞·卡斯蒂略洛（José Castillejo）奖学金来到中国，计划待六个月。我的研究项目是“从中国视角看当代中国历史”。我被华东师范大学海外中国学研究中心接收，该中心由朱政惠教授领导。我对华东师范大学一无所知，对这位教授也毫不了解。

毫无疑问，那次学术访学是我人生中的一次大冒险。此外，我带着整个家庭前往上海：我年轻的妻子和一岁的双胞胎女儿。我对中文一无所知，英语口语也很差。

我为什么选择踏上这样一次冒险之旅呢？西班牙政府为什么会授予我一项在中国度过一个学期的重要奖学金呢？

要解释这一点，我们必须将中国和西班牙关系的性质放入一定的背景中，了解在西班牙中国研究是什么，以及西班牙本国的某些特殊性。

---

* 劳尔·拉米雷斯·鲁伊斯，西班牙胡安·卡洛斯国王大学教授。

一、中国—西班牙关系[①]的性质

西班牙是一个与中国没有直接联系的国家。与美国或德国不同，西班牙与中国之间的贸易并不密切。西班牙与中国之间没有近期的正面或负面关系（如英国或法国），也没有像秘鲁、古巴、哥斯达黎加、墨西哥等其他西语国家那样，有一个对中国产生兴趣的华裔混血社群。最后，西班牙的华人移民社群还非常年轻，尚未在学术、经济或社会权力圈中站稳脚跟，因此对中国也没有产生足够的兴趣。

然而，正如我经常与朱政惠教授讨论的那样，西班牙是西方汉学的奠基者，是西方与中国关系的先驱者。

与马可·波罗（Marco Polo，约 1254—1324）几乎同时，伊本·白图泰（Ibn Battūtah, 1304—1377）是一位出生于丹吉尔（Tangier，位于穆斯林西班牙）的安达卢西亚（Andalusian）旅行家和探险家，他在马林（Merinid）王朝时期，进行了为期二十四年的东方旅行，称为“一行”（rihla）。他于 1325 年 6 月 13 日开始旅程，时年仅 21 岁，游历了当时整个穆斯林世界。他从印度南部的卡利卡特（Calicut）出发，前往马尔代夫（Maldives），然后到达吉大港（Chittagong）、苏门答腊（Sumatra）、越南，到达中国福建泉州，然后继续北上到杭州。最后，通过大运河，自称到达了北京（当地称为燕京），他描述了元故宫。晚年时，他将自己的旅行经历口述给西班牙格拉纳达（Granada）的学者伊本·于萨伊（Ibn Yuzayy）。这部作品的标题可以翻译为《为那些思考城市和旅行奇迹的人而创作的杰作》（*A Masterpiece for Those Who Contemplate the Wonders of Cities and the Wonders of Travel*），但通常简称为《旅行》（*The Travels*）。

离我们最近的第一个明显为西班牙裔的旅行家是鲁伊·冈萨雷斯·德·克拉维霍（Ruy González de Clavijo, 约 1350—1412），他在 1403—1406 年间率领卡斯蒂利亚国王恩里克三世（Castilian King Enrique III）的使节团前往苏丹帖木儿

---

① 后文简称为中—西关系。

(Sultan Tamerlane) 那里，试图与之建立反抗奥斯曼土耳其人的联盟。在完成使命后，他写了一本编年史，题为《伟大的帖木儿的生平和事迹，以及关于他帝国版图和领地的描述》(*Life and Exploits of the Great Tamorlane with the Description of the Lands of His Empire and Dominion*)，也被称为《帖木儿的历史，鲁伊 · 冈萨雷斯 · 德 · 克拉维霍奉卡斯蒂利亚国王恩里克三世之命所作的旅行和使节之旅的叙述和报告》(*History of the Great Tamerlane, and Itinerary and Narration of the Journey and Account of the Embassy that Ruy Gonzalez de Clavijo Made To Him by Order of King Henry the Third of Castile*)。伟大的帖木儿的首都设在撒马尔罕 (Samarkand)。这本编年史记录了为期三年的旅程，融入了奇幻元素，是中世纪卡斯蒂利亚文学中的珍宝之一，堪与马可 · 波罗著名的《马可 · 波罗游记》(*Book of Wonders*) 媲美。

在他之后，我们又可发现西班牙人的伟大历史壮举：抵达美洲。西班牙人于 1492 年抵达美洲，而葡萄牙人则于 1498 年抵达印度。这两个伊比利亚大国决定将世界划分为两个部分，并在教皇的认可下签署了《托德西利亚斯条约》(*Treaty of Tordesillas*, 1494)。该条约规定西班牙可以探索和征服开普韦德岛以西 370 海里的所有土地，而该线以东的土地则归葡萄牙。该条约限制了西班牙在亚洲扩张的可能性，将他们的存在限制在菲律宾群岛。在接下来的两个世纪中，从 16 世纪到 18 世纪初，只有西班牙人知晓从菲律宾穿过太平洋的"回程之路"或称为"龙卷风之旅"(Torna viaje)。当时，太平洋被视为"西班牙湖"。

随着西班牙人在菲律宾殖民，统治太平洋，创建三角贸易，通过马尼拉的船只连接亚洲、美洲和欧洲，出于满足西班牙作为一个全球性大国对全球信息的需求，西班牙汉学诞生了。

西班牙汉学的创始人是一个天主教信徒，他就是方济各 · 沙勿略 (Francisco Javier, 1506—1552)，天主教会尊他为印度使徒 (Apostle of the Indies)。他是耶稣会创始人依纳爵 · 罗耀拉 (Ignatius Loyola, 1491—1556) 的亲密朋友，曾在印度和日本担任传教士。1552 年，在从日本前往印度的途中，他在中国广东沿海的上川岛 (又称三川岛) 停留，在那里等待进入大明帝国的许可时去世。

从那时起，中—西关系经历了四个阶段：

（1）西班牙的“帝国野心”：西班牙人“统治着海洋”，梦想征服中国和在中国传教

西班牙人是唯一掌握太平洋航行秘密并从美洲冒险中获得大量白银的人。他们认为将这些“潜在的财富”利润最大化的唯一途径是与中国进行贸易，将美洲白银兑换成中国商品。因此，形成了一个三角贸易模式，西班牙商船——马尼拉船只每年两次横跨太平洋，将菲律宾与墨西哥的阿卡普尔科（Acapulco）联系在一起。马尼拉船只成为接下来三个世纪（1561 年至 1815 年）西班牙与中国之间关系的中轴。西班牙决定以马尼拉为据点掌管这桩贸易。中国商人将他们的商品带到马尼拉，在那里与西班牙商人进行贸易。一个庞大的华人聚居地在马尼拉逐渐建立起来。为了向这些中国人传教，驻扎在马尼拉的多明我会修士开启了西方汉学，比利玛窦（Matteo Ricci, 1552—1610，耶稣会传教士在中国的创始人）首次访问远东早几十年。其中第一个多明我会修士是马丁·德·拉达（Martin de Rada, 1533—1578），张铠称他为“第一个西方汉学家”。拉达的形象集合了 15 世纪和 16 世纪西班牙走出去征服世界的两副面孔：天主教传教士和征服者。他是西班牙政府派往中国的第一个大使（1575 年），他前往中国收集关于这个遥远国家的信息。另一个重要的修士是胡安·科博（Juan Cobo, 1546—1592），他在 1588 年首次将一个中国文本翻译成西方语言：《善心的富贵之镜》（*Rich Mirror of the Good Heart*，即《明心宝鉴》，1393 年范立本编纂）。与此同时，伯纳迪诺·德·埃斯卡兰特（Bernardino de Escalante, 1537—？）绘制了第一份包括中国省级区划的欧洲地图。该地图附在他的著作《航海话语》（*The Navigational Discourse*, 1577）的英文版中，详细描述了明朝的情况。这也是第一部包含了印刷的中文字符的欧洲作品。另一个重要人物是庞迪我（Diego de Pantoja, 1571—1618）。他是一位受过高等教育的“文艺复兴人士”，代表了一种新型的耶稣会天主教传教士。张铠教授将他描述为“融入了中国文化的西方儒者”。庞迪我是将西方科学引入中国的主要人物之一。

（2）西班牙的衰落与传教士主义（18—19 世纪）

在 1640 年至 1713 年间，西班牙的全球霸权逐渐崩溃。西班牙王室放弃了其帝国主义政策，转而采取纯粹的防御姿态，旨在维持对大西洋的控制，并确保对

亚太地区的西班牙殖民地的控制。后者包括菲律宾和一些岛屿及群岛，如关岛、马里亚纳群岛和其他与西属美洲保持联系的领地。在这个新的背景下，西班牙帝国专注于保护马尼拉船只贸易。中国商品与西属美洲领地之间的白银交换仍然非常频繁，当时刻有西班牙国王卡洛斯三世（1716—1788）肖像的银币成为中国的法定货币。与此同时，西班牙加大了在菲律宾传教的力度。

在18—19世纪，有两个历史事件对西班牙与中国的关系产生了负面影响。首先是“礼仪之争”，这使得天主教传教士因中国基督教与儒家仪式之间的高度融合而发生了争执，中国基督教最终接受了儒家礼仪。这场“争议”以雍正皇帝诏令（1724年）将天主教传教士从中国驱逐出境而告终。其次，拿破仑战争导致了1808年法国入侵西班牙。对于西班牙来说，那一年标志着其国内连续三十年（1808—1839）无休止战争的开始，标志着自1500年以来西班牙作为一个世界大国角色的终结，并开始在国际舞台上逐渐衰落，西班牙吞下了在美洲大陆失去了所有领地的苦果。

尽管帝国已经崩溃，但直到1898年，西班牙还一直控制着菲律宾和太平洋中部的其他领地。然而，在鸦片战争时期，西班牙并未参与任何针对衰落的清朝的西方冒险行动。在19世纪，西班牙与中国几乎没有任何官方贸易活动。因此，它几乎无法从中国对西方屈服的所谓不平等条约的签订中获益。西班牙于1864年按照现代规范与中国建立了外交关系，签署了友好贸易条约，清朝政府允许西班牙在北京开设公使馆，在上海、广州、温州和其他重要地区设立领事馆，并在中国设立了宗教团体。西班牙和中国的档案记录了两国之间这种精简的关系，这些档案反映了菲律宾商人、军火商和冒险家等各色人等在中国的活动。他们都是想在中国发财致富的个人，但从来没有代表西班牙国家的意图。

（3）进入虚无的尾声，个人和制度真空（1900—1973）

随着1898年美西战争的爆发，西班牙与中国之间的关系完全停滞了。在这样的背景下，也出现过像伯纳多·科洛甘大使（Ambassador Bernardo Cologán，他在任期内主持了著名的《辛丑条约》的谈判）这样的大人物，或者1910年力拓（Rio Tinto）公司铜冶炼厂的两名冶炼工在甘肃省府开办的一座冶炼厂的经历，只是在两国之间的外交和贸易关系普遍处于真空状态的背景下的个别轶事。

西班牙与中国双边关系中的下一个关键条约是在普里莫·德·里维拉（Primo de Rivera, 1870—1930）独裁统治期间于1928年12月27日签署的。在内战期间，西班牙有两种立场：一方面，佛朗哥（Franco）支持《反共产国际协定》（1936年）；另一方面是西班牙共和国的态度，作为派驻国际联盟的代表，萨尔瓦多·德·马达里亚加（Salvador de Madariaga, 1886—1978）在日内瓦捍卫中国领土的完整性。在1939年至1941年间，西班牙与汪伪政府建立了外交关系，并将西班牙外交网络扩展至北平（今北京）周边地区。

随着1949年中华人民共和国成立，两国之间的关系却变得更糟。西班牙并未承认这个革命的中国。

（4）中—西关系的复兴（21世纪）

1973年3月9日，西班牙与中华人民共和国建立了全面的外交关系。从那一刻起，媒体开始承担起扭转中国形象的责任，这种形象在过去一个世纪里已经被培养出来。“黄祸”论已被“红色恐怖”论所取代，但现在是时候基于中国人民数千年历史、他们在逆境中奋斗的能力以及与苏联的共同盟友地位来创造一个新形象了。

1975年11月20日，佛朗哥去世，几个月后，毛泽东去世。西班牙在国王胡安·卡洛斯一世（King Juan Carlos I）的领导下选择了民主制度，而中国在邓小平的领导下决定朝着由中国共产党监督的市场经济方向发展。从1978年开始，中国非常重视经济领域的发展。那一年，西班牙的年轻国王胡安·卡洛斯一世对中国进行了正式访问。

自那时起直到20世纪末，出现了一种新的、焕发活力的中—西双边关系。一种具有重要社会经济成分的新型关系开始诞生了。这种新型关系与全球超级大国中国之崛起相吻合。在这种背景下，尽管中国和西班牙在地理位置上和历史上看似遥远，但“一带一路”倡议为西班牙与中国关系的复苏提供了新的希望。

二、西班牙第三代汉学家和劳尔

考虑到上述对中西关系特点和动态的描述，我们更容易理解在我们上面提到的制度真空和自 1898 年以来在菲律宾以及自 1949 年以来在中国的个人或跨文化关系完全被抛弃的情况下，某些个人的突出地位。

事实上，西班牙亚洲研究的创立，得益于个人的倡议。首先，我们要提到六个人，其中三个是外国男性，分别是佩德罗·桑吉内斯（Pedro Sanginés，法国人）、周敏康（Minkang Zhou，中国人）和肖恩·戈尔登（Sean Golden，爱尔兰人），还有三位女性，两个来自马德里和加泰罗尼亚的中产阶级家庭，分别是达西安娜·菲萨克（Taciana Fisac）和多萝丝·弗尔克（Dolors Folch），还有一个外国人，小野白石（Minoru Shirayshi，日本人）。与他们并肩的，在这个“萌芽”一代的人中，我们还可以提到分散在各个大学的第二代西班牙汉学家：奥斯卡·拉莫斯（Oscar Ramos，巴利亚多利德大学）、维森特·冈萨雷斯（Vicente González，萨拉曼卡大学）、孔苏埃洛·马可（Consuelo Marco，康普顿斯大学）、费尔南多·伍尔夫（Fernando Wulf，马拉加大学）或弗洛伦蒂诺·罗道（Florentino Rodao，康普顿斯大学）。

我所属的第三代西班牙汉学家是在令世界震惊的“中国崛起”的热潮中诞生的。西班牙政府将中国的崛起视为促进西班牙经济发展的机遇。但政府很快意识到，为了抓住这个机遇，并与中国做生意，需要研究东亚的专家。只靠前面提到的第一代汉学家显然是不够的。第一代西班牙汉学家以个人身份来到中国，或多或少是凭借运气，在他们的领域建立了教学和科研团队，但他们一直缺乏人员和资金。

我的大学，马德里的胡安·卡洛斯国王大学，也发现了这是推出新的亚洲研究的机会。在马德里商会，有一个经济学硕士项目，所有毕业生都希望与中国做生意。在这种压力下，该硕士项目的负责人联系了胡安·卡洛斯国王大学，组织了一个附属于该硕士项目的“亚洲专家课程”。这是一个为上述硕士项目课程的毕业生而开设一整个学期的课程，毕业生们可以自愿参与。

这门课程的具体名称是“亚洲研究专家课程：地缘政治、历史、文化、新兴市场、传媒和国际关系”。该课程的目标是提供一个清晰而准确的视角，介绍当前正在亚洲发生的事件，这些事件正在为世界塑造一种新的全球多极格局。该课程从 2006 年持续到 2012 年。

之所以称之为“亚洲研究专家”，是因为在西班牙仍然存在对仅谈论中国的担忧。通常，被称为“亚洲”的一切实际上是指“中国”。尽管如此，该培训计划被设计为包括中国、日本、印度和整个东南亚地区。“亚洲研究专家课程”的组织者们面临着巨大困难，因为他们很难招募到在他们设计的非常有趣的“亚洲”主题上具备专业能力的教授团队。西班牙没有这方面的专家，他们不得不转向愿意从零开始学习这门学科，并愿意学成后再去教授这门学科的年轻人。

我就是那些年轻人中的一员。2005 年，我完成博士学位后，从我的家乡科尔多瓦搬到马德里，在胡安·卡洛斯国王大学工作。我的专长是研究我所在的安达卢西亚地区的 20 世纪历史。但我当时年轻，我有不知疲倦工作的力量，我想结婚生子（而且这个工作提供了一小笔奖金），此外，亚洲历史和文化的课题对我来说并不完全陌生。

我是安达卢西亚北部一个名为伊诺霍萨–德尔杜克（Hinojosa del Duque）的小村庄的农民的儿子。对我来说，历史学是一种使命，这种使命是我从我的父亲奥古斯丁（Agustín）那里继承而来的。在我的青春期，从 12 岁起，每天下午我都会去农场帮助父亲照看我们养的奶牛。晚上，在开始做家务活之前，我会观看中央电视台与 NHK 合作拍摄的系列纪录片《丝绸之路》。这部纪录片通过回顾自己海外影响的鼎盛时期，展示了中国希望向世界开放的愿望。我带着仰慕的心情观赏西安、塔克拉玛干沙漠、河西走廊、西藏和通往印度的通道、新疆等地的风景，然后去干活，一边完成单调的任务，一边在脑海中梦想着那些地方。我自学了中国历史，当教授那门课的时候，我已经训练有素了。

正如我之前提到的，在西班牙，凡是称为亚洲的东西，其实就是指中国。学生们只对中国感兴趣，而且在 2006 年至 2011 年间，这门课程得到了发展，2008 年至 2011 年期间我们开始组织学生去中国旅行。当时我的教授兼上司路易斯·帕拉西奥斯（Luis Palacios）建议我们根据他多年来研究的所有资料撰写一本关于中国历史的书。我们面临的挑战是，在西班牙语（不仅仅是在西班牙，而是在整个西班牙语系社会）中没有一本用西班牙语撰写的关于中国历史的书籍。少数可以找到的有关中国历史的书籍是欧美大汉学家的翻译作品，而且甚至这些书籍都找不全，翻译质量也参差不齐。在西班牙，中国仍然是一片东方主义的领域，正如周敏康教授所言，出版和销售（并不意味着阅读）最多的中国书籍是《道德经》。

从这份工作中产生了《中国历史、思想、艺术与文化》一书，由阿尔穆萨拉（Almuzara）出版社于2011年出版。这是20世纪和21世纪第一本用西班牙语撰写的中国通史。

该书的出版时间与“亚洲研究专家课程”的结束时间几乎重合。在西班牙，亚洲研究仍然像外来植物一样，需要大量的照料和关注才能生存下去。由于2008年金融危机的冲击，商会不得不削减成本，而这门课程也成了牺牲品。

三、拉米雷斯-卡萨尔家的中国押注

对于我的学术和个人生活来说，出现了一个超越纯粹学术范畴的困境。课程结束，书籍出版，我可以轻易地放弃这个课题，回到当代西班牙历史上来。这是一个简单的解决方案，也是马德里胡安·卡洛斯国王大学历史系想要的方案。放弃中国历史研究是现实生活强加给我的合乎逻辑的结果。但是其他因素阻挡了这种自然“逻辑”发展。

在2010年和2011年，全球经济危机冲击了西班牙。几乎就在我们的双胞胎女儿出生的同一个月，科尔多瓦大学解雇了全部考古学家团队成员，其中包括我的妻子。经济危机也使我在马德里的大学的关系变得紧张，那里有几十名年轻人被解雇了。因此，我发现自己处于巨大的工作和情感紧张的境遇之中，前景一片黯淡。这些情况似乎也预示着我应该巩固我在西班牙史研究领域的职位，最终放弃将“中国问题”作为一个研究领域。

然而，除了所有这些，还有一个几乎没有人考虑到的因素：多年来学习中国历史使我真正爱上了中国，追求中国研究已经成为一种热情。因此，学院支持我去中国的可能性，但这是一个赌注：“如果你获得了资助，就去中国吧。”他们并不是真的支持我搞中国研究，没有人指望我能获得研究资助。我们再次面对西班牙社会的“东方主义”。在那个时候，见人就说我要去中国啦，人家会认为这是一种追求异国情调的疯狂行为，这种看法可能是由于上述情况的压力造成的，人们认为我的研究最终将一文不值。此外，由于在大学和教育部缺乏高层次的人脉关系，我能被授予像何塞·卡斯蒂略洛奖学金这样享有声望的资助的机会有多大？实际上希望渺茫。然而，他们忘记了我已经教了五年多的亚洲问题课程，并且是一本500多页关于中国历史的开创性专著的主要作者。我获得了资助，然后……遇到了朱政惠教授。

四、我们到达中国，与一个聪明和慷慨的人相遇

上司和同事们从未想到我会去中国的另一个原因是因为我在中国没有“关系”（guanxi）。即并不是因为我不懂中文，而是因为我在中国不认识任何人。那些年间，中国学生几乎成群结队地来到西班牙。一个来自上海的陈姓年轻女子就是其中一员，她在马德里胡安·卡洛斯国王大学的国际服务部工作。

何塞·卡斯蒂略洛奖学金需要一个接收访问学者的大学和负责接待访问学者的教授。陈给了我两个大学供选择，她认识这两个大学负责国际关系的人：广州的中山大学，上海的华东师范大学。我立刻选择了上海。我之前访问过中国，对这个城市有所了解，上海似乎是一个令人感到兴奋的城市，对于一个西方家庭来说，它的文化比北京更容易融入。我对广州一无所知，它也没有特别吸引我的地方。在上海接待我的中心名为“海外中国学研究中心”，并且与我进行的计划（“以中国视角看当代中国历史”）完全契合，这是一个加分项，但并不是我选择去上海华东师范大学的决定性因素。

抵达中国分为两个阶段。首先是在2012年2月，我独自一人到上海，任务是了解大学、环境，并为我妻子和一岁的双胞胎女儿寻找合适的住所。

我独自一人抵达中国。我记得那些时时刻刻，宛如今日。飞往世界的另一边，与朱教授的学生们在机场初次接触，抵达闵行校区，见到朱教授和王燕。接下来的一天，我在朱教授的陪同下，在华东师范大学历史学系接受了正式接待。

我糟糕的英语无疑让大家大吃一惊。但这是证明朱教授伟大的第一个证据，我是在与一个聪明、见多识广、了解世界的人打交道。他完全宽容我的不足，并看到了我作为一个热爱中国的汉学家的潜力。他无时无刻不帮助我，不仅在学术

上，而且在个人生活方面。他完全了解一个将带着年轻的妻子和新生的女儿们来中国生活的年轻学者有什么需求。

朱教授对我的理解和慷慨超越了学术范畴。他费心费力亲自陪同我在上海各处寻找出租房。我最终决定在长宁路租房子，选择了中山公园旁的圣约翰名邸，他陪同我去签订合同，确保一切都正确无误，以免我受到任何不公平待遇。

当我的妻子和女儿们终于在3月份抵达中国时，朱教授的帮助无微不至，他真正成为我女儿们的“朱爷爷”。随着时间的推移，我们在华东师范大学和上海的西班牙学术机构举办了多次学术会议。

我们在华东师大历史学系举行了三次工作会议，地点是在我想念已久的闵行校区，分别是：“关于历史科学问题”（2012年4月11日）、“关于历史事实和历史分期问题”（2012年5月9日）、“关于历史人物问题”（2012年5月23日）。

我做了两次主旨演讲：《西班牙汉学研究：先驱和被遗忘者》（2012年4月25日）和《欧洲汉学研究：帝国、思想与人物》（2012年6月13日）。

2012年5月10日，朱教授在上海的塞万提斯学院为拙作举行了新书发布会，给予我极大的荣誉。更重要的是，他在《文汇报》上发表了一篇书评，评论我的书，题为《西班牙汉学研究的新成果》。只有我们这些了解中国历史的人才能够理解，对于任何汉学家来说，自己的作品能够在这份报纸上得到评论是多么重要啊！对于一个来自西班牙南部农民家庭的儿子来说，这可太棒了！这一成功完全归功于朱政惠教授巨大的慷慨。

最重要的是，随着时间的推移，我们建立了一种深厚的学术尊重和个人情感的私人关系。我对朱教授作为一位真正的导师充满了敬意，也产生了亲情般的感情。朱教授甚至邀请我和我的家人去他家和他的家人见面。从那时起，我可以说在中国有一个家了。

最终，我有幸通过他的人生来了解当代中国。在个人的亲情和学术尊重之外，还增添了对他的敬佩之情，这是至关重要的。对我来说，朱政惠起初是一位年长的教授，尽管他看上去比实际年龄要年轻。他在中国享有极高的声誉，他出色的工作使他在华东师范大学、复旦大学、中国社会科学院以及全国各地都树立了声望。然而，随着时间的推移，在我看来，他的人生，可以说见证了中华人民共和国的历史，经历了中国这段历史的风风雨雨。

接下来，我将根据我记忆中朱教授亲自告诉我的内容进行叙述。我无法提供详细细节，因为我并不了解很多细节（例如确切的日期），我也不是适合提供这些细节的人（这是他的家人和亲近朋友的事），但我必须讲述它，因为他以自己的榜样影响了我的人生，并且通过极大地激发我的求知欲望而影响了我的学术生涯。

五、知青：透过个体生命看中国历史

年轻的朱政惠出生于上海的一个富裕家庭，上大学的人生计划被历史现实打断。“文化大革命”前夕，他被批准去联邦德国留学。然而，“文化大革命”爆发了，阻碍了他的联邦德国之行，中断了他的学业。

历经波折，他被编入了一个知青小队并被送到安徽黄山。这是他人生的一个转折点，他是我的榜样，这段人生经历表明，凭借人的坚强意志力几乎可以战胜一切障碍。因被贴上“坏分子”或“黑五类”子女的标签，他在知青中的处境比其他人都要糟糕。然而，他并没有沮丧，而是开始奋力争取在他人眼中树立自己的形象，更加努力工作、刻苦学习、乐于助人和深入思考。此外，他在年轻的林雪仙身上找到了爱情。

雪仙因艰苦劳动和高湿度的环境而病倒了。如果她不去上海接受治疗，远离不健康的气候，她的病情会恶化。而且无法预料她的健康状况会变得多么糟糕，这会对她的生命构成严重威胁，但回上海很可能就会跟朱政惠分手。热恋中的雪仙决定把她的生命置于危险之中，不回上海治病，而政惠意识到这一点，劝她去上海接受治疗。这一行为让岳父母很感激，政惠为了恢复他们女儿的健康，甘愿冒着失去她的风险。年轻的政惠凭借他的慷慨、勇气和自我牺牲，赢得了岳父母对他的接纳。

显示朱政惠教授独特之处的另一个例子，是他对“文化大革命”结束的态度。随着大学招生重新恢复，他考虑到有机会参加高考并重新开始自己的职业生涯。年轻的政惠，作为一名下放青年，清楚地意识到自己革命工作的高尚，他想继续通过“上山下乡运动”，像普通农民一样生活来帮助人民。然而，雪仙说服他不应该浪费生命去做许多人都可以做的事情，而应该去做很多人做不了的事情。他应该参加高考，重新拾起他在十年前本该拥有的学术生涯。然而，又出现了一个新问题。当时他的家庭条件非常贫困，他们买不起备考的书籍。为了让朱政惠学习，雪仙的父亲和姐姐不得不在用过的纸上手工抄写印有考试大纲的书籍。当时他和他新组建的家庭继续在黄山工作。

朱政惠教授通过了高考，时隔十年，得以重新开始他的大学生涯。他终于有机会去美国了。他和妻子一同前往这个陌生而遥远的国家。我一直认为，这种个人经历让朱教授理解我“中国之旅”的价值所在。

六、我对朱政惠教授的道义责任

我的中国之行改变了我的人生。在上海的访学之所以如此成功，完全归功于我有幸遇到像朱政惠教授这样的人。从那时起，他的存在、他的榜样，就一直在我的人生和学术生涯中产生着经久不衰的影响。

自那时起，中国无疑成为我的研究领域。从中国回来后，我组织了“中国，经济、力量与未来”会议，朱教授为首届会议开幕式致辞。迄今为止已经举办了八届会议。第五届会议恰逢中—西建交45周年和朱教授逝世五周年，会议以纪念朱教授的名义举行。

我与中国的一切关系、联系和访问都要感谢朱政惠教授。他给我留下美好的回忆，介绍他的朋友们给我认识并大力举荐我。我与中国的关系无一不与朱政惠教授的积极影响息息相关。

在西班牙，我建立了一份中国研究的事业，这多亏了他勤奋诚实的工作榜样。我出版了几本书，发表了许多文章。我正在开辟新的研究方向，向西方展示知青的真实面貌。我甚至主导着一个专门研究中—西关系的研究团队。但在西班牙，我也把一切归功于受他的影响。我纪念他，作为一个学者的榜样，他激励我比他人更加努力地工作、更多地思考和帮助他人，就像他在黄山所做的那样。

然后疫情来了。我担心中国的朋友们，他们也担心我。朱教授的家人和华东师范大学的朋友们惦记我并给我打电话。从那时起，我们在西方面临着“中国恐惧症”，我们必须加以对抗。通常情况下，至少在我的国家，对中国并没有明显和公开的敌意。但人们出于无知，对中国存在某种蔑视，被爱德华·赛义德（Edward Wadie Said, 1935—2003）称为“东方主义”，这是一种基于东西方之间本体论和认识论差异的思维方式。这种论调赋予了西方对东方的权威，使西方基于东方主义去描述、归类东方，并为其做决定。

自从我来到中国以后，尽管我地位卑微，但我与这种“东方主义”进行斗争，和这种有时甚至演变为敌意的无知进行斗争。我研究中国，研究其历史、文化，我知道这是一个向人类开放的文明，其价值观本质上与西方文明的价值观是相通互补的。

我遇到过许多中国人，我意识到人类是一个整体。无论我们身处世界的哪个角落，无论我们的语言、文化、意识形态存在何种差异或者属于不同的种族或族裔，我们都是平等的个体。我们只是面对各自环境的人，既有做坏事的能力，也有做好事的能力。

我遇到了朱政惠，一个非凡的人，一位启发我对世界历史有了更好的理解的导师，他告诉我：“劳尔，历史永远不会重演，它不是循环运动，而是螺旋上升，因为新一代人总是从过去学到东西。”他的一生帮助我理解了今天中国的历史：“为什么习近平主席会有这样的政治路线？”许多同事问我。我理解了（或者认为我理解了），因为我认识了朱教授，了解了他在 20 世纪 60 年代和 70 年代的生活经历。最重要的是，我遇到了一个不同寻常的人，一个以慷慨为特征的人，一个在我生命中最艰难时刻之一，收留了我的家人，关心他们，并以他的工作、牺牲和智慧为我树立榜样的教授。

谢谢您，朱教授！

对朱政惠教授的点滴回忆[①]

◎ 马 军*

我从20世纪90年代中期起，进入了海外汉学史的研究领域，主要从事一些翻译和编目工作。由于我能力有限，又是一个单干户，所以整理出的若干目录和译文不得不长期仰仗该领域的前辈学者来帮助发表。在北京，是北京语言大学的阎纯德教授、北京外国语大学海外汉学研究中心的张西平教授；在上海，则是华东师范大学海外中国学研究中心的朱政惠教授。承蒙朱教授的错爱，在其主编的《海外中国学评论》（第1—3辑，上海古籍出版社2006年、2007年版，上海辞书出版社2008年版）和《北美中国学的历史与现状》（上海辞书出版社2013年版）诸书中，几乎每本都刊发有我的成果。对此，我深为感激。

我第一次见到朱政惠教授是在2004年8月，我所在的上海社会科学院历史研究所在浦东国际会议中心承办了第一届“世界中国学论坛”下属的一个“上海史”学术分场，朱教授受邀前来，他发表了一篇有关他收集美国上海史博士论文目录的报告。作为听众，我就该报告谈了自己的一些想法，他也就此对我有了印象。本所的周武教授和朱教授曾是同期的哈佛燕京访问学者，有过不少交往，他

* 马军，上海社会科学院历史研究所研究员。

① 本文原载于《上海社会科学院》总第185期，2015年5月5日。

告诉我，朱教授领导的团队主要从事美国的中国学研究。后来，我拜读了他撰写的《美国中国学史研究》（上海古籍出版社 2004 年版）、《史华慈学谱：1916—1999》（上海辞书出版社 2006 年版）等书，对他的治学路径有了更深入的了解。

第二年 5 月，朱政惠教授在华东师范大学组织召开了“传教士与美国早期中国学”国际学术讨论会，他给我发来了邀请信，我欣然前往，提交的是《“1949 年前中国学术界译介美国汉学”文献目录》。此次会议，我获益良多，尤其是见到了学界前辈张芝联、张西平、耿昇等先生。2006 年 6 月朱教授又曾主办“20 世纪上半叶美国中国学”国际学术讨论会，我再度应邀前往，提交的是上次目录的续编。朱教授连声向我表示：“这些目录对我们的美国汉学研究，很有帮助，感谢支持。”几次接触下来，我对这位身材中高，发略白，脸黑而略方，谦逊中略显腼腆的老教授有了更多的认识。

之后，我得知他不幸罹患了肺癌，既感到惋惜，又深为诧异。从不抽烟的他，如何会患上这样的恶疾？只是得知他精神状态尚好，并没有因为这样的打击而放弃研究和教学工作，我才内心稍安，并祝他能交上好运。

2009 年 10 月底，我们相会在北京中国人民大学举办的第二届世界汉学大会上，他精神如常，完全不像一个病人。有一次共进早餐，他告诉我，经过三年多的治疗，自己应该说已经基本康复了，如果五年之内没有复发的话，应该说就没事了。这真是个好消息，我为他感到高兴，并祝他继续保重身体。

2011 年 4 月，朱政惠教授在华东师大闵行校区主办了“北美中国学的历史与现状”国际学术讨论会。他又一次邀请了我。会议期间，我见他调度有方，所作的学术报告和总结亦厚实稳健，总以为癌症对他来说，应该是已经过去的事了。

2013 年 3 月底，第五届“世界中国学论坛”在上海展览馆举行，朱教授承担了其中“中国学：学术脉络与跨领域影响”分场的组织工作，一样的有序，一样的成功，但想不到的是，这竟是我见到他的最后一面了。

同年 11 月中旬，有人突然传来了他离世的消息，我的第一反应是：“怎么会呢？不是已经治好了吗？”我被告知，他死于新发现的疾病，且病程极快。唏嘘之余，不得不为他的早逝深感惋惜。几天后，我参加了在龙华殡仪馆举行的追悼仪式，场面隆重，亲友、同事、学生，来人极多，看来朱老师的人缘是极好的。

自20世纪80年代以来，海外汉学史研究可谓方兴未艾，成为一门显学，会议频开，出书累累，研究机构多有设立。但上海地区的重镇似乎仅有朱政惠老师领导的海外中国学研究中心一家。这些年来，他和他的学生们对美国中国学的研究既系统又具深度，无疑将在具有悠久传统的汉学学术史上占据重要的位置。当然，朱教授留给我们的精神财富还不止这些，在最后的七八年里，他走在了生命的悬崖边上，一面是和癌症的殊死搏斗，另一面是对学术的执着追求，这需要怎样的坚毅和勇气啊！

个人的学术生命是有限的，而人类的学术生命是无限的，能够将有限融入无限之中，这样的人才是真学者！真学者是不死的……

远去的背影

——怀念朱政惠老师[①]

◎ 冯贤亮*

朱政惠老师已经走了一年多。

回想起来，我从 2001 年开始在华东师范大学历史学系工作，整整六年之中，与朱老师的交往，实在太少。

那时的历史学系，还在市中心老校区的文科楼，而我所在的古代史教研室，就在朱老师他们史学史与史学理论研究室的旁边，堪称一墙之隔。虽然近，但大家都忙，几年之中，能充分交流的时间其实并不很多。但我知道朱老师的名字，却很早。我在复旦大学历史地理研究所做研究生的时候，葛剑雄先生出版了谭其骧先生的传记《悠悠长水》，收入"《往事与沉思》传记丛书"（华东师范大学出版社 1997 年版）。我注意到，丛书的编委之一就有朱政惠老师。当时我根本不会知道，三年后，我会成为朱老师的同事。

朱老师籍贯江苏江宁，1947 年 8 月出生于上海一个书香门第之家。耳濡目染，自幼时起，即喜爱读书。在传统时代，崇文尚教、诗礼传家是江南的一个重要生活风貌，即使际处动乱或战争年代，也很难淡化。进入了 1949 年之后，朱

* 冯贤亮，复旦大学历史学系教授。

① 本文原载《北京青年报》2015 年 7 月 29 日。

老师也受到了新式教育，对新生活充满了新期待。可是，由于特殊时代的需求，同时也是响应时代的召唤，朱老师于 1968 年高中毕业即准备“上山下乡”，他被安排到了离家乡并不遥远的安徽黄山茶林场，与同时很多远赴他乡的年轻人相比，这一点还是幸运的。

不过，背负着所谓的“家庭出身不好”的标签，朱老师在思想上难免有沉重之感，但这却使他在林场的工作特别卖力。也许是作为知识人的自觉，朱老师在艰苦的劳动之余，还写了不少诗篇，甚至还尝试画画，他在那里画的毛泽东主席画像，至今仍是黄山知青拍照怀念的重要背景。由于表现出色，他在林场入了党，其间的困难，也是可以想象的。后来，细心的学生发现，朱老师的肩膀是有一点塌下来的，完全是因为在林场要拼命工作，挑远超别人重量的担子而造成的，以后再也恢复不过来了。

黄山茶林场十年的工作经历，令朱老师一生难忘。

2001 年冬天，曾经的林场知青有一次聚会，朱老师觉得可以为林场做些事情，建议编一本书，来纪念这段难忘的生活史，得到了大家的积极支持。这项工作就由他牵头，最终编就了《知青部落：黄山脚下的 10,000 个上海人》一书，后来也催生出他要建立中国“知青学”的想法。他认为，知青史主要是研究这十年，包括“上山下乡”的原因、知青的精神、知青的情感、知青运动的历史评价等问题。再后来，他担任了新成立的上海市知识青年历史文化研究会的副会长。至今，在上海农垦博物馆内，仍有一帧朱老师的大幅照片。

林场工作结束后，即 1978 年秋，已经三十多岁的朱老师，终于有机会参加刚恢复的高考，可以想象，在那个时代的无数知青中，朱老师的基础是相当好的，不然也很难考入华东师范大学历史学系学习。

他们这一代人，属于后来人们习称的“老三届”，是被耽误的一代。“老三届”的学生，大多是年近三十才来读书的，朱老师年岁较长，“特别珍惜这段来之不易的求学时光，发誓把失去的时间弥补回来”，因此特别用功、勤奋。不过能上像华东师大这样的名牌大学，朱老师还是足够幸运的。像很多人一样，朱老师非常珍惜这样的学习机会，刻苦勤勉。在本科毕业后，从硕士至博士研究生，朱老师一直师从沪上著名史家桂遵义与吴泽两位先生。正像吴先生为他的《吕振羽和他的历史学研究》一书所作的序言中所说的那样："政惠同志的这本书是在博士学位论文基础上写就的，他的博士、硕士学位论文都是关于吕师研究的。为了做好这个研究项目，他锲而不舍，下了很大气力"，而且，"在一个课题上搞那么多年，反复找史料、学理论，力求开掘得深一些，打出一口好井，我以为这种精神是可贵的。"朱老师为学的风格与钻研的精神，由此亦可见一斑。实际上，朱老师一直是以超乎常人的忘我精神和置生死于度外的毅力，在追求学术，在开拓学术，这由他在中国史学史、史籍整理、海外中国学以及知青史研究等方面，都有很高的建树，都获得了很多令人仰慕的学术成就，而充分得以证明。他的努力，也使华东师大历史学系在这些方面的学术研究，处在了国内显眼的位置。

需要指出的是，朱老师博士研究生刚毕业，并没有直接从事纯粹的科研与教学工作，而是到新筹建的研究生院培养处任副处长，同时兼任校党委学工部副部长。由于研究生院刚建立，相对应的研究生思想教育和学籍管理就采取"一人双岗"的模式。朱老师非常认真地负责这项具有探索性的工作。到 1989 年 9 月，按照国家教委要求，当年录取的文科研究生，只要是本科应届毕业生，都要在正式读书之前下基层锻炼一年。华东师大共有 49 位学生，被安排到金山石化。虽然文件规定这一年算工龄，但对推迟毕业，研究生们还是很有想法。为此，时任研究生院副院长的钱洪老师与朱老师一起，向学校提出能否将政治、外语等公共课放在这一年完成，由教师去金山上课，使研究生们在金山石化正常工作外能参加学习，不耽误毕业时间。这一建议被学校采纳，而朱老师和钱洪老师每周都会去远离市中心近 90 千米的金山石化看望、关心这批学生。所以，金山班的研究生至今提起此事，都是心存感激。

1994 年 3 月，学校行政决定由历史学系、哲学系、法政系、社科部、国际问题研究所、史学所、自辩所等组建人文学院，朱老师被调任这个学院的党委书记。到这时，可以说，朱老师回到了院系，也就回到了教学和科研岗位，回到了他所热爱的学术生活中。

在朱老师给学生传道授业的过程中，为学生所开的书单里，一般都会有吴泽先生编的《史学概论》与桂遵义先生著的《马克思主义史学在中国》。就此而言，也表明朱老师十分注意尊师重道。他的硕士导师桂先生就说过，每一个春节，朱老师都会去看他，并开车带他出去玩一玩，轻松一下。

最值得一提的是，朱老师倾付巨大心力的海外中国学研究，自 1996 年正式起步，多年后得到学校重视，因此得以光大。他几乎是靠着个人的努力，在支撑着这个学术研究的新方向。在赴美访学期间，他一直带着电脑、面包，不仅在哈佛燕京学社和费正清东亚研究中心埋头查找档案资料，而且遍访美国各地的汉学名家、图书馆和研究机构。生活经费的大部分，都用于购买图书、复印资料、采访名家、制作录音。据同在美国访问的校友说，图书馆循例会给他们配发复印档案的纸张，其他人都用不完，只有朱老师的打印纸远远不敷所用。不仅如此，朱老师还为收集一些重要的资料，常驱车数百公里，挎着电脑包（据说包带都断了三条），每天一早就等着档案馆开门，晚上回到住所，几乎是通宵达旦地把白天收集来的资料分类储存整理好。朱老师生前曾讲过，他就是这样没日没夜地干了整整一年，目的无非是希望把昔日失去的时光补回来。回国以后，甚至患病期间，也没有停止这样高强度的研究工作。

当然，朱老师从史学史转到海外中国学的研究，不仅体现出他对史学研究最新发展的敏感，而且怀持更好地研究中国史学的宏大抱负。他说过："现当代中国史学、马克思主义史学始终是我关心和研究的重要方向。回顾以往，可以说我一天都未离开过史学理论和史学史这一研究专业，它是我一生治学的脊梁和根基。海外中国学的研究，提供了从域外反映中国史学发展的独特视角，能给予我新的灵感和启发。"毫不夸张地说，他在学术上的勤奋，简直到了拼命的程度。朱师母林女士说他自打开书桌上的电脑起，便没人能把他叫下来，只有当小孙子来了，才能让他停下笔来，挤出十分钟、一刻钟与小孙子一起玩乐一下，然后照常回到自己的书桌前。处在这样的工作状态，休息时间明显过少，也过早地透支了他的生命。

2001 年夏天，在王家范老师的帮助与绍介下，我非常荣幸地入职华东师大历史学系，开启新的教学与科研工作，并承担起"中国历史地理"一课的教学任务。据说，该课以前系里有老师上过，但断了好多年，我来了正好可以接起来。由于当时课不多，除了去图书馆古籍部查抄资料，我还是有较多闲暇可以待在我们的古代史教研室。朱老师的史学史与史学理论教研室就在隔壁，但我很少见到他。后来我开始正式指导研究生，经常在斜对门的办公室与学生交谈或上些小课。这间办公室原属历史研究所，主要从事古代文明与早期国家历史研究，后来因领导者谢维扬教授离开，基本上被古代史教研室的同仁使用。房间的门正对着朱老师他们的办公室，有时就可以见到朱老师匆匆来去的身影，有时则是他们教研室集体开会商议学科发展与教学工作等事。在我的印象中，朱老师极少参加历史学系工会组织的集体休闲与旅游活动，也许是很忙吧，没有空闲。

2004 年 1 月，北京三联书店出版了卜正民（Timothy Brook）的《纵乐的困惑：明代的商业与文化》中文译本，在国内引起不小的反响。我在上海人民出版社工作的同学吴书勇兄，约我写了一个简短的书评。第二年，新星出版社又出版了卜正民主编的《中国与历史资本主义：汉学知识的系谱学》，更加引起了中国同行们的关注。卜正民及其同行在这本书中探讨了资本主义的概念与理解中国之间的历史关系，认为在世界的历史经验中，中国历史与西方具有同等的重要性，并提出有关中国社会的理论，摒弃用“欧洲中心主义”的概念和思维来理解中国历史发展的窠臼。王家范老师在一篇文章中，对此曾作了较高的评价。当年 11 月 1 日的下午，在朱老师的邀请与安排下，卜正民至历史学系与我们进行了一场小型的学术交流。当时在座的，我记得除了朱、王两位老师外，还有定宜庄、牟发松、陈江、姜进、张根华等几位老师。王老师主要介绍了国内明清史学界的学术动态和相关热点，并结合国外学界的最新成果，作了全面的概括和深入的评价。而卜正民从美国汉学的角度，回顾了最近几年来海外学者们在相关领域的研究进程与变化，并提供最新的研究信息。定宜庄则从个人研究专长的视角出发，以生动的事例，展现清代初期满族史的若干断面，而出于对妇女史的关注，与姜进又有了共同的兴趣和广泛的交流。尽管此次交流规模很小，但讨论气氛热烈，大家都从本身的研究领域出发，提出了不少令人颇感兴趣的话题。那时叨陪末座的我，对此印象颇深。活动结束后，朱老师安排我写个简报。在简报的最后，我将参与对话的老师逐一写上，我的名字排在最后，交给朱老师。但是，当我看到发出的定稿时，“朱政惠”这三个字被调到了最末。这显然是朱老师改定的，其为人之虚怀低调令我印象极深！

朱老师曾经是在学校里担任过较长时间重要领导工作的学者，而他给我的感觉，则一直是一位纯粹、谦厚的学者。我现在还在想，他这么努力工作，竭力开拓新的学术研究方向，特别是海外中国学研究，几乎全赖他一人之力，得以在学校立住脚跟后，有很长一段时间得不到壮大发展，也不必说培养、留用真正的学术团队，可谓艰辛！但实际上，他那时如果真的动用他曾经拥有的“权力”，培植自己的势力、留用自己想要的人，也完全是可能的。可是他从来没有这么做过！

在他 2006 年因患肺癌动手术，身体得以恢复后，又很快进入了原先的工作状态。当我再见到他时，他的头发几乎全白了。2007 年以后，我调回复旦大学工作，与他见面就更少了。但他的学术业绩、社会活动等情况，时常可从他维护的“史学研究网”上浏览知晓。他身兼多职，是华东师范大学历史学系的终身教授、海外中国学研究中心主任，也担任中国史学理论研究会副会长、北京师范大学史学理论与史学史研究中心学术委员会委员、上海“世界中国学论坛”专家委员会委员、中国中外关系史学会理事、上海东亚研究所学术委员会委员、复旦大学韩国研究中心研究员、吉林大学吕振羽纪念室管理委员会委员、全国台湾研究会会员、上海市知识青年历史文化研究会副会长等职务，在海内外学术界享有较高的声誉与学术影响力。

2012 年，朱老师约了自己的研究生，以师生对话的形式，完成了一篇访谈录，最后题为《柳暗花明又一村——关于海外中国学研究与史学研究的对话》（刊登于《史学月刊》2013 年第 4 期）。这是朱老师对其一生学术生涯的自传性总结，却竟然成了他生前最后一篇完整的学术访谈。

2013 年 6 月，初夏炎炎，到了高校最具意味的期末时光，葱绿的校园里多是着毕业礼服的学生，到处留影，显得格外耀眼。无论是老师，还是学生，在此际都显得很忙。朱老师也照常在历史学系参加了一年一度的学生毕业典礼。有一天，我忽然在复旦大学光华东主楼下遇到他，当时他精神较佳，还再度打趣说我是个“逃兵”，逃回复旦来了。这居然成了我与朱老师的最后一面。直到 10 月底，据说他还在帮学生修改论文，但半个月不到便与世长辞。听闻这样的噩耗，我很久不敢相信。

再后来，他的名字被《中国社会科学报》列入《2013 逝去的背影》的名单中。

我又回想起，此前我在华东师大的办公楼中，和他偶然有机会一起站着聊天时，看到有些许头屑落在他藏青色的西服上，我用手轻轻为他拂去，当时他略微不好意思的神情。

2015 年 5 月 20 日初稿，2023 年 6 月 11 日修订

做学问就是打一口“深井”

——朱政惠的吕振羽史学研究①

◎　王　传*

朱政惠先生离开我们已经五年了。他在马克思主义史学、海外中国学等领域均有开拓性的贡献，是最早系统而又全面地研究吕振羽史学的学者，《吕振羽和他的历史学研究》是其中国马克思主义史学研究的代表作。先生和蔼可亲的音容笑貌，时时浮现在我们眼前，他对学术事业永不知倦的求索精神，令人久久难忘。

朱先生终身以学术为志业。即使在病榻之上，他和前来探望的师友说得最多的也总是，“现在手头上的材料，研究到 90 岁都研究不完”，“再给我几年时间，我还能写几本书”。

怎奈天不假年，2013 年 11 月 13 日，朱先生因病医治无效，永远离开了他所钟爱的史学事业。是年岁末，在《中国社会科学报》人文社会科学领域年度《逝去的背影》一栏中，他与侯仁之、李文海、裴汝诚、章伯锋等老一辈学者排在一起。和这些享有高寿的前辈学者相比，朱先生可谓英年早逝。每念及此，不禁让人扼腕叹息。

---

*　王传，华东师范大学历史学系副教授。

①　本文原载于《光明日报》2018 年 3 月 26 日。

惜　时

朱先生 1947 年生于上海，家富藏书，人文气息浓厚。1966 年，正当他完成高中学业，被选送联邦德国留学深造之际，“文化大革命”席卷而来。1968 年，他像许多老三届知识青年一样，辍学投身于“上山下乡”的洪流之中——到安徽黄山茶林场当一名农场员工。当年他刚满 21 岁。

黄山茶林场地处皖南山区腹地，峰峦起伏，山路险峻。在一片荒山僻岭之中，知青们日事翻地、除草、植茶、剪枝、施肥、喷药水等林场管理工作，以及伐木、稻田耕作、修水利、筑路、盖房等繁重劳动。环境虽然艰苦，但朱先生吃苦耐劳和乐观向上的精神，却给同伴留下深刻印象，不久即被公推为连指导员。尤为可贵的是，黄山十年，无论工作多忙多累，他始终不失书生本色，工作之余，总是勤学不辍。

对于这段“社会大学”的生活，朱先生后来曾在主编的《知青部落——黄山脚下的 10,000 个上海人》（老照片集）中作过这样的描述：茶林场知青中，有人“开始利用手上可能拿到的一部分马克思主义经典著作，比如《资本论》《马克思恩格斯选集》和《列宁选集》等，进行了较为深入的学习，也在学习中有一些独立的思考，有的还写下了心得笔记”，更有少数人“将古书偷偷带在身边，业余时间，躲在宿舍阅读”。

后来，每当朱先生忆及这段人生经历时总是说：“十年茶林场，磨炼了自己的意志、品格，以及抗击困难的承受力，于工作、治学均获益匪浅。”我想，这也许是他们这一代老学人面对困难、勇于奋进的一个缩影。

1978 年，恢复高考的第二年，朱先生顺利考入华东师范大学历史学系。此后十年，为了夺回因“文化大革命”而流失的宝贵时间，他夜以继日，沉浸于知识海洋，一口气完成了从本科到博士的学业。

毕业留校，朱先生虽已年届“不惑”，但“猛志常在”，浑身透发出一股学术创新的锐气。博士刚刚毕业，他就在《历史研究》等重要学术刊物上发表了多篇有影响的专题论文，取得了不俗成就。

历史学家严耕望先生终身以“工作随时努力，生活随遇而安”为座右铭，这一点在朱先生的治学与生活实践中也有充分体现。

朱先生年近花甲，仍抱着追回“损失时光”的信念，始终将研究工作放在第一位。每天除了吃饭、睡觉和教学外，几乎把全部的时间都用在阅读和写作之中。在哈佛燕京学社访学期间，他为了收集学术资料，几乎跑遍了美国的大学和中国学的研究机构，将各地与他研究主题有关的藏书网罗殆尽，甚至数次与危险擦肩而过。其间，他每天只带着两个面包和一瓶水，早早地去往图书馆、档案馆，一坐就是一整天。长时间的工作，加之饮食失律、营养缺乏，口唇溃疡时常发生。因每天背负大量复制的学术资料，光书包带就背断了三根。

朱先生故后，海内外诸多知名学者忆及与其交往的点点滴滴，无不对其惜时如金的治学精神慨叹不已。

结　　缘

朱先生对中国现代史学史的研究，可以说是从考察吕振羽先生的马克思主义史学起步的。

1980 年夏，中国马克思主义史学的拓荒者吕振羽先生不幸离世。吴泽先生作为吕振羽的学生，希望能够对吕振羽的史学业绩作出全面深入的研究，以纪念他对马克思主义史学发展的突出贡献。而学习成绩优异、为人处世宽厚稳重、深得师长信任的朱先生，成为合适人选。

选择吕振羽史学作为论文选题，朱先生有自己的理解。在他看来，中国马克思主义史学几乎与马克思主义、唯物史观的传播相伴而生，但遗憾的是，迄至 20 世纪 80 年代，国内史学界对马克思主义史学的研究依然十分薄弱。这种状况与马克思主义史学在当代中国史坛的主流地位，形成了鲜明反差。

经过细致的学术史梳理后，朱先生发现，对于当代中国马克思主义史学研究，除了宏观研究之外，还要进行典型的个案分析。成功的个案研究，具有“以小见大”的价值，是深化宏观研究的有效路径。因此，以吕振羽史学研究为题，便具有非同一般的学术意义。

其一，从时间上来看，吕振羽的学术生命自20世纪30年代延续至80年代初，前后近半个世纪，几乎贯穿中国马克思主义史学诞生以来的大部分时间；其二，从研究范围来看，吕振羽几乎参与了马克思主义史学所有重要领域的学术研究和问题讨论，如中国原始社会史、古史分期、思想史、民族史、农民战争史、资本主义萌芽、民族关系、封建社会长期延续等；其三，从学术网络来看，吕振羽和郭沫若、翦伯赞、范文澜、侯外庐等马克思主义史家交往密切，或有学术争鸣。

故而，研究吕振羽史学，梳理其学术发展的脉络、生平交游与思想变迁，有助于当前学界深刻把握中国马克思主义史学。从某种程度上说，吕振羽史学的发展轨迹，不仅体现了中国马克思主义史学的发展历程，对于认识和总结中国马克思主义史学也具有重要的学术意义。

正是基于这样的认识，朱先生的硕博士论文，都以“吕振羽的史学研究”为题。这一选择，既与他所学专业有关，又与学术发展的新需要结合。由此，朱先生的一生与吕振羽史学研究结下了不解之缘，并由对吕振羽史学的研究，拓展到对中国马克思主义史学的研究。

在中国共产党诞辰70周年之际，朱先生发表《中国马克思主义史学与中国共产党的革命事业》一文，指出中国共产党的革命事业的成功，离不开马克思主义史学在文化建设方面给予的重大支持。中国马克思主义史家及其著述，对于宣传动员人民群众从事中国革命事业具有突出的贡献。

1999年，朱先生参与撰写的《马克思主义史学新探》，在回顾马克思主义史学在中国80余年发展历程的同时，也展望21世纪中国马克思主义史学的发展前景，对于促进当前的马克思主义史学研究，具有重要的参考价值。

心　　旅

吕振羽先生是我国卓越的马克思主义史学家，也是优秀的无产阶级革命战士。在长达半个多世纪的革命生涯中，他把一切献给党、献给祖国和人民。吕振羽去世后，夫人江明宣布了其生前遗嘱：“书和住房都是国家的，两人中谁后离世，就把住宅和书还给国家。”

在捐赠的25 000余册藏书中，有不少元明清代的刻本、钞本、稿本和金石拓片，大多为价值不菲的珍善本。

显然，若要研究这位具有伟大精神和品格的中国马克思主义史学开拓者，既不能被其身上的光芒所遮蔽，又要深入抓住其史学思想的精髓，成为该课题成功的关键。

古语云：“颂其诗，读其书，不知其人，可乎？”研究学人与学术，由于时空的转换，欲达“同情之了解”的境界，必先全面考察研究对象的生平、经历、立场、思想以及该时的时代风云、社会背景。

朱先生发现，研究吕振羽史学，首先必须认识到：吕振羽是一位无产阶级革命家，一直为革命而研究历史，为革命而著书立说，从未脱离中国共产党领导的革命事业而空谈高论。换言之，吕振羽治史的根本特点，在于其学问、文章始终关联着社会现实。

朱先生谈吕振羽的治史特点，实际是在深入阐发史家、史学与时代的关系在吕振羽史学中的集中体现。史学与时代之关系，从本质上说是社会思想与社会存在关系的一种表现。史学是时代的产物，没有一个历史学家可以完全脱离他所处的时代。

朱先生的吕振羽史学研究，始终紧扣着这一主题。他通过分析吕振羽不同时期的学术论著，指出其中对于历史问题的研究无不着意于新民主主义革命和社会主义建设事业的实际，体现出革命和建设事业的时代脉搏与时代精神，其史学研究始终坚持学术价值和社会价值的统一，融科学性和党性为一体。

例如，在20世纪30年代的中国社会史大论战期间，吕振羽写出《史前期中国社会研究》一书，其出发点在于批判托派和新生命派对亚细亚生产方式理论研究的谬误，从而展示马克思主义史观对中国历史的系统认识。《简明中国通史》则介绍和宣传了历史上中华民族的光辉业绩和人民反抗黑暗的英勇斗争，唤起国民的民族感情，鼓舞他们献身于民族独立战争和人民解放战争的伟大事业。1947年出版的《中国民族简史》则尖锐地批评了“大汉族主义”的思想倾向，提出了具有战略意义的民族理论思考。

一言以蔽之，朱先生抓住了吕振羽在史学研究中体现时代精神的思想特质，充分阐明了吕振羽史学成果发挥重要现实作用之根本原因。

朱先生对吕振羽史学研究而引起对史家、史学与时代关系的思考，也深刻影响着他本人对史学研究的认识。朱先生在《史之心旅——关于时代和史学的思考》前言中写道："杰出的史学著作属于那种对于过往历史的忠实总结和对现实社会主流趋势出色指导的完美结合的产物。历史一再证明，体现时代精神、反映社会大趋势需要的史学佳作，往往有非同寻常的时代震撼力和历史穿透力。"此书名曰"史之心旅"，正是朱先生多年来对时代与史学艰辛思考的经验总结。

掘　井

朱先生在课堂上，总是不厌其烦地提醒学生：做学问要有自己的阵地，论文选题时应考虑是否有伸展余地，写论文就好比打一口井，要有深度。将论文写作比作打一口"深井"，这既是对学生的要求和期许，也是夫子自道。

吴泽先生在《吕振羽和他的历史学研究》一书的"序言"中指出朱先生研究吕振羽史学多年，"锲而不舍，下了很大气力"，"反复找史料、学理论，力求开掘得深一些，打出一口好井"。导师所言绝非虚誉，作为一部马克思主义史学研究的"掘井"之作，主要体现在以下诸方面。

首先，竭泽而渔式的史料搜集。史料为史之组织细胞，史料不具或不确，则无史可言。能够出色完成这部马克思主义史学研究的"掘井"之作，朱先生在史料的搜集上下足了功夫。他常说："史料永远是基础，历史研究是要靠史料说话的，绝对马虎不得。"为此，朱先生遍访国内数十个城市的文献资料贮藏机构，搜罗吕先生著述，收全前后多个版本，发现了不少鲜为人知的史料。为了厘清吕振羽的家世，他专程探访吕振羽的故乡——湖南邵阳，实地考察了吕氏兄弟所建的"吕氏留念亭碑"，获取了吕振羽的祖辈身世和家族情况的一手文献。为了更多地掌握吕振羽的学术信息，他曾多次访问吕振羽的家人与生前的战友，记录了难能可贵的口述资料。此外，朱先生还将收集史料的范围投射至海外，充分掌握了海外关于吕振羽研究的多种资料。

其二，实事求是的治史理念。朱先生对吕振羽史学研究及其评价，并不主观拔高，始终坚持“言必有征，论无虚发”。有研究者依据 1955 年三联书店修订出版的《中国政治思想史》，提出吕振羽是最早提出中国资本主义萌芽问题的学者。朱先生查核 1937 年黎明书局的初版后，认为吕振羽在初版中对于这一问题的认识尚不清晰，并未明确提出这一观点，直到三联书店修订版中才突出“自由商人等已开始以其资本直接投向生产”这一论断。朱先生认为，前人研究的疏忽在于对史料的鉴别不够严谨和精确，以经过修改充实的观点说明吕振羽 20 世纪 30 年代的学术见解，用后见之明去代替以前尚未思考成熟的历史观点，显然有悖于历史的真实面目。朱先生研究吕振羽的史学思想，着力于史实的重建，既不把后来版本的思想强加于前者，也不以旧版本的思想代替后者，而是通过前后版本的修订变化，探索吕振羽学术思想流变的轨迹，呈现其学术思想变化的动态过程。

其三，宏阔的学术视野。中国马克思主义史学是世界马克思主义史学的重要组成部分。早在 20 世纪 30 年代，吕振羽的多种著作就被翻译成俄、日等国文字，此后，其论著和观点也得到了德国汉学家的仔细研读与分析，对于欧美学术界的马克思主义史学研究成果和研究视角，在朱先生的研究中亦三致意焉。此外，他还将吕振羽的史学置于“五四”以来中国现代史学发展脉络中讨论，凸显吕氏史学在中国马克思主义史学发展史，乃至整个中国现代史学中的地位。例如《史前期中国社会研究》既是吕振羽的第一部史学著作，也是中国马克思主义史学在中国原始社会史研究领域的奠基之作。朱先生讨论其对中国原始社会史研究的学术贡献，采取了历史主义的研究方法，反对脱离该论题的具体历史语境，力主将其置于“五四”以来中国现代史学发展的过程中去横剖纵割。通过朱先生这种“瞻前顾后”“左顾右盼”式的全面系统的分析，吕先生在中国史前社会史研究中的学术地位和意义便不言自明地得到凸显。

总之，朱先生经过十年的努力，深挖吕振羽的史学研究，给人以一种“扎实”感，堪称马克思主义史学史研究中的“掘井之作”。诚如山东大学王学典教授所言，如果中国的马克思主义史学研究者能如朱先生一样，穷年累月从事积铢累寸、锲而不舍的开掘工作，那么，我们的马克思主义史学研究工作无疑将进入一个新境界。

未竟的志业

朱先生虽过知天命之年，然其学术研究仍能得风气之先。在他早年精心耕耘的中国现代史学史领域中，逐渐发展出海外中国学研究的新方向，并成为该领域最重要的开拓者之一。

朱先生晚年，更以其超乎常人的学术热情和毅力，历经十余年，完成了75万字的《美国中国学发展史：以历史学为中心》书稿。遗憾的是，书稿尚未出版，朱先生就弃世而去。

乍一看，朱先生似是转移了战场，但事实上，他从未停止探索吕振羽学术思想及中国马克思主义史学研究的步伐。2000年，朱先生出版了第二部吕振羽史学研究专著——《吕振羽学术思想评传》。相较于前著，该书不仅在材料上有新的拓展，而且还吸纳了中外学界研究中国马克思主义史学的最新成果，堪称吕振羽史学研究的升华之作。

鉴于朱先生在吕振羽史学研究领域的突出贡献，《吕振羽全集》编委会委托他主编"史论"卷。朱先生欣然应允，精心搜集材料，将吕先生在中国马克思主义史学发展史上一系列重大历史理论问题的思考完整地呈献在读者眼前。该书出版后，成为了解与研究吕先生史学思想的一手文献集成。

朱先生在研究海外中国学的过程中，深信该课题对于中国马克思主义史学研究具有非凡的价值与意义：一是海外中国学的研究，提供了从域外反观中国史学发展的独特视角，能给予中国学界新的灵感和启发。国外对中国马克思主义史学有诸多探讨，其中不乏对中国马克思主义史学成果的批评与挑剔，借鉴和应对海外议论，正好促进中国史学的进一步发展，此即所谓"他山之石，可以攻玉"。海外学者的批评，有助于我们对国内研究状况有更清醒的思考。二是通过介绍、研究海外中国学之机缘，加强中外史学的交叉比较研究，有利于国内学者找到中国马克思主义史学研究的新路径。中国的马克思主义史学，受外界影响甚大，对其考察不能只在国内史学的格局中进行，先前国内学界静态的、平面的研究始终具有局限性，必须放到国际史学的大背景中，才能更深刻地理解其发展的路径和趋向。这是朱先生对中国马克思主义史学研究的最新理论思考，惜其未能亲身践行其志业便遽归道山。

1996 年，上海少年儿童出版社出版《100 个博士的少年情》一书，其中收有朱先生的《亲爱的母校，你信么？》，他在文末引用东汉著名历史学家班固《汉书》中的“一日一钱，千日千钱；绳锯木断，水滴石穿”作为自己最喜爱的人生格言，寄语年轻学子。这既是朱先生在困境或逆境中的自励之言，也是他一生治学精神的真实写照。

哲人已逝，风范犹存。承继朱先生的治学精神，沿着他的学术足迹继续前行，是对先生最好的纪念。

照片里的点滴往事

◎ 金　鸣*

118 公路是黄山茶林场十一连到八连，由上海知青在海拔 500～1 000 米的高山上，用生命、鲜血和汗水修筑的盘山公路，是皖南山区一条永远都无法抹去的印痕。

1976 年春末，朱政惠带领八连 76 位老队员和 92 位刚从上海来的新队员，来到 118 公路中段的万人坑，住在用杉木搭建的简易工棚内，晴天一身汗，雨天一身泥；挥锤扶钎、点炮炸石；一把锄头，两只竹箕；降坡度，缓转角，清塌方，疏沟渠，平路面……提前实现万人坑工区通车的基本要求。

为了办好万人坑通车典礼，激发筑路知青改变山河面貌，为祖国建设贡献青春的豪情，朱政惠归纳了筑路知青的建议，在万人坑工棚临近泉水沟的公路涵洞上，因地制宜，因陋就简地用杉木架设了一座高 5 米、宽 8 米的“凯旋门”（如图），并用泉水沟里的大青叶装饰。半夜，我从睡梦中醒来，只见朱政惠站立在书桌前用排笔书写“苦中自有乐”“乐在吃苦中”，借助昏暗的煤油灯，我看见地上还有好几个“苦”与“乐”的大字。

1976 年 8 月 18 日，朱政惠陪同茶林场领导乘车沿 118 公路前往万人坑。车

* 金鸣，朱政惠先生的黄山茶林场知青战友。

1976 年 8 月 18 日，黄山茶林场 118 公路万人坑工区通车典礼现场（后排左二为朱政惠）

过八里岗，数十首筑路知青的诗句用红漆写在青石壁上。场领导和装载鱼、肉、蔬菜和各类副食品的车队拐进飘扬着红旗的万人坑工棚峡谷时，高音喇叭里播放着振奋人心的歌曲，筑路知青依次点响了用 9 个半管炸药制作的“礼炮”，庆贺 118 公路半程通车。典礼中，我和筑路知青们与朱政惠在这座凯旋门前留影，并珍藏至今。

上编

追忆斯人·亲属篇

永远的先生

——深切缅怀朱政惠一生

◎ 朱政明　朱政源　朱政平　朱政成*

今年是朱政惠先生离开我们的第十年。时光流逝，音容犹在；奋斗一生，风范长存。

朱政惠（1947—2013），伯隆公第三子，杨柳朱氏第二十世孙，江苏省江宁县（今南京市江宁区）杨柳村人。研究生学历，博士学位，中共党员。华东师范大学终身教授、博士生导师，海外中国学研究中心主任，兼任中国史学理论研究会副会长、中国中外关系史学会副会长、上海市知识青年历史文化研究会副会长等职，国务院政府特殊津贴获得者。

朱政惠先生是上海知识青年的楷模。1968 年 8 月，他响应党的号召，开赴上海市黄山茶林场锻炼，一干就是十年。他担任基层连队党支部书记、指导员，带领知识青年种植水稻，开荒造房，开山修路，艰苦创业。在海拔七八百米的山区修筑公路，要炸药放炮，翻撬巨石，清整陡坡碎石。朱政惠身先士卒，不畏艰险，冒着生命危险，带领知识青年，用三年时间在全场最高最远的山上，建造长达 22.2 千米的盘山公路，修建水电站，解决了连队长远发展的问题。后来，朱

---

* 朱政明，朱政惠先生的大哥；朱政源，朱政惠先生的二哥；朱政平，朱政惠先生的四妹；朱政成，朱政惠先生的五弟。

政惠先生深入思考并研究上海知青历史和知青文化，牵头主编《知青部落——黄山脚下的10,000个上海人》，参与上海市知识青年历史文化研究会的筹建，首次提出“知青学”的概念，在文化界产生深远影响。

朱政惠先生是开拓型的学者。他在三十余年的学术生涯中先后跨出三大步，在马克思主义史学、当代中国史学思潮、海外中国学等研究领域，都作出了开拓性的贡献。早期著有《吕振羽和他的历史学研究》《吕振羽学术思想评传》《史之心旅——关于时代和史学的思考》等学术专著和一系列学术论文。从20世纪90年代开始，他将研究重心转向“海外中国学”这一全新领域，相继出版《美国中国学史研究——海外中国学探索的理论与实践》《史华慈学谱：1916—1999》《美国中国学发展史：以历史学为中心》等学术专著，主编出版《海外中国学评论》、“海外中国学史研究丛书”等系列书刊，并发起和组织“史华慈与中国”“全球视野下的史学：区域性与国际性”“北美中国学的历史与现状”等国际学术会议，推动中外学术交流。朱政惠先生终生以学术为志业，驰而不息攀登着一个又一个学术高地，其学术成就在海内外享有较高声誉与影响力，被公认为当代“中国马克思主义史学重要学者之一”“中国史学史重要学者之一”“海外中国学研究领域的开创者和奠基人之一”。

朱政惠先生是心系学生的教授。他倾付巨大心力，创办国内第一个“海外中国学研究中心”，创立中国唯一的“海外中国学”博士点，是首位“海外中国学”博士生导师，培养数十名“海外中国学”博士和硕士，为建立和发展我国“海外中国学”作出了重大贡献。朱政惠先生个性宽厚，诲人不倦，在指导和修改研究生毕业论文上耗费大量时间和精力，总是以极大的耐心，循循善诱，引导学生尽快走上学术轨道，热情鼓励提携后学。朱先生是一位秉性仁厚、心地善良的长者，对学生的关心无微不至，对生活困难的学生更是给予无私帮助。尤其是在身患癌症之后，他在生命的最后六七年间，依然将全副精力投入教学与研究中，毫无保留地将自己的渊博学识和学术思想奉献给他所热爱的学生和学术事业，直到生命的尽头。朱政惠先生忠于党的教育事业，以其毕生的奋斗，践行了“学为人师，行为世范”的教育理念。

朱政惠先生是勤奋治学的典范。业精于勤，荒于嬉；行成于思，毁于随。朱政惠出身书香门第，受家庭熏陶，从小就对读书产生浓厚兴趣。知青十年，无论工作多忙多累，他工作之余总是勤学不辍。考入大学，他发誓“要把失去的时间弥补回来”，一口气苦读十年，出色完成从本科到博士的所有学业。踏上工作岗位后，为实现中国史学的创新与发展，他全心投入，勤奋著述。在欧美访学的过程中，他大量阅读、抄录、复印原始资料和档案，遍访各地汉学名家。尤其是在美国，他每天提着电脑，带着两个面包和一瓶水，一坐就是一整天，几乎通宵达旦将白天收集的资料分类储存。因天天背负大量复印的学术资料，光书包带就背断三根。由于饮食不太规律，营养严重缺乏，口腔溃疡时常发生。到了晚年，朱先生的勤奋程度达到了玩命的地步。他的妻子林雪仙女士说：“只要打开了电脑，便没有人能使他停下来。只有当小孙子来了，才能让他休息几分钟。”即便身患癌症，他仍以顽强的毅力完成75万字的《美国中国学发展史》书稿。在生命弥留之际，朱先生最为叹息的依然是：“现在，我手头上的材料研究到90岁都研究不完，再给我几年时间，我还能写几本书。”东汉著名历史学家班固在《汉书》中写道：“一日一钱，千日千钱；绳锯木断，水滴石穿。”这是朱政惠生前最喜爱的人生格言，也是其一生治学生涯的真实写照。

朱政惠先生是党的战士。朱政惠从小沐浴在党的阳光下，入党入团，当班干部；在十年农场锻炼中加入党组织，担任基层连队指导员；踏入工作岗位后，从事华东师大多部门党的领导工作，完成党所急需的艰巨研究任务。他的学术研究决不是纯学术研究，而是注重与社会、时代结合起来，坚持学术价值和社会价值相统一，融科学性和党性于一体。朱政惠研究吕振羽史学思想，从一开始就与中国革命重大理论问题研究紧密结合。他在20世纪90年代选定海外中国学的研究方向，固然有其学术背景与教学需要，但也说明在世纪交替的重要时刻，他能把握历史主动，肩负时代使命，攀登学术高地，培养一流人才，为谱写新时期党的马克思主义新篇章、促进人类文明交流互鉴、推进中国式现代化建设探索新路、铺石奠基。政惠不仅仅是学者和教授，他首先是党的先锋战士！

奋斗就是生活，人生只有前进。今日生活和美、后继有人、事业兴旺，凝集着先生一生心血！我们永远怀念他！

2023年6月12日

下编

斯人文存

从接受角度研究史学

（一）

关于史学的功能问题，古今中外的史学家有很多论述，在中国，孔子作《春秋》，明确表示意在“拨乱世反之正”；司马迁写《史记》，志在“述往事，思来者”；刘知几更把史学看成“生人之急务”“国家之要道”“有国有家者，其可缺之哉？”古代罗马史学家李维认为研究史学有重要的借鉴意义：“如果那是好的，那么你就模仿着做，如果那是罪恶昭著而最后身败名裂的，那么你就要引以为大戒，竭力避免。”[①]他们都提出了史学的“资政”“借鉴”和预测未来的作用。

20世纪以来，国内外史学家对历史学的反思加强了，对史学功用问题也作了更加切合实际的估量。美国“新史学派”认为，为了更好地体现出历史的作用，史学家应当走出书斋，主动而积极地向广大人民传授历史知识，使史学成为广大人民共享的财富；法国年鉴学派提出史学功用有三：一是预测将来运动的方向，二是“鉴今”和解决现实问题，三是积极影响其他学科的发展；苏联学者把史学功用归纳为探索历史发展规律和指明未来的方向；中国学者也从探明国情、

① 李维：《罗马史》，罗伯茨（Canon Roberts）英译本，1926年伦敦版第1卷，第2页。

批判继承、传授知识、服务当代等几个方面肯定了历史的功能问题。

可见，古今中外的学者都肯定史学的社会功用，强调它在总结历史教训、提高人类文化素养、认识现实和未来方面的重要作用。

然而，打开中外史家的史学史著作，我们可以发现，这些著作都以研究史学家及其史学著作为主要内容，即研究史学撰述的时代背景、撰述目的、撰述内容、撰述特点、史料情况、史学思想等，很少有对史学著作在社会上传播和影响的研究，忽视读者对史著的接受及其在史学发展过程中的作用。

既然中外学者都注意史学的功用问题，并以“鉴今”和服务当代为撰史的主要目标，那么，作为史学史的研究工作者，怎么可以只研究史学著作输出影响的一面，忽视读者接受影响的一面？

严格地说，历史学的全过程由两方面组成，一是史家撰述的过程，一是读者阅读接受的过程。只有当史家撰述完成，并由读者接受，并从中汲取知识，指导自己的行为方式，史学撰述的全过程才算真正完成。也就是说，历史著作完成的全过程由史家——史著（即撰述过程）和史著——读者（即接受过程）两个阶段构成。在前一过程，史家赋予史著某种功能的潜力，在后一过程，读者实践史著的这些潜在功能，两者缺一不可。研究史学史的工作者如果只注意史家——史著的过程，忽视史著——读者的过程，不但违背历史发生发展的客观事实，也不利于史学史发展规律的探讨，不利于对当今史学实践的指导。

因此，史学史的研究者们在研究史著撰述的同时，必须注意对史学接受的研究。

（二）

如何从接受角度研究史学？

毋庸置疑，对史家撰述的研究是不可或缺的，不过，同一般的史学史研究方法有所区别的是，这种研究是为接受研究提供前提的。任何一位史学家都有明确的撰史目的，他们都考虑自己的著作能否对读者产生吸引力并起到教育作用，都预先确定了自己对现存的社会观念与道德常规以及不同的欣赏趣味的态度。班固写《汉书》时，就念念不忘汉明帝告诫的称颂主上的教导，创造了断代的纪传体史著，尽情讴歌了汉家的功德，对后来历代的封建正统史学留下了深刻的影响，接受者难以计数。梁启超 1902 年以“新民”的笔名，在《新民丛报》上发表《新史学》，猛烈抨击了封建史学有如“帝王家谱”，是“备君王浏览”的“皇帝教科书”，倡言“研究人群进化之现象”“求公理公例之所在”，在社会上引起强烈反响，推动了资产阶级走上历史舞台。郭沫若在中国大革命失败的严重时刻，撰著了《中国古代社会研究》，第一次把帝国主义入侵中国以前的历史，叙述为原始社会、奴隶社会、封建社会几种形态依次递进、有规律可循的历史，证明了马克思主义关于人类社会发展规律学说是一个普遍的规律，中国历史的进程同样受这个规律制约，极大地支持了中国革命。可见史学家所处的时代，阶级地位，从根本上制约了历史学家的历史观，决定他们选择什么样的史料，撰写什么样的著作，从而也就规定了他们所撰写的著作所容有的社会接受的潜力，决定了读者接受活动的积极的或消极的反应。

当然，史家撰述所容有的接受潜力不只取决于史家所处的时代及其阶级地位，还取决于史家的才学识的条件。中国古代著名的史学评论家刘知几说过，史家有三长，即才、学、识：所谓才，指的就是文章的表达能力，即分析、组织、整理、加工的能力；所谓学，指的就是掌握丰富的历史材料，具有渊博的历史知识；所谓识，就是对历史发展趋势、历史事件、历史人物的宏观的观察和分析的能力。三者缺一不可，刘知几的话是很有道理的。史家的洞察能力、比次能力、组织能力越强，其史著的可读性也必然越高，流传的时间也必然久长。希罗多德的《历史》、修昔底德的《伯罗奔尼撒战争史》、司马迁的《史记》、司马光的《资治通鉴》的长期流传，无不出于这些原因。它所蕴含的深义，过去为人们所不懈挖掘，今日为人们所不懈挖掘，将来也会为人们不懈挖掘。

从接受角度研究史学，首先必须了解史家的生活时代、阶级地位、历史观、编纂能力、历史文学水平等各方面的情况，探讨其著作所具有的潜在价值。在此基础上，方可转入正题的研究，即史著接受状态的研究。

史学的接受有两种形态，一种是社会接受，一种是个人接受。一部史学著作脱离史家之后，在到达读者手里之前，就已取得了社会占有的形式。社会机构把它们选择出来，供读者阅读，成为读者接受的对象，在大多数情况下，史著到达读者手里之前，已经被做出了种种评价。即是说，它们已经被国家专职主管部门出版社，图书馆、书店、史学评论、学校里的各门史学课程，以及一切处于史著与读者之间，以物质或精神方式起着中介作用的机构，从史学价值、社会价值，甚至经济价值等角度进行了筛选、宣传和评价，并采取各种各样的措施，如图书广告、书籍装帧、书评、座谈会、研讨会、介绍和奖掖史学家等，来引起读者注意。这类社会性接受，在沟通史著和读者之间的关系方面，有着十分重要的作用。从接受角度研究史学，不可不注意这些中介机构的作用，就像我们研究郭沫若《中国古代社会研究》，不能不研究这本书的出版单位、出版版次、发行地区、发行数量、装帧情况、广告内容、社会舆论等情况一样。

在这种社会性接受中，根据史学著作的客观社会功能，会形成某些对于传统史学和当代史学的评价标准，这些标准又具体体现社会阶级、阶层、集团对于史学撰述的认识。比如，史学在过去、现在、将来应该是什么样的？史学能够和应该起什么作用？怎样评价、解释和说明史学著作、史学家、一个时代的史学或史学史？读者应该读哪些史学著作，不应该读哪些史学著作？以及关于史学撰述和史学接受的观念等。参与这种社会性接受的人，主要是一些史学研究工作者，他们通过出版物、报告、讲座，表达自己对史学发展、对史著的意义，对史学著作、史家、读者的功能的看法。这些看法在个人接受过程之前、之中和之后，或多或少起着规范或规则的作用。这些规范或规则虽然在个人接受过程中不会被严格遵守，但它们必然会对个人接受活动起着控制或影响作用。这也是我们在接受研究过程中不可忽视的。

社会接受是史著达到读者手中的必然途径，有了这个前提，我们便可展开个人接受的研究。

任何一部史著，它的最可贵的价值，在于读者的接受和社会的承认。它的潜在意义的实现，需要读者；它的撰述臻于完善，需要读者；它的永恒生命价值的实现，也需要读者。离开了读者，史著的社会效果是难以实现的。郭沫若、吕振羽、范文澜、翦伯赞、侯外庐等几位大家的史著之所以有生命力，就在于他们的著作揭示了中国历史的真实过程及其规律，鼓舞了人民的革命斗志。从个人接受角度研究史学，必须学会分析读者接受过程的这些特点。

应当看到，读者在接受过程中所获得的经验、认识，或多或少都会影响到读者的感受与思维方式，影响到他的处世态度和行为方式，影响到他对社会行动的看法。这是一个复杂的心理过程。一般地说，读者是运用以往阅读的经验去理解史学著作的，他们尽力调动自己的生活与历史的经验对史著进行反思和联想，把史著提供的历史知识和鉴今意识与现实世界的状况以及自己对这种状况的观念进行对比，作出自己的判断和结论，这种判断和结论可能是对史著提供的某种历史观点的补充和发展，也可能是对它的反驳与修正，并把从阅读中获得的历史知识、垂训意识以及自己对这种知识的判断和结论作为补充和修正进入自己的生活经验，体现到行为方式里去，从而扩大自己社会行为的有限活动范围，开辟新的愿望、要求和目标。侯外庐在他的回忆录中说，他是在1932年读到郭沫若的《中国古代社会研究》一书的，十分钦佩他为中国史学所做的划时代的贡献，萌发了研究中国社会史与思想史的愿望，由于当时正忙于翻译《资本论》，未能付诸行动，直至1935年夏，“断绝了与外界的往来，我常以郭沫若在流亡中作有意义的研究来勉励自己，翻译的同时，投入了更多的力量，致力于用马克思主义的观点和方法解释中国社会史与思想史”①。这是把史学接受落实到社会方式中去的很典型的例子，不少前辈马克思主义史家都是像侯外庐那样步入史坛的。

在实际生活中，不只史学生产产生接受，接受也产生史学生产；不只史家创造读者，读者也创造史家；不只史著影响读者，读者也影响史家的撰述。读者在接受活动中，决不是被动的反应环节，而有积极主动的一面。读者对史学的积极的建设性作用主要有三个方面：第一，史著发表后，读者必然会有不同的反应，从这些反应中，可以看出史家撰述所期望的效果，与现实的需要是否一致，两者的差距大小与否，都有利于史家检验自己的撰述质量。其次，历史的前进，史学的发展，方法论的改进，都会使读者的视野发生变化，引起史学评判标准的相应变动，从而迫使史学家更新思想、更新体例、更新研究方法，适应新时代读者阅读的需要，袁枢变《通鉴》为《通鉴纪事本末》，夏曾佑废传统体裁而取用章节体编《中国古代史》，都是适应变化了的时代的读者的客观需要。同时，读者的

---

① 侯外庐：《韧的追求》，生活·读书·新知三联书店1985年版，第67页。

阅读和反思，也不是消极的，尤其是作为读者一员的历史学家，如刘知几、章学诚等，都会对古今史著提出积极的批评和建议，这使后起的史家在进行再创作时，不得不对这些批评和建议作出反应和回答，从而推动史学的发展。凡此几点，是我们研究中应该重视的。

另外，历史已经向我们表明，一部有影响的史学著作，不仅同时代的各种人阅读它，不同时代的各种人也阅读它，由于读者的期望的要求不同，史著本身潜在含义有一个不断发掘的过程，因而不同时代的读者对同一史家、同一史著的理解、判断和评价肯定不尽相同，甚至有很大差异。随着时代的变迁发展，由于读者对史著的洞察能力和研究方法不断提高，因而对史著潜在意义的认识和评判会越来越丰富，越来越深刻。但是，一部伟大的史学著作的潜在意义，不会、也不可能为某个时代的读者所穷尽，只有在后来不断接受的链条中为读者所逐步揭示出来。《史记》诞生以后，历代的读者一直在阅读和评判它，写了无数集解、索隐、正义、辨惑、评钞、考要、愚按、辑评之类的著作。研究这一长段接受过程，可以看出各代的读者是如何阅读和理解《史记》的，从中可以研究出各个时期读者的欣赏趣味，他们对史著的期望，和史学在他们影响下走过的道路。

无论是史学的社会接受，抑或个人接受，都受到时代和阶级背景的制约。读者的世界观和思想意识，属于什么阶级、阶层和集团，他的经济状况（包括收入、自由支配时间、住房条件、工作和一般生活情况）、所受教育、知识和文化水准、个人气质、倾向和理想、年龄甚至性别等，都是个人对史学接受的因素。由于读者的社会和个人的基础不同，因而形成不同的阅读动机、需要和兴趣，这些不仅决定对史学著作的选择，同时也决定史学著作发生影响的可能性和对史著的评价过程，使史著的接受方式、接受程度、接受内容以及史著的效果呈现纷呈多样的状态。但占主导地位的接受状况往往决定某一时代对某个史家或某部作品的接受状况。

（三）

从接受角度研究史学的提出不是偶然的，在我们的旁支学科——文学领域里，已经有人提出从接受角度研究文学的问题，称为接受美学。

1967年，联邦德国康茨坦斯大学法国文学教授汉斯·罗伯特·尧斯，在《文学史作为文学科学的挑战》一文中，提出了“接受文学”的论纲。这一理论很快得到西欧各国、美国、日本、苏联以及民主德国等一些国家文学工作者的响应，成为文学研究中的一种新兴理论学派。

这派理论的核心观点是：文学研究不能单纯以作品为对象，应该把读者也作为文学科学的对象，并由此出发，克服关于文学艺术的“独立性”的主张，恢复文学与历史（现实）的联系。

接受美学是资产阶级文学批评和文学研究方法改革的直接产物。在60年代以前，美国和德国的一些文学批评工作者，都把理论思维的重点放在文学作品文本自身价值的探索上，强调所谓文学作品的“独立性”，反对任何从政治、经济、思想史或其他根源上去分析文学作品，把艺术视为与现实无关的事情。然而，60年代以后国际政治风云的变动，殖民地半殖民地国家人民的民族解放和政治独立斗争，一些主要资本主义国家民主进步运动的高涨，以及社会主义制度在全世界的发展，使他们日益感觉到，这种关于文学“独立性”的主张和形式主义理论，已无法回答日益引起人们关注的文学社会功能和社会效果的问题。这一无法回避的现实问题迫使他们把理论思维的重点，转向文学的接受与影响问题的研究。民主德国和苏联的一些学者，则在马克思主义认识论和反映论的基础上，对这套接受美学的理论进行了吸收和改造，建立了马克思主义的接受美学的理论系统。

接受美学提出了一些人们以前所未曾注意到或者没有深入探讨过的问题，并对这些问题作了专门的研究，从而开扩了文学研究的视野，对文学理论和文学史的方法作了有益的补充和改革。它的传播，也必然对历史学科的理论和史学史研究方法论的变革带来影响。

在近代以来的世界史坛，朗克的客观主义一度占有很重要的地位，然而，进入20世纪，特别是第一次世界大战以后，这种观念不断受到挑战，渐渐地为新的观念所替代。这在美国表现得很突出。20世纪上半叶风靡一时的“新史学”派强调史学的“综合功能”，认为史学应该从多方面造福于社会，为人类的未来谋利，成为人们踏上幸福道途的武器。50年代以来，美国的一些学者也提出，恢复历史的本来面目，让广大人民从正确的历史答案中得到教益。他们几乎一致认为，历史研究不能与社会脱节，史学家的著作如果藏在象牙塔或者真空之中就会变得毫无价值。闭门造车只能把史学引向穷途。有的人主张“历史教学的社会化”，换言之，就是采用“对于一般公民显然有意义的方式”；有的人主张史学成果的“反馈”，即史学家通过不同的读者群来估价自己作品的价值，从而做出相应的反应。①

这些都从一个重要侧面指示着当前国际史学发展的方向。第十六届国际历史科学大会的论文表明，目前各国史学工作者研究的选题都更注重与现实问题的结合，大会中最精彩的课题就是关于汽车问题的论文——《道路问题的汽车化及其影响，1885—1985》，这是一个非常结合现实的课题，分别从苏、美、英、法、德、加、芬、捷、日、扎伊尔等几个国家陆续交通摩托化的历史出发，探讨了汽车化产生的影响，对于各国汽车工业和国民经济的发展，以及提供立法、交通规则、保险、筑路、建筑等方面的历史教训，有着直接的现实意义。

同样，和现实紧密联系，为四化服务，也成了当代中国史学发展的方向。史学与现实之间的关系，史学与读者大众间的关系，史学的功能与社会效果的问题，正日益引起当今中国史家的关注，努力使自己的研究为四化建设作出新的启示。一位史学家在谈到他写《唐代西域与中原文明》一书时说，他写这本书，就是试图从“中原和西域的传说文化各随自身需要而摄取对方的相应成分”“交流过程是相关民族各自发挥特长进行共同创造的过程”“交流不等于全盘接受而是有所选择乃至舍弃”等角度来考察中国文明在唐代的发展过程。他说：“研究这个问题，对我们思考当前对外开放、考虑近百年来中国历史命运和中西文化影响，是颇有借鉴意义的。”② 像这样的史学家又何止一个呢？

因此，无论从国际还是国内，史学和现实结合的问题都越来越受到人们的重视，于是，也必然会引出史学与现实结合得好不好的问题，史学的社会效能发挥得如何的问题。史学既然已经介入了社会，介入了生活，因此，研究史学接受的

---

① 参见《中国史研究动态》1986 年第 2 期。

② 参见《发挥优势、讲究方法、走出我国史学的新路子——访张广达教授》，载《世界史研究动态》1986 年第 1 期。

问题，必然要提出来。

从接受角度研究史学，毫无疑问地具有这样几个优点：首先，它有利于史家在当今历史变革的伟大关头，适当调整自己的研究课题，适应国家和社会的需要，特别是增加那些对现代化急需的有利于制定社会规划、发展战略、效果评估等方面的历史研究课题。其次，由于从接受角度研究史学注意到了读者的作用，并且把史学被读者接受作为史学进程中一个重要环节与基本动力来研究，这就大大丰富了史学理论的内容，为历史科学开辟了新的领域。其三，以往的历史理论家往往忽视读者的主观因素在史学著作效果产生过程中的作用，他们片面强调史著对读者的影响，甚至把效果看成是史著单方面作用于读者的结果。从接受角度研究史学，注意分析史著效果产生的心理过程，指出读者的主观因素在这个过程中的能动作用以及效果的时间、空间和个性变异性，研究其变异的原因，这就有助于纠正以往史学研究中在看待史著影响问题上的片面性。还有，从接受角度研究史学，指出读者接受意识的改变是史学家及其史学著作地位与评价变化的根本原因之一，还强调了读者（不仅包括一般群众，也包括史学家和史学批评家）的能动的接受活动是推动史学前进的实际动力，这就为史学的承前继后的研究打开了新的通道。总之，它开扩了史学研究的视野，对史学理论和史学史方法论作了有益的补充和革新。它的意义不可低估，我们应努力展开这方面的研究。

需要指出的是，在从事接受研究时，应尽力避免一些不正确的做法。例如，应该把接受研究同对于史家、史著的研究结合起来，用接受研究补充史学研究的内容和方法，把哪方面绝对化，都会产生片面性的弊病，会把史学著作产生的过程和发生影响的过程对立起来，忽视它们之间的辩证联系。另外，注意读者在史学著作产生效果过程中的作用，但不能过于扩大读者的主观因素对史著效果的影响。

（原载《历史教学问题》1986 年第 5 期）

关于比较史学研究的若干问题

一、问题的提起和比较史学的研究内容

近来史学界有一种普遍的说法，认为比较史学已成为当代国际史学发展的新趋势，国内也深受其影响。对于此种看法，笔者颇有不同见解。通常所说的“比较史学”，主要指对客观历史进程的比较研究，很少顾及历史学研究的比较研究。但事实上历史的比较研究应该有两个大的方面，一是对客观历史发展进程的比较研究，一是对人们主观历史学研究成果的比较研究，两者加起来，才是对历史的较为完整的比较研究。忽视任何一方都是片面的。现时通常流行的说法，忽视了对历史学家研究成果的比较探讨，因而也模糊了人们对历史比较研究的真正含义的理解。应明确称对客观历史过程的比较研究为“比较历史”，称对人们历史研究成果的比较研究为“比较史学”，并统称两者为“比较历史学”。

我们所说的比较史学，首先强调不同国家和地区的史学发展的平行比较研究。由于不同国家和地区的文化会形成独有的发展体系，文化发展本质决定因素的一致性和各民族区域政治、经济、文化传统的相异性，必然导致其成长体系会有某种共通性和相异性。所以，比较史学的一个内容，便是对一定范围内的不同民族史学之间的异同进行研究，探索其相同和不同的原因，找出不同民族史学

平行发展历史中的社会特征及其内在规律。被西方学者称为准史学的远古神话传说，就可以成为比较史学关心的内容，对研究角度作适当调整。现有的资料表明，从未谋面的东西方先人的神话传说，有着惊人的相似之处，尤其在宇宙起源、天地开辟、人的起源方面。而相异之处也不少，如中国古代神话传说神人相异，西方神话传说神人同形；中国古代神话传说女人受崇拜，西方神话传说男人受崇拜，等等。这些差别的深究，有利于究明东西方史学的渊源所在，影响以后各自发展体系的若干关键因素。

诚然，重要的还在于其他相似的社会历史发展阶段中的不同民族史学现象的平行比较研究。以中国文化为代表的古代东方文化和希腊罗马为代表的古代西方文化属于两大不同的文化系统，在各自独立的政治、经济、文化背景中发展起来。它们的历史观、史学思想、编纂体裁、写作技术都有很大的差异性。在东方，纪传体是主要史学体裁，重记人；西方是叙述体为主要史学体裁，重记事。为什么古代东方史学重记人，西方古代史学重记事？为什么东西方史学在史学体裁、史料排比上有种种颇大的差异？这都是值得深入探讨的问题。很遗憾，这一问题的探讨，至今尚无有深度的理论文章。

由此，必然深入到东西方史学理论、史学思想的比较分析。同样是天人关系的探讨，东方人如何看，西方人如何解释？同样是对历史的带有规律探讨意义的研究，中国史家如何表述，西方史书如何阐解？同样是垂鉴，东方人把它置于何等地位，西方人又如何说？史学理论是统驭一切的，东西方人不同的治史观、历史观，决定了他们史学发展的不同路线和布局体系。这些问题的出色解决对于史学史研究有着十分重要的意义。

我们所说的比较史学，还主张注意不同国家和地区史学交流及其影响的研究。应该指出，除了科学技术不发达的古代，无法克服高山大海的屏障，在绝大多数情况下，各国各民族史学的交流还是频繁的。所以世界各民族间史学著作、史学思潮、史学理论方面的相互影响和实际联系的研究十分必要。

一国对他国史学发生影响，往往有多种情况和背景。在某个历史阶段，世界上总有一两个、两三个国家属于当时的第一强国，政治、经济、文化都处于世界一流水平，在这种情况下，它的学术文化很容易对中、小国家发生影响。中国古代史学就曾深深地影响过东亚一些国家和地区的史学。古代日本、古代朝鲜、古代越南的史书，体裁大都模仿中国，纪传体、纪事本末体、编年体、典章政书体，应有尽有。日本江户幕府时期林罗山编著的《本朝通鉴》、朝鲜李朝时期郑麟趾编著的《高丽史》、越南的由好几代史家相继完成的《大越史记全书》等，都是中国史学影响下的有代表性的史学著作。当然，一国史学对他国史学的影响，也绝非只因综合国力强大的因素；有时候，一国史学自身发展到某种困境或不甚称心时，在自我反省过程中，也会不由自主地把目光转向他国史坛，借鉴汲取其诸种积极因素。从古到今，相当一些国家史学交流出于这种原因。史学的双向交流是史学发展的自然选择。东西方两种不同类型的史学与文化的交流是永恒的，这是世界史学发展的趋势。

由此，如何进行史学影响研究的问题也便提了出来。一种是对整个社会背景、史学思潮的研究。在今天，要对西方一些国别史学作出客观而准确的研究，离开国际史学交流情况的探讨，恐怕很难成功。德国的《社会、经济史季刊》《社会、经济史年鉴》，英国的《今昔》，英美合办的《社会学和历史学的比较研究》，都曾热烈介绍过法国的年鉴学派以及在年鉴学派影响下的史学新潮流。法国史学自 20 世纪初以来经历了整体范型的更新，以年鉴学派为代表的史学新潮流推动、影响了整个西方史学形势的演化。诚然，史学影响研究应该是宏观与微观的综合考察，除了社会背景和史学思潮背景的考察外，还应深入到对史家个人学术思想、学术经历的探讨。这当中，对史著本身的分析尤为重要，作者自序的研究，往往最容易发现问题。此外，著者的阅历、巡游、师友关系，都是值得关注的线索。

关于史学交流的媒介因素，也应是史学比较研究的一大内容。我们知道，任何史学的传播发展，由一国到他国，总有具体的媒介因素，如旅游者的携入、专家学者的互访、翻译家的译介、研讨会的交流等。学者访问的媒介作用可粗分为两类。有时候，某国学者亡命他国或去他国旅游，在逗留过程中，介绍本民族文化和史学的精华，往往会对他国文化和史学发展产生重要影响。明末学者朱舜水在亡命日本后，力倡“经简而史明、经深而史实，经远而史近”的儒学史观，影响就颇巨。他的门生高徒安积觉参与编修的《大日本史》，模仿《史记》体裁，合本纪、列传、志、表共397卷，是日本史学史上不可多得的史学佳作。而一国学者到他国访问，研读其丰富的史书典籍后，再介绍到本国，也会影响本国史学的发展。近代史家梁启超的情况就很典型。他在戊戌变法失败后去日本，潜心研读，写了很多文章，介绍日本史学和已经流传到日本的西方一些国家的史学著作及其史学理论。他的《新史学》《中国史叙论》被视为中国近代史学理论的开山之作。

此间，媒介的环境也十分重要。新闻、杂志、报纸等媒体足以控制一国对他国史学影响的媒介效果。中国近代的一些刊物如《译书汇编》《汉声》《学报》《学部官报》等，都曾译介过日本近代坪井九马二、久米邦武、浮田和民等史家以及英国实证主义史家巴克尔的史学观点和史学理论。据知，康有为对《天演论》观点的了解，最早也是从《万国公报》《西国近事汇编》等媒体中得知的。诸如此类研究的空缺，很难真切把握一国史学思潮形成的缘由以及影响其后期发展的诸种潜在因素。

媒体的研究中，翻译问题又颇为突出。作为史学著作的翻译者，不仅要精通两国以上语言，而且要谙熟古今，并具史识。对译著的研究十分重要，尤其是曾对本国史学思潮产生过重大影响的著作。翻译著作的社会效果往往十分有趣。有的直接从原著中翻译过来的本子不受欢迎，而从译本转译过来的本子反而受青睐；有的忠实于原文的译文不受欢迎，而在译文中随意掺加己意的反而很畅销；同一著作的译本中，往往又是最早的粗糙的译本受欢迎，而后译的清通的文本反而被冷落。这种似乎不合常理的情况，正值得研究。归根结底，有一个社会大背景的问题。一部翻译史著是否成功，背后都有社会思潮是否支持的问题。中国近代史研究工作者都清楚，严复的几部译作不能说是忠实原意的，比较后来的新译本，有颇大差距，但唯有它们在中国社会上产生过巨大反响。严复对进化论的介绍，一开始就强调其社会学意义，改变达尔文的初衷。这种再创造，符合当时人们自强保种、救亡图存的心理，给学术界提供了摆脱迂腐的封建史观束缚、重新观察历史和现实的崭新的历史认识的武器。可见，对翻译史著的研究，是比较史学中十分重要的环节。

还有一点，我们认为也不可忽视，这就是对史学交流读者群的研究，比较史学也将其列为研究内容。虽然历史著作不可能像文学作品那样拥有广泛的读者群，但历史著作必然会有读者。越是忠实地揭示历史原貌，越是深刻体现时代精神的历史著作，它的读者便越多，有时可与文学巨著的影响相近。中国古代史学巨作《史记》《资治通鉴》等，在国内外广泛传播，就是明证。研究读者群，主要是对一国史著在他国得以传播而拥有的读者的探讨。

为了做好读者群的研究，必须对读者群作具体的阶级、阶层、学术造诣和智力培养程度的区分。封建贵族和一般农人，社会领导阶层和普通市民，专家学者和平民百姓，阅读旨趣总有很大差别。基于这种不同爱好，他们对史著的选择也会有很大不同。一本史著在异国所受到的欢迎程度、谁是主要阅读者、发行的数量，往往又反过来说明它所内涵的社会价值和学术价值。当然，仅仅以一部史著在国外所受欢迎程度的大小来作评判这本史著价值的唯一标准，也是片面的，因为还是存在其他一些限制因素。例如，由于闭关和锁国，不允许或只允许很少数量的外国史著流通国内；又如，意识形态观念的差异，政府当局以文化政策限制某种史书的发行数量；还有，市场机制的作用，也会影响到一些翻译史著的出版，如此等等。所以，具体情况要作具体分析。价值观念、行为规范和社会问题的千变万化，都会影响到史著的传播，变化读者群的队伍。要言之，一本史著能在国外打开局面，有很大影响，总是值得研究的，是比较史学必须展开的一项内容，应该从各个角度对问题作深入而细致的分析。

很清楚，"比较历史""比较史学"在研究对象、研究内容方面，有相当大的区别。"比较历史"强调客观历史过程的比较分析，从宏观视野，从各国历史的比较分析中，探讨世界各国各地区社会发展情况的共性和差异性，从这些共性和差异性中寻找社会发展模式的规律性及其种种内在机制的原因。"比较史学"则关注国与国之间史学交流状况及史学异同情况的研究，通过这种种史学状况的考察，揭示史学发展的特点和大体规律。多国史学的比较研究，能使我们认识那些人人未知晓的世人的角隅，如同比较文学所关注的："影响和传统之气质和种族之不可归约的多样性之配合，使那些一向潜伏着的灵魂的长处涌现了出来。而使我们更清楚地认识我们自己，扩大并增富我们的人类的灵魂的观念"。（梵·第根：《比较文学论》）鉴于"比较历史"和"比较文学"的研究对象、研究内容方面这么大的差异，所以笔者再次郑重呼吁：不应再笼统地称比较历史为“比较史学”，真正的比较史学应是史学的国际联系与国际关系的研究，是世界诸国史学相同点与不同点的探讨和发展规律的总结，比较史学应有其独立自主的学科地位。

二、史学比较研究的现状和比较史学的展望

目前，作为独立学科性质的比较史学并未开展起来，但作为对历史学研究的比较研究，已在海内外展开了。眼下已经问世的一些著名的史学理论著作，几乎没有不涉及国与国之间的史学相互影响和比较问题的。美国史家伊格尔斯的《欧洲史学新方向》，对法国年鉴学派史学、德国社会政治史学派和西方马克思主义学派的史学理论作了重点评介。关于年鉴学派的影响，他介绍说，他们的工作“全世界广为人知”，“影响超过了严格的东西方界限”。在波兰，人们给予《年鉴》方法以极大注意；在意大利、匈牙利、英国的一些地区，“《年鉴》也拥有细心的读者和研究者”；在德国，布罗代尔等人的著名文章被译成德文；在美国，年鉴派名著和年鉴派文集“接二连三地出版了”。伊格尔斯认为，“年鉴学派已比任何别的史学流派都更胜一筹，成为今天全世界历史学家进行科学性历史研究的典范”(《欧洲史学新方向·年鉴传统》)。著名的英国史家杰弗里·巴勒克拉夫的《当代史学主要趋势》，也对当代各国史学及其史学流派作了精湛分析。他多次提到了马克思主义史学对各国影响的问题。他写道，马克思主义之所以对各国史家影响深刻，在于人们认为它“提供了合理地排列人类历史复杂事件的使人满意的唯一基础”，在此之前，费希尔试图把历史说成是“一个接一个突然出现的历史事件”，克罗齐把历史解释为“自由的故事”，汤因比把历史看作向越来越高级的宗教的不断演替，但没有一个能够逃脱被指责为主观主义或相对主义的命运。巴勒克拉夫饶有兴致地叙述了各国马克思主义史学的发展现状。不过他也提出问题，认为在新的知识背景下，在迅速变化的世界条件下，马克思主义应“有所提高”，“有所发展”。

关于中外史学的比较研究，应说也在开展之中。1938 年美国汉学家贾德纳

撰写的《中国传统史学》、1958 年美国汉学家沃森撰著的《中国大史家司马迁》、1961 年由伦敦大学毕斯利、剑桥大学蒲立本编辑出版的《中国和日本的历史学家》等著作，都涉及中外史学的比较分析。公允地说，西方学者文章不乏客观中肯之见。法国汉学家戴密微的《章学诚及其史学》，认为章学诚可与欧洲最伟大的史学家并驾齐驱，在西方，维柯预示了诸多近代史学趋势，认为章学诚站在其时代前沿，在悠长的中国史学史上预示了一个转机。曾执教于英国伦敦大学的哥芮，对清代以来史学很有研究，他在题为《二十世纪中国的史学著作：其背景及发展的注释》论文中高度评价钱大昕的考据学成果，认为“可有效的当作历史材料用”“其知识已经过了正确的通盘的批评”。不过平心而论，西方史学家对中国史学了解还是太少，隔靴搔痒之论不时见于字里行间，所以如何很好开展中外史学比较研究，仍是个难题。

在这方面，港台学者作出了一些努力。香港大学杜维运教授曾撰有《与西方史学家论中国史学》等论著，对中西史学优劣作过一些评述。针对西方学者关于中国古代修史机关“太为官僚化”的观点，指出有否官修制度正是中西史学最大的不同所在，集全国精英通力合作，易有事半功倍之效，易有比较理想的史书。杜维运还批评西方学者关于中国史书有史料、无史义的观点。他认为中国史学著作，史文之外，还有史义；史实之间，有默契与和谐。中国史家作史，不肯轻易出面，别出心裁于史文之外，史料有去取，而不局限于某一观点，也不如西方史家任意割取。他认为史学之体绵绵密密、无穷无尽，史学之用持久不变、颠扑不破；中西史学有歧异，也有吻合，只要认真比较研究，超越时空的史学真理能从中发掘，史家应冶中西史学于一炉，创驾乎两者之上的新史学。香港新亚书院院长余英时撰写过题为《章实斋与柯灵乌的历史思想——中西历史哲学的一点比较》的论文。他认为中国史学发展到章学诚，西方史学发展到柯林伍德，都已到了相当成熟的境地，其历史思想最突出的共同点，便是对“史学自主”的强烈要求。

关于国际间史学的相互影响、中外史学的比较研究的现状，我们只能约略地撮述几例、拙文很难作出精确的数字统计的表述。因为这一工作毕竟没有红红火火地开展起来，所谓的比较研究大多是穿插在论文中进行的。笔者所以撮述一些观点，在于希望人们注意到这项研究进展的大概情况。很显然，它的发展态势，难以和比较文学并驾齐驱。

比较史学之所以没有像比较文学那样热烈地开展起来，因为史学不可能拥有文学那样多的读者，史学史、史学理论研究的接受面更小。与比较文学一样，比较史学研究还遇到语言障碍的麻烦，而且对研究者来说，还需要出色的才、学、识的条件，否则无法对各方史学形成的渊源、社会背景、学术传统、文化氛围等因素作鞭辟入里的分析。

但无论如何，比较史学的前景还是乐观的。比较史学所内涵的意义注定了它会作为一门学科发展起来。首先，史学界对比较史学的研究有利于总体的史学发展规律的揭示。当某几个主要史学流派在世界一些国家和地区传播时，总会造成某些国家的史学在史学思潮、史学理论、史学方法及其研究方面的某种一致性。这种情况下，会有一些大体不变的、具有倾向性意义的因素发掘出来，这就为具有世界意义的史学发展规律的揭示打开了通道。这类总结，根本上讲，有利于指导如何综合博采各国史学长处，融通而成就某种能为世界诸国都可以接受的新史学理论、新史学编纂体系、新史学研究方法。其次，比较史学的开展也有利于史学史研究的深入及其进一步的开拓。经验表明，以往的史学史研究，大体是静态的、单线的、国别史的研究，较少注意到将本国史学放到国际史学大交流的背景中考察，尤其是古代史学史研究。比较史学的开展，应该能从根本上扭转这种局面。其三，比较史学开展的重要性，还存在于对当今本民族史学深入发展的积极的咨询意义。我们知道，近代以来的中国史学，基本上是在西方史学影响下发展起来的，此间的成功和失败，教训不少。梁启超、王国维、陈寅恪等史学大家的出现及其成果，说明了西方史学影响的成功的一面。当代中国史学大体是在马克思主义影响下的马克思主义史学体系，但 50 年代接受的苏联的一套史学研究体系，也给中国当代史学的正常发展带来过麻烦。所以从比较史学的角度，把近代以来中外史学的交流史梳理一下，肯定会给人们一些珍贵的启迪。最后，还可以提一下比较史学开展对当代中国的现实意义：通过中外古代史学的比较研究，可以把中国古代史学独步世界史林的情况详尽地揭示出来，有利于激发人们的民族自豪感；通过中外近代史学的比较研究，把中国近代史坛不时受西方诸种史学思潮撞击情况及其引起这些撞击的各种社会背景发掘出来，可以引起青年人作更深入的扪心反思；通过中外当代史学的比较研究，把国门大开后，西方史学方法的大量引进和对当代中国史学变革的重要而深远的意义揭示出来，能启发国人从新的视角认识改革开放政策的重要。在历来的历史的重大转折关头，史学都是站在最前沿作摇旗呐喊的鼓手，在今天，比较史学何不也发挥一下这样的作用呢？

（原载《社会科学》1993 年第 1 期）

论吕振羽史学

吕振羽是当代中国优秀的无产阶级革命战士，马克思主义史学的创始人之一。他的史学成就是中国马克思主义史学建设史上的重要环节，和郭沫若一样，他是继李大钊、蔡和森、瞿秋白等人传播科学唯物史观和辩证唯物论之后，具体运用马克思主义观点研究中国历史的代表，为中国马克思主义史学崛起作出了贡献，筚路蓝缕之功永垂史册，但目前对他的研究还寥若晨星，除了为数不多的论文和回忆录，还无专门著作问世。

一

1900 年，吕振羽诞生于湖南武冈（今属邵阳）的一个普通农民家庭。关于他的少年时代，他曾在《吕氏留念亭碑序》中写道："吾父卅二岁后，适入于军阀统治下，筹饷派捐，年数十至。地方豪绅，复相为狼狈，悉嫁其重苛于小康。"[①] 他说，当时他父亲不得已放弃半耕半读生活，专事家务劳动"以应官家

① 《吕氏留念亭碑序》是吕振羽于 1936 年为母亲 60 寿辰、父亲 58 寿辰建立纪念亭所写的碑文。亭柱有对联："留是有年常怀亲恩耿耿，念非一日勉孟子道殷殷。"

需索"，精神物资"同被剥削"。后来，他还追述道：由于帝国主义经济势力渗透，官僚买办资本的为虎作伥，家乡农民和手工业者濒临破产，普遍陷于贫困和绝境。[①]

《吕氏留念亭碑序》所提的"军阀统治"，指的是北洋军阀专制。当时，窃取了辛亥革命成果的袁世凯政权不仅对外屈膝苟和、对内复辟帝制，袁世凯死后军阀混战，更使形势恶化。孙中山指出："去一满洲之专制，转生出无数强盗之专制，其为毒之烈，较前尤甚。"[②]这种悲惨淋漓的现实，给予少年时代的吕振羽莫大刺激，孕育了改变现实、拯救祖国的伟大抱负。

吕振羽由朴素的爱国主义转向对共产主义的坚定信仰，经历了艰难的摸索过程。他曾怀抱"工业救国"的理想投考湖南工业专门学校。又在大学中尝试类似小路实笃的新村主义活动，还信仰过孙中山的建国理想。他的马克思主义世界观的真正确立是在1931年前后。在他发表的《中日问题批判》[③]、《最近之世界资本主义经济》(上)[④]、《中国革命问题研究》[⑤]等著作和文章中，以马克思主义观点分析了中日问题由来、世界资本主义经济危机现状和趋势、解决中国现实问题的出路。他确认，所谓生产关系一成了生产力发展的桎梏，"剥削者就要被剥夺"，"这便成了铁一般的科学的定律"[⑥]。无产阶级有了自己的真理和信仰，"不是资产阶级蒙蔽得住了"[⑦]。现社会中国革命的任务，应是"彻底反对帝国主义"，"根本消灭封建制度"，"完成资产阶级未完成的任务"，"而行的一种资产阶级性的民主革命"[⑧]。这一马克思主义世界观是在对中外经济研究的过程中逐步形成的，是通过对当时独裁政权的屈膝外交和九一八事变后中国共产党的卓越处理的比较分析中坚定起来的。在理论和实践摸索过程中备尝艰苦，使他深切体会到马克思主义

---

① 参见吕振羽：《关于买办资本的特性问题》，载《史学集刊》1939年第4期。
② 《孙中山选集》(上)，人民出版社1956年版，第104页。
③ 导群书店1932年版。
④ 北平书局1932年版。
⑤ 载《丰台月刊》第1卷第4期。
⑥ 吕振羽：《最近之世界资本主义经济》(上)，北平书店1932年版。
⑦ 吕振羽：《最近之世界资本主义经济》(上)，北平书店1932年版。
⑧ 吕振羽：《中国革命问题研究》，载《丰台旬刊》第1卷第4期。

的伟大真理意义。因而在后来近半个世纪的岁月里，始终表现出对马克思主义的坚定信仰和对中国共产党领导的革命事业的无比忠诚。

三十年代初，他经李达推荐到北平中国大学授课，利用讲坛宣传马克思主义，被誉为“红色教授”[①]。1935 年至 1937 年间，他根据北方局指示，在同国民党当局的首次抗日合作谈判中，表现十分出色，加入了中国共产党。他是抗战时期“湖南文化界抗敌后援会”和“中苏文化协会长沙分会”的具体领导者。主持领导的塘田战时讲学院,国民党惊呼为“奸党的西南抗大”[②]。1942 年他随刘少奇万里行军去延安，途中协助刘少奇处理军政事务，提供了可贵的决策意见。1945 年 8 月后，又随大军奔赴东北解放战场。新中国成立后留任这里的高级职务。他还把心血倾注于大连大学和东北人民大学的领导工作。吕振羽的一生，诚如人们在深切怀念他时指出的，是“革命的一生”，“战斗的一生”，“为党的无产阶级革命事业作出了贡献的一生”[③]。

但吕振羽留给后人的，决不只是他为创建人民共和国所作的贡献，他还有丰硕的马克思主义史学研究成果。在革命和戎马生涯中，他始终扶史笔于雷鸣电闪之中，熔革命和学术于一炉，集革命家与学者于一身。他每每从现实出发，进入对历史的深刻反思。他敢于冲破一切旧观念、旧传统、旧方法的束缚，不怕前途荆棘和坎坷，从中踏出一条道来，开廓新的领域，奉献给渴望从历史来了解现实的人们。

下面对吕振羽的史学作一些简略介绍。

1933 年 11 月，他撰成《史前期中国社会研究》[④]，用唯物史观的方法论探讨了中国史前社会发展的大致特点。当时史料十分缺乏，无人作过较为全面的尝试，他利用考古资料和神话传说研究相结合的方法取得了突破性的进展。他的研究成果和巧妙的研究方法很为后人称道。日人后藤富男在将这部著作译成日文本时写道：“在对殷以前的中国古代社会的理解方面，作者以考古学的遗物为

---

① 《吕振羽追悼大会悼词》。

② 参见江明：《抗大式的学校——塘田战时讲学院》，1983 年定稿本（手稿）。

③ 《吕振羽追悼大会悼词》。

④ 北平人文书店 1934 年 7 月版。

经，以神话传说为纬，并进而用世界史的观点进行解剖的方法是妥当的。”[①]这部著作的具体内容对社会史论战有很大影响。《殷周时代的中国社会》[②]是他的第二部史学代表作，重点探讨了殷商和两周时代的社会，认为殷商是中国奴隶社会的开端，西周确立初期封建制，完全不同于郭沫若的中国古史分期说。这部研究殷周社会的著作是吕振羽继《史前期中国社会研究》之后探讨中国社会史的又一部力作。1937 年 6 月由黎明出版社出版的《中国政治思想史》把这种对社会史领域的探讨伸展到哲学史领域。同样，运用马克思主义观点整理历代思想史，这也是第一部。有关方面给予很高评价：“关于此方面书籍固已极少，而以正确物观所写成者，更为绝无仅有”“本书四十余万言，尤为著者精心杰构，为中国政治思想史研究方面划时代之巨著。”[③]毛泽东、王稼祥等中央领导人都很关注这部著作[④]。

抗日战争和人民解放战争时期吕振羽史著主要有两部。和当时范文澜主编的《中国通史简编》齐名的《简明中国通史》，上册出版于 1941 年 5 月，下册 1948 年才见问世。内容由史前期至鸦片战争时期，基本上是鸟瞰式的叙述。考虑到很多内容明显的为指导现实民族民主革命事业，为获得更大的接受面，从文字叙述到著作形式都作了向普及、通俗、民族化方面的努力。语言风格和前三者不大一样，受到广泛重视和欢迎。据笔者调查，香港生活书店、香港三明书店、东北新华书店、华东新华书店、香港书店新中国分店、东北书店安东分店等，都出版和印刷过这部著作[⑤]。不过，在《简明中国通史》下册完成以前，《中国民族简史》已经先期完成，1947 年 4 月由大连大众书店排版发行[⑥]。此书勾勒了中国各民族

---

① ［日］《〈支那原始社会史考〉译者序》，东京改造社昭和十二年版。

② 上海不二书店 1936 年版。

③ 这是当时流传的一份广告。此广告也曾载《殷周时代的中国社会》（不二书店版）末页。

④ 毛泽东询问过吕振羽关于《中国政治思想史》撰写的情况。可参见王子野：《从一份提纲想起——回忆王稼祥同志》，载《回忆王稼祥》，人民出版社 1985 年版，第 134 页。

⑤ 吕振羽在人民出版社 1959 年版后记中写道：“本书从上册出版到现在已十九年，从全书出版也有十二年。十二年间，由大连光华书店、三联书店和各大行政区印行的，约达四十万册左右。”

⑥ 《中国民族简史》，一般认为首版于 1948 年 9 月由东北光华书店出版。这是错误的。笔者已发现有 1947 年 4 月由大连大众书店出版的《中国民族简史》。

历史发展的大致历程。撰写这部著作是出于启迪各民族觉悟的考虑，促进人民解放战争的最后胜利，也为新生的祖国民族大家庭提供决策依据。国外有学者评论说："吕振羽的著述证明，中华人民共和国的历史学家对中国各民族的历史正力求给予马克思主义的阐释。"①

由于新中国成立后繁重的行政事务，吕振羽学术专著少于以往，但却加强了史学理论和对中国历史的综合探讨，有些文章，如《中国历史上几次波澜和曲折》《关于中国历史上"百家争鸣"问题》等，具有很深刻的反思意义②。他对民族问题研究也比以往更深更细。

毫无疑问，和他的革命业绩一样，吕振羽对于中国马克思主义史学建设的贡献同样是巨大的。我们之所以重视对吕振羽史学的研究，至少可以肯定一点，不仅对探讨这一历史人物是必要的，而且，总结近几十年来中国马克思主义史学发展史和总结中国近代当代史学史，都不能忽视吕振羽史学这一重要历史环节。

二

根据以上概述，我们可以把吕振羽史学的主要贡献具体分析如下。

首先，他第一次创造性地探索了中国史前社会，揭示了长期以来人们未能洞悉的中国远古社会发展规律。

在封建史籍中，史家一般都把"三皇""五帝"时代描绘为至善至美的黄金时代，反映了他们对想象中的远古社会的认识。他们把"三皇""五帝"说成道德功业典范的真正目的，在于试图以"古王"压"今王"，为后人制造楷模，带有明确的政治目的。近代资产阶级史家坚决反对这种封建史观。五四时期，以顾颉刚为代表的疑古派通过对古史的考证，尤其对古书、古人、古地、古史传说的严格辨伪分析，认为所谓的中国古史，"全是一篇糊涂帐""二千余年来随口编

① 参见［苏］弗·阿·鲁宾：《评〈中国民族简史〉》，载《民族问题译丛》1954年第4辑。
② 两文均为在中共中央高级党校的讲课稿，已收入《吕振羽史论选集》，上海人民出版社1981年版。

造”“其中不知有多少罅漏”“可以看得出他是假造的”[①]。猛烈地批判并摧毁了数千年来封建古史观的“迷宫”。然而，这又留下了疑问：古史不可信，古书不可信，那么中国远古社会的真相究竟如何？钱亦石在后来的回顾中写道：“中国政治史的真相，被‘十口相传’的传说，后人伪造的古书，以及近来受了科学洗礼的东西洋博士之穿凿附会，弄得一塌糊涂，好象成了一座迷宫，使有志问津的人如坠五里雾中，无从着手”[②]。

吕振羽就是针对这一情况着手研究中国史前社会的。

他肯定资产阶级史家反对封建复古主义的壮举，但反对其否定一切古史、古书，连古籍神话中有真实历史背影的成分也一笔抹杀的做法。他认为，那些散见于各种记载中的神话传说的来源，虽不敢完全确定，“但它们能代表历史上一个时代的真际意义，是我们敢于确定的”。他说，似乎人们不免有造谣的特长，但以绝无社会科学知识的古人，“无中生有”的制造，倘若全无根据，也不能造得那样合乎历史的真际事实。因而从谰言连篇的废话中，还是可以“抽出真际可靠的部分来”[③]。根据他的分析，论定传说中的“尧舜禹”时代，是中国女性为中心的氏族社会时代。因为感天而生的神话，以及子女属于母的氏族，以母的氏姓为氏姓，男子出嫁、女子娶夫等，都是母系氏族制度特征的反映。传说中的“启”的时代为中国由女系本位转入男系本位的时代。他认为，仰韶文物的种种特征表明，应属于“初期未开化时代之结局”，“或中期未开化时期之开幕时的情形”。他从神话传说和考古文物的结合分析中，肯定了中国远古时代经历了原始社会历史阶段的客观事实。

如果说李大钊也曾尝试过对中国原始社会的探讨，如《原人社会于文字书契上之唯物的反映》[④]一文，作了若干符合历史实际的精当之论，以为我国原始社会经过畜牧业经济发展到农业经济阶级，有“女权”（母系社会）的历史阶段，但毕竟只是一篇论文。郭沫若的《中国古代社会研究》也有以神话传说探讨中国史

---

① 顾颉刚：《启事三则》，载《读书杂志》第14期。

② 《中国政治史讲话》，生活书店1939年版，第13—14页。

③ 《史前期中国社会研究》，人文书店1934年版，第82页。

④ 见《李大钊选集》，人民出版社1978年版。

前社会的内容，但这部专著的对象还是商周，认为“商代才是中国历史的真正的起头”①。可见运用马克思主义观点，全面研究中国原始社会史的专著，《史前期中国社会研究》还是第一部。所以翦伯赞称赞说：吕振羽的这一大胆尝试，不管其正确性达到何种程度，把中国历史研究的领域，突破了“阶级社会”的局限，从殷代再提到先阶级的原始时代，“吕振羽对于先阶级社会史的研究上，是尽了一个开辟的任务”②。以至到今天，人们提起原始社会史研究，还要首推这部著作。岑家梧在1958年撰写的《中国原始社会史稿》一书中就写道：“一直至今还不失为运用马克思主义观点方法的一本体系完整的关于中国原始社会史的著作。”③

其次，就中国古史分期问题提出了新的创造性见解，即殷商奴隶社会论和西周封建论，丰富了中国马克思主义史学研究及其史学理论，促进了中国马克思主义历史科学体系的形成和发展。

郭沫若最早在《中国古代社会研究》中提出对中国古史的分期意见。这部始撰于1928年，而于1929年11月辑成的论著认为：大抵在西周以前就是所谓“亚细亚的”原始共产社会，“西周是与希腊罗马的奴隶制时代相当”，“东周以后，特别是秦以后”，“才真正的入了封建时代”。④当时，按照马克思主义的社会形态发展学说，对本国历史进程作出科学的分期意见，是每一个马克思主义史学工作者必然遇到的问题。不过，这时郭沫若已是声名卓著的权威人士，是不加思索地接受他的观点，还是另辟蹊径，从史料分析中得出自己的新见解？吕振羽果断地选择了后者。

作为马克思主义史学家，吕振羽首先抓住了对殷代生产力的分析，他认为郭沫若把殷代定为金石器时代，较低地估计了殷代生产力发展的实际水平。他认为殷代应属青铜时代。因为殷冶炼遗址已发现有每次能冶炼重达12.7公斤纯铜的炼锅“将军盔”，而且殷墟甲骨文字的刻画、骨器、石器、雕刻之精湛，都表明非有锐利金属工具不能作为。他写道：“殷代的青铜器所代表的生产力，曾创造

① 上海联合书店1930年版，第9页。
② 参见翦伯赞：《历史哲学教程》，新中国书店1939年版。
③ 民族出版社1984年版，第9页。
④ 上海联合书店1934年版，第176页。

出存在于社会内部之不劳而食的阶级。”[①] 他论证说，甲骨文中的“渔亡其从”“王田于□”“小臣令□从”，以及“贞勿乎（呼）多臣代□方，弗受㞢”等各种记载，都是奴隶主使唤奴隶打猎、捕鱼、令其参加战争的记录，反映出殷代的农业、畜牧业、手工业、商业等有明显的分工。他认为《易》卦爻辞、《盘庚》诸篇中“天子”“帝”“王”等都非氏族首领可解释，恰恰相反，他们“把国家的用人权也完全放在其自己的掌握中”[②]。吕振羽殷商奴隶说影响很大。郭沫若在1944年7月撰写的《中国古代社会研究自我批判》中也确认殷商为奴隶社会，更正了旧说。

吕振羽对中国古史分期观点的系统见解虽然发表于上海不二书店1936年11月出版的《殷周时代的中国社会》这部著作中，但实际上这一分期观点早在1933年6月就已形成。他在当时为中国大学经济系所写《中国上古及中世纪经济史讲义》中就提出了这一见解[③]。1934年4月又在《文史》创刊号上发表的《中国经济之史的发展阶段》一文作了专题的公开阐述。1934年《劳动季报》第1卷第2期的《殷代奴隶制度研究》和1935年《中山文化教育馆季刊》第2卷第1期的《西周时代的中国社会》也是两篇率先发表的专题论文。

吕振羽着重对郭沫若“东周以后”，特别是秦以后中国进入封建社会的古史分期说提出了商榷意见。他写道，殷周之际的动荡，实在是一场由封建制替代奴隶制的革命事件，周族在殷代奴隶所有者国家废墟上建立起来的是一种新的社会秩序。所谓“受民受疆土”“锡之山川、土田附庸”，是统治者将土地连同土地上的农奴一起逐级册赐给各级封建领主的反映。把《诗经》中“雨我公田，遂及我私”和孟轲“井田”传说的内容结合加以理解，“无论在土地的分配上，生产的组织上，使完全符合于初期封建时代的庄园制的内容”[④]。《颂鼎铭》《柯伯毁铭》

① 《殷周时代的中国社会》，上海不二书店1936年版，第34—35页。

② 《殷周时代的中国社会》，上海不二书店1936年版，第108页。

③ 如讲义第3编“殷代的奴隶制经济”提纲：A. 关于殷代的史料问题；B. 殷代的经济组织；C. 殷代国家的存在；D. 余论。第4编提纲为“西周二初期封建制度”：A. 关于西周的史料问题；B. 周代国家的形成；C. 封建制度成立的经济基础和西周封建制度的成立；D. 初期封建制度的经济组织；E. 大领主的兼并和小领主的没落。

④ 见《殷周时代的中国社会》，上海不二书店1936年版，第188页。

等记载都是可作证明的史料。所谓"贮廿家"，即系领有廿家农奴为领主提供劳役地租之谓；所谓"贮卅田"，即赋取在其领地上的农民的剩余劳动之谓。论证过程中，吕振羽始终注意到马克思《资本论》中的有关论述："农奴制度倒多半是由徭役劳动产生的。"人们在劳动中的社会关系始终表现为他们本身之间的个人的关系，劳动和产品"用不着采取与它们的实际存在不同的虚幻形式"。"人身依附关系是构成该社会的基础"①。这无疑是雄辩的分析。

事实上，很多学者都在自己的研究中得出类似的结论。1940年，范文澜在《群众》杂志第五卷第四、五期发表的《关于中国上古历史阶段的商榷》中，就提出了西周是中国封建社会开端的见解。接着出版的翦伯赞的《中国史纲》也从西周封建制确立的基本观点出发考察了中国封建社会的历史。此外，徐中舒、束世澂、童书业、杨向奎、王亚南、吴泽等著名史家都对西周封建制作了精湛的分析。

尽管直到今天史学界还难以就中国何时进入封建社会的问题作出比较一致的看法，但将近50年的争论已经表明，这种探讨十分有益。中国马克思主义史学研究的水准得到了提高。人们与历史真实的认识的距离不是在扩大而是更接近了。

其三，否认旧的通史体系，以马克思主义观点通盘考察并撰写新的通史眼光的中国思想史、中国社会史、中国民族史著作。

中国史学史上，撰写通史著作始终是一个传统。司马迁《史记》、郑樵《通志》都有出色贡献，章学诚对此十分推崇。古人所以重视通史性的著作，在于认为对历史的全面考察较之断代研究更能深察历史，掌握得失之枢机，而使经史之略大著。不过，这种追求得失之枢机的通史撰著，对历史的认识毕竟是朦胧的。受西方史学思潮的影响，中国近代资产阶级史家开始用进化论的观念探讨历史，梁启超在20世纪初的《新史学》等文章中提出，变和进化是自然之公理：数千年之历史，"进化之历史"；数万里之世界，"进化之世界"；史学的任务就是研究"人群进化之现象"，"求其公理公例之所在"。他的举旗一呼，相当一部分把中国

① 以上分见《马克思恩格斯全集》第23卷，第265、94页。

历史划为上古、中古、近世诸阶段研究的哲学史、社会史、民族史著作诞生，改变了封建古史观垄断通史著作的局面。诚然，这种史学的进步现象十分可喜，但随着马克思主义的传播，当新史家用唯物史观审视他们的著述时，又有了新的突破的愿望。他们完全不同意社会达尔文主义的庸俗进化论。吕振羽就批评说：资产阶级史家虽极力反对儒家的“道统”观和“流水豆腐帐”式的集史方法，“但也只作出‘上古’、‘中世’、‘近世’之时间推移的抽象结论”[①]。他遗憾地写道：有人甚至还否认孙中山先生的“人与自然斗”“人与神斗”“人与人斗”的历史概念[②]。

确实，至30年代初，中国史坛还未出现一部以马克思主义观点编著的具有通史眼光的有关中国历史的著作。这种背景下，吕振羽就成了较早的突破者。《中国政治思想史》虽然只写了中国奴隶社会和封建社会两大历史阶段的政治思想变迁史，但其中马克思主义社会发展形态学说的坚持和运用的脉络非常清楚。他强调：“社会思想是属于上层建筑之二的东西，它不但受着社会存在所决定，而且在其自身间有交互的影响作用。”[③]把社会的物质条件看作是社会思想、社会理论、政治观点和政治设施的源泉。从《易》卦爻辞到清代鸦片战争前龚自珍、魏源等人的思想研究，都贯彻这一方法论原理，并注意以辩证唯物论考察历代思想变迁。《中国政治思想史》认为，中国历代政治思想的发展，不仅有反映统治阶级内部起落的内容，体现统治阶级各阶层变化的思想，更有统治阶级思想与敌对的被统治阶级尖锐斗争的思想内容。总之，他力求把中国历代思想变迁史写成充满矛盾、由低级到高级、由量变到质变、由旧质到新质飞跃的过程。体现出初创期马克思主义思想通史的新颖的编写思路与特点。

也正是出于这种思路，他在《简明中国通史》的编纂中，注重从生产工具演进、经济发展状况、生产关系变动的研究，阐发分析历代政治制度、政权形式、包括文化意识形态变化的特点。40年代初，这部带有崭新历史观念的通史著作一直处在人们急切的盼望之中。介绍此书的报道说：“不久以后我们可以获得完

---

① 《本国史研究提纲》，参见《中国历史论集》，东方出版社1945年版，第154页。
② 《本国史研究提纲》，参见《中国历史论集》，东方出版社1945年版，第154页。
③ 《中国政治思想史》导言，黎明书店1937年版。

善的读物来帮助我们认识我们的民族的历史了。”[①] 吴玉章在为当时出版的许立群的《中国史话》所作序言中也强调：在抗战最艰难的时刻，以最新的、科学的、唯物史观方法来叙述中国历史过程的通史著作，能教育人们“明白将来发展的规律”，鼓舞人们为国家民族而牺牲的精神，“实为抗战中可宝贵的历史读物”[②]。

吕振羽撰写具有通史性质的著作的勇气，确实令人钦佩。从思想史到社会通史，接着又编撰了《中国民族简史》。虽然以今天的标准看，有的内容还很浅简，甚至有讹误之处，但是，把吕振羽称为中国马克思主义通史性著作的勇敢开拓者，他是受之无愧的。

吕振羽撰写这些通史性著作，还力图展现人民群众为历史发展主干力量的人类史的本来面目。他强调，“历史不应是王家年谱，伟大人物的起居注”[③]。他所撰写的几部通史性著作，不仅注意到对下层阶级政治思想的研究，还注重对他们革命活动的记载和分析，讴歌其奋斗精神。《简明中国通史》在评论唐朝末年黄巢和刘黑闼起义时写道：“象黄巢和刘黑闼那样始终坚决，不动摇不受收买，斗争到底的精神，正是中国人民优良传统的表现，是中国人民的光荣。”[④] 他的视野十分开阔，举凡历史上各族人民的英勇壮举都在其赞叹之列。《中国民族简史》曾认真记载了发生于清乾嘉年间湘川黔粤诸省苗族人民的革命斗争，他评论道：“暴动群众和其领袖，为苗族人民利益所作的英勇斗争和惨烈事迹，是永远留在苗族人民的心目中，不会磨灭的。”[⑤] 飘零异域的侨胞为捍卫当地人民不受西方殖民主义奴役的斗争，吕振羽也在史著中记上一笔。他写道，地处南洋以罗芳伯为首的兰芳共和国，联合“土人”和欧洲海盗作殊死斗争，可歌可泣，“极其壮烈”[⑥]！

倘若认为，资产阶级史家把他们对历史记载的主要内容，由贵族宫廷转向包

---

① 参见《读书月报》1940 年第 2 卷第 4 期《读书界》专栏。
② 序言作于 1941 年 9 月 18 日，《中国史话》一书 1946 年由上海野草出版社出版。
③ 吕振羽主编：《中国历史论集》，东方出版社 1945 年版，第 152 页。
④ 《简明中国通史》(下)，三联书店 1951 年 6 月第 5 版，第 430 页。
⑤ 《中国民族简史》，光华书店 1947 年版，第 137 页。
⑥ 《简明中国通史》(下)，三联书店 1951 年版，第 797 页。

括尚还在野的资产阶级的“人民”的研究，那么，马克思主义史学家就更深入地把目光注意到处在社会最底层的广大劳苦群众的真正研究和记述。国内外马克思主义史学家大抵都这样认为，马克思主义史学家明显地把自己的历史研究的侧重点，从封建的和资本主义的统治阶级及其制度，“转向了劳动大众”“无论是农民、工匠还是无产阶级”。[①] 这是吕振羽所努力创造的通史著作的又一重要特点，也是当时马克思主义史家共同注视的方向。

由于历史和现实的种种原因，人们对历史研究课题的侧重点总是不尽相同的，同样是马克思主义史学开拓者，对吕振羽的研究确实还不像对郭沫若的研究那样深入。吕振羽对马克思主义史学的开创，在此过程中的功过，似乎还有一层迷纱蒙着。当然，同时代过来的人对此是洞若观火的。侯外庐在谈到吕振羽史学时就深带感情地写道：“只要我们全面地加以衡量，就会看出他在我国马克思主义史学发展史上的贡献是重大的”“为五四以来我国马克思主义新史学的建立和发展作出重要的贡献”[②]。他对年轻人似乎淡忘吕振羽的现象颇感忧虑，甚至还发出“毋忘振羽”的呼吁[③]。而以上的阐述就表明，吕振羽对中国马克思主义史学的贡献确实是巨大的。作为一种客观的历史事实，也是无法遮蔽的。

三

一般都肯定，历史学的重要特点之一就在于它的鲜明时代性及其现实性。封建史家、资产阶级史家都没有忘记把自己对历史的研究同对现实问题的认识紧密结合起来。意大利史家维柯之所以把人类历史区分为“神权时期”“贵族时期”“凡人时期”三个依次递进的阶段来认识，目的就在于否认中世纪和残留于现实生活中的宗教神学史观，他把“凡人时期”称为最理想时期，实际上就和当时新兴资产阶级对经济利益的渴望和对政治地位的要求紧密结合了起来。开创期

① 参见《让马克思主义史学宏扬于国际史坛——访英国著名马克思主义史学家希尔顿》，载《史学理论》1987 年第 3 期。

② 《怀念吕振羽同志》，《中国史研究》1980 年第 4 期。

③ 参见侯外庐：《韧的追求》，三联书店 1985 年版，第 113 页。

的马克思主义历史学，也具有这种鲜明的党性精神。马克思主义经典作家在探讨过程中所总结的是人类对历史认识的精华思想，在此基础上揭示了历史发展的一般规律和一般趋势。马克思主义史家由这些基本观念出发，对本国历史作了基本的科学分析，从而也为现实国情发展指明了方向，符合人们救国救民的急切愿望，达到党性和科学精神的结合。如同恩格斯在《卡尔·马克思〈政治经济学批判〉》一文中指出的："只要进一步发挥我们的唯物主义论点，并且把它运用于现时代，一个伟大的、一切时代中最伟大的革命远景就会立即展现在我们的面前。"①

中国马克思主义开拓者也非常重视这一点。李大钊早就明确指出："历史学就是研究社会变革的学问，即是研究在不断变革中的人生及其产物的文化的学问。"新的历史学应以唯物主义为指南，从材料中寻出"真确的证据"，得出"进步的真理"。这种新史学能给人一种"乐天努进的人生观"，使人们认识到历史是不断前进的,从而"欢天喜地"地走向未来的"黄金世界"②。郭沫若撰写《中国古代社会研究》也出于这一现实目的。他写道："只要是一个人体，他的发展无论是红黄黑白，大抵相同。""由人所组织的社会也正是一样。"③吕振羽十分赞赏地补充道："所以中国社会历史的发展，当然也不能在这个共同的法则之外，另有一个途径。"④反映出开创时期中国马克思主义史学研究极为切实的现实意义。

当然，从对历史深刻反思的角度看问题，当年马克思主义史学家对马克思主义经典作家所阐述的人类历史发展规律的认识还是不尽完美的。也就是说，他们较多地注意了人类历史发展规律的统一性，如人类历史一般是按照五种生产方式依次有秩序的演化嬗变这一基本发展特点，对于人类历史发展的变异性，即有的国家和地区社会发展序列性的曲折性或非典型性体现注意和研究不够。马克思主义经典作家所强调的不应忽视世界历史"在形式或顺序上有所不同的个别发展阶

---

① 《马克思恩格斯选集》第2卷，第117页。

② 参见李大钊《史学要论》，商务印书馆1924年版。

③ 《中国古代社会研究》序，上海联合书店1930年版。

④ 《史前期中国社会研究》，北平人文书店1934年版，第6页。

段”的话，他们确实顾及少了[①]。忽视统一性或忽视多样性都是片面的。马克思主义史学家考察历史应尽可能完美地将两者结合起来。

从30年代特定的历史背景看，郭沫若、吕振羽按照马克思主义的五种社会形态发展学说阐述中国历史，既是按照新史观对中国历史的具有崭新意义的学术探讨，但更多的是出于对现实政治斗争的考虑。20年代末，《新生命》杂志第一卷第九、十期分别刊登陶希圣《中国社会到底是什么社会》和梅思平《中国社会变迁的战略》两文。后者论定中国社会“绝对不是封建社会”，“完全是一商业资本主义社会”。周佛海当即写了附记，希望读者对陶、梅两文“各抒己见”，“各行投稿”，强调究明中国社会的变迁，“实在具有实际的意义”，“和一般所谓整理国故”，“只供少数人娱乐消遣的空论不同”。这家杂志第二卷第八期的一篇“编后语”还说，中国历史可以分为三期：第一期由黄帝至殷，“采奴隶制度”；第二期由周至秦，“为封建国家”；第三期由秦至最近，为“官僚国家”。不过，由于1927年“国民革命的完成，中国完全进入了现代式的国家”。公孙愈之（顾孟余）的一篇文章说，中国封建制度早在战国已经“消灭”，当今“暴动没收土地，难免引起普遍的反动”。他们所提出的这些论断不仅曲解了马克思主义社会形态发展学说的基本内容，更在于他们将这一讨论同现实的政治问题挂上了钩，成为一场政治性质的论战。目的在于否定当时正在发展的中国共产党领导的人民革命事业，为在四一二政变后上台的代表大地主大资产阶级买办阶级利益的政权提供“历史依据”。马克思主义史家研究马克思主义经典作家阐释的社会形态发展学说，强调中国历史遵循五种生产方式依次演化嬗变，主要出于对这种挑战的反击，他们认为中国共产党领导的新民主主义革命事业是历史发展的必然归宿。吕振羽研究中国社会史也正是如此。他坚持，一定要使读者知道中国民族经过的历程，“完全和其他世界各民族一样”，“并不是从另一星球上飞来的”！人类社会历史发展的法则，“是一元的——均有其一般性的”[②]。吕振羽又在《中国政治思想史》自序中写道：“从历史上来给予时代以较系统之暗示，则又是我的一种不可

---

① 《列宁全集》第33卷，人民出版社1957年版，第432页。

② 《史前期中国社会研究》，北平人文书店1934年版，第82、11页。

逃避的义务”。[1]他强调，这个工作，既非老先生的玩弄词句的“消遣”，也非从来文人的“藏诸名山”，“而是为解决民族出路之一现实的任务上的问题”[2]。

30年代开始治史的这一基本出发点甚至决定了他一生的治史道路。吕振羽史学始终闪烁着革命现实主义精神和时代精神的光芒，在中国共产党领导全国人民推翻旧制度和建设社会主义的事业中起到了特殊的战斗作用，创造了马克思主义史学的优良传统。

简略地说，由于吕振羽在马克思主义理论修养方面受到李达的深刻影响，他在应用于对历史的研究方面已得心应手。确实，李大钊、蔡和森、瞿秋白等人，都可以认为是中国马克思主义史学的早期开创者。李大钊《史学要论》、蔡和森《社会进化史》、瞿秋白《社会科学概论》，都从宣传马克思主义科学唯物史观和马克思主义史学理论方面，为中国马克思主义史学诞生奠下了基石。但他们是职业革命家，没有时间作更多的探讨。这一空白由郭沫若赶着填补了。这就是他的著名的《中国古代社会研究》。吕振羽则是郭沫若的最早追随者之一。吕振羽自己就写道：“他（郭沫若）是最先应用历史唯物论来系统地研究殷周社会的。我们都是后起者，追随他上去的。”[3]从30年代初马克思主义史坛发展具体情况看，影响大的确实主要是郭沫若的《中国古代社会研究》，以及吕振羽的《史前期中国社会研究》《殷周时代的中国社会》《中国政治思想史》等几部著作。中国马克思主义史学家群体及其成批史学专著的涌现，主要在抗战时期，包括范文澜、翦伯赞、邓初民等写的一批通史著作，侯外庐、杜国庠等编著的中国思想史著作，以及华岗、何干之、胡绳等史学理论著作的问世。也就是说，中国马克思主义史学实际上崛起于抗战时期；但是，吕振羽史学是中国早期马克思主义史学发展史上的重要关节，有承上启下的意义，不容忽视。

吕振羽史学给予后人影响深刻的，还在于他对中国历史的研究，始终是把对各民族历史的综合考察，放到多民族国情的历史事实中加以分析。这从40年代初出版的《简明中国通史》（上）就可看出。他在序言中宣称，应实行真正的民

① 《中国政治思想史》，黎明书局1937年版。

② 《给陶希圣的关于历史唯物主义的信》，载《食货》半月刊第1卷第8期。

③ 《史学研究论文集》，华东人民出版社1954年版，第56页。

族平等。书中对汉、满、回、蒙、藏、苗、瑶等各个民族的简略介绍，篇幅分布允当。《中国民族简史》尤以对大汉族主义的抨击著称。他写道，当局的大汉族主义鼓吹者把汉族说成是一个纯粹的民族，实质上是荒谬的，其性质不亚于希特勒对“纯亚利安血统”和日本法西斯对“纯大和族血统”的鼓吹，“谁说他的民族不是杂种，那便是说他们还是最原始群团”[①]。新中国成立后，他深入探讨了中国自古以来就是统一的多民族国家这一课题。他在题为《地下出土的原古遗存和我国原始公社制时代的历史过程》[②]一文中指出，仰韶文化、龙山文化等系统相互交接的现象，表明从新石器时代起各民族祖先就开拓建立起相互影响、相互渗透和日益不可分割的联系。50年代末、60年代初，他发表了一系列有关民族关系史的论文。他认为，各民族居住地区的“插花”“交错”“大杂居”和经济联系的不可分割的基础上，“形成了我国自秦汉以来就是一个统一的多民族的国家这个重大特点”[③]。在如何看待历史上分裂政权、民族英雄、民族间同化和融合、国内诸民族间战争中是否存在爱国主义等一系列问题上，他都总结和提出了独到见解。吕振羽几十年的探讨颇有点不同于一般史家的通史研究，又区别于民族史专家的专门分析，是一种对多民族祖国历史十分自觉而主动的结合考察，反映出他特有的思路和视野。这类实践经验在中国马克思主义史学专家中也非多见，值得总结。

诚然，金无足赤，人无完人，吕振羽的史学研究也存在不足。在中国，马克思主义的传播，首先是从对科学唯物史观的宣传来扩大影响的，作为对未来理想社会的追求，在旧中国具有相当的接受基础，救亡的现实和对十月革命胜利的憧憬，使马克思主义开始深入人心。但潜在的问题是，这种对马克思主义的认识，较多的从阶级斗争学说方面去理解和接受，并以此贯彻和分析一切，影响深远。在革命战争年代，它对旧社会的冲击和摧毁力量是巨大的，但在新中国成立后，在生产资料所有制改造完成以后，仍以阶级斗争为纲，把战争年代的经验神圣化，试图用批判右倾、抓两个阶级两条道路的斗争的方式去推动社会生产力的发

① 《中国民族简史》，光华书店1948年版，第11—12页。

② 收入《史前期中国社会研究》，1961年修订本外编。

③ 《吕振羽史论选集》，上海人民出版社1981年版，第478页。

展，都会背离国情而犯错误。如何全面理解马克思主义，认识社会主义初级阶段的新形势，促进国民经济发展，仍是一个严峻课题。毋庸讳言，中国共产党人是有沉痛教训的。

这都决定了吕振羽史学研究的某种局限性。如果说，以经济发展作为基础解释社会发展和上层建筑、意识形态、风俗民情，较之以简单的生存竞争原则或空泛的社会有机体观念阐释中国历史，具有更大理性说服力，在新中国成立后普及唯物史观宣传，普及马克思主义史学也更有必要；但仅仅停留于这一水平，又有落伍之虞。恩格斯说："随着自然科学领域中每一个划时代的发现，唯物主义也必然要改变自己的形式。"[①]时代在前进，马克思主义历史学家应在新的历史条件下，对历史作出新的解释。不只是停留在表面，而要深入纷呈多姿的历史深层结构中去，更完美地反映丰富多维的历史本来面貌。由于各种原因，吕振羽等老一辈马克思主义史学家们生前都未来得及做这些更深入的工作，甚至出现了一些失误。然而，历史是复杂的，我们不必苛求前人。他们已经做了力所能及的工作。

总之，吕振羽在中国马克思主义史学确立过程中卓著的历史地位已经奠定。他对中国史前期领域的开辟、首创殷商奴隶说和西周封建说，对中国思想史、中国通史、中国民族史的开创研究，都在中国马克思主义史学发展史上留下了难以磨灭的功绩。半个多世纪来，他的精心努力，也为党和国家、马克思主义史坛培育了许多精英之才。他为中国马克思主义史学崛起和发展作出了重大贡献。

（原载《历史研究》1989年第4期）

① 《马克思恩格斯选集》第4卷，人民出版社1972年版，第224页。

马克思主义史学在中国的传承与发展

一、马克思主义史学在中国的发展

近代以来的中国史学，还没有像马克思主义史学这样，对社会和学术产生如此巨大的影响。作为世界马克思主义史学的重要组成，虽 80 年的历程多曲折反复，但也轰轰烈烈而成果不斐。

中国马克思主义史学的开创，和中国共产党的早年革命史有关。从中国共产党成立到第一次大革命失败，是它的开创时期。这一时期马克思主义史学发展的特点，是它的建设和中国共产党的早期革命事业息息相关。李大钊《史学要论》、蔡和森《社会进化史》、瞿秋白《社会科学概论》、李达《现代社会学》等著作，是科学唯物史观的研究著作，也是最初的马克思主义史学理论专著。注意阐述生产力与生产关系的矛盾、经济基础与上层建筑的关系、人民群众与杰出人物的关系等基本原理。当时的马克思主义学者指出，社会主义要起来代替共和政治，也和当年共和政治代替封建制度一样，如同新陈代谢，都是不可逃脱的命运。这种对马克思主义唯物史观的研究和宣传，既为中国共产党成立奠定了指导思想的理论基础，也为马克思主义史学的诞生做好了准备。创建时期中国马克思主义史学主要研究者不是职业历史学家，而是一批具有共产主义思想的先进知识分子。这些早期革命家为中国马克思主义史学奠定了最初的基石。与此相关，早期中国马克思主义史学的一个重要特点，重视革命斗争经验的总结。刘少奇等撰写的《安源路矿俱乐部略史》等都在这时候产生和涌现[①]。

1927年大革命失败后至抗日战争前夕，是中国马克思主义史学发展的第二个时期。它的建设和发展，同样与中国共产党的历史使命有关。大革命失败后，中国共产党判断，中国仍然处在半殖民地、半封建社会，中国革命的性质是反帝反封建。[②]一些马克思主义学者，自觉地希望从中国的历史探讨现实革命道路的必然性。理论界出现了中国农村问题论战、中国社会性质论战、中国社会史问题论战。马克思主义学派、托派、新生命派等代表不同阶级和阶层利益的学者，都试图从过往历史证明现实道路的必然性。郭沫若是当时最有代表性的学者之一。大革命失败后的他流亡日本，研究中国史，1929年辑成《中国古代社会研究》一书。根据物质资料生产方式的发展变化，认为商代是原始共产社会，西周是奴隶社会，东周以后进入封建社会，到了近代，帝国主义用大炮轰开了中国大门，1911年终于出现了市民阶级领导的资本制革命。郭沫若强调，“认清楚过往的来程也正好决定我们未来的去向”。[③]人类的发展无论红、黄、黑、白等人种，其过程大抵相同。由人所组成的社会的发展也应是一样。这是当时马克思主义史学工作者试图按照自己所理解的马克思主义社会形态发展学说对中国历史发展阶段研究的尝试，客观上有很重大的现实意义。当时，吕振羽也撰写了《史前期中国社会研究》《殷周时代的中国社会》《中国政治思想史》等著作，试图说明中国革命的合理性。

---

① 此外还有如中国劳动组合书记部编撰的《湖南水口山工人俱乐部纪实》《二七大屠杀之经过》，彭湃的《海丰农民运动》等关于当代历史事件研究的著作，蔡和森的《中国共产党史的发展》和《党的机会主义史》，瞿秋白的《中国共产党历史概论》，恽代英的《中国民族革命运动史》等著作。

② 1927年大革命失败后，国民党自称革命已经成功。中国共产党召开第六次全国代表大会，指出大革命失败后的中国，仍是半殖民地、半封建社会，中国“并没有从帝国主义铁蹄下解放出来”，“一切半封建余孽并没有肃清”，中国革命现在阶段的性质仍是“资产阶级民主革命”。（参见《中国共产党第六次代表大会决议案》，（一）政治决议案；（二）中国革命的性质与动力）

③ 《中国古代社会研究·自序》。

第二阶段的中国马克思主义史学的重要特点，在于出现了一批用马克思主义观点深入诠释中国历史的著作，研究人员也是一些大学的教授和专家，而不是第一时期的职业革命家。这时候，继续有邓中夏《中国职工运动简史》、华岗《一九二五—一九二七中国大革命史》等关于当代研究的马克思主义史学著作；但，艰深的学术研究已经出现，成为这一时期马克思主义史学的特征。郭沫若在日本时期所完成的《卜辞通纂》《殷契粹编》《两周金文辞大系图录》，把甲骨文和金文的研究推向了一个新阶段，对史学界有深远影响。吕振羽的《史前期中国社会研究》中，以对考古发掘的成果和神话传说相结合的方法，突破了对史前社会的探讨，至今看来都是了不起的成就。

抗日战争和解放战争是中国马克思主义史学发展的又一重要历史阶段。实际上是中国马克思主义史学的一个重要调整期，主题词是创建中国特色的马克思主义史学的问题。毛泽东的《新民主主义论》起了重要作用。根据毛泽东新民主主义文化是“民族的”“科学的”“大众的”文化的论断，学者们呼吁学术“中国化”和使先进的文化活用于中国。吕振羽《创造民族新文化与文化遗产的继承问题》等文章值得关注。他批评有的所谓马克思主义史学著作是文化搬运主义，毫无选择地搬运和模仿，宁肯相信波克罗夫斯基、波特卡洛夫，也不肯相信新兴社会科学家的研究，一些研究者的研究未能渗透到中国民族的土壤之中。中国一批马克思主义的通史著作在这特殊历史背景下诞生，代表作有吕振羽《简明中国通史》、范文澜《中国通史简编》、翦伯赞《中国史纲》、邓初民《中国社会史教程》、吴泽《中国社会简史》等。吴玉章还解释了中国通史著作问世的原因。他强调，抗战相持阶段这一非常时期困难的突破，有赖于全民族优秀儿女的不屈不挠斗争，在这个很需要发扬爱国热忱、继承革命传统的时候，“研究自己民族的历史，有特别重大的意义。”①

抗日战争和解放战争时期中国马克思主义史学发展的重大特征，在于现实性和学术性都有大突破。当时出现的一批重要著作，如范文澜的《中国近代史》

① 参见吴玉章为许立群《中国史话》所作序，1941 年 9 月 18 日。

（上）、胡绳的《帝国主义与中国政治》等[①]，与当时中国革命与现实社会的认识有密切关联。与此同时，一支职业历史学家组成的马克思主义史学研究队伍也大体形成，郭沫若《十批判书》、侯外庐《中国古代思想学说史》和《中国近世思想学说史》、杜国庠《先秦诸子思想概要》等都属于这个时期涌现的优秀的马克思主义史学著作，为中国马克思主义史学的进一步发展奠定了学术基础。

中华人民共和国成立以后，中国马克思主义史学进入重要发展期，其间当然也有曲折和反复。大致上，从1949年到“文化大革命”，是第一阶段；整个“文化大革命”时期为第二阶段；粉碎“四人帮”以后迄今为第三阶段。新中国成立后的第一阶段，主要是中国马克思主义史学推向全国发展的阶段。这一阶段所做的突出工作：首先是史学工作者学习马克思主义唯物史观和学习用马克思主义唯物史观研究历史。这和马克思主义作为新中国成立后整个国家指导思想的理论基础有密切关系。郭沫若、吕振羽、范文澜等马克思主义史学家都为这一史学发展的过渡阶段作过努力。在原有成就的基础上，马克思主义史学家试图扩大运用马克思主义解释中国历史的成果。新中国成立以后，延续10多年的关于中国研究的“五朵金花”的讨论，是中国马克思主义史学深入发展的标志。所谓“五朵金花”，就是中国古史分期问题讨论、封建土地所有制形式问题讨论、中国封建社会农民战争问题讨论、中国资本主义萌芽问题讨论、汉民族形成问题和民族关系问题讨论等，总体上讲，这些讨论对当时史学界学习和运用马克思主义唯物史观，认识和诠释中国历史有积极意义。这时的历史学界撰写了一批新的马克思主义历史学著作，而且也很重视史料学、文献学的研究。中国史学会主编的《中国近代史料丛刊》，中国科学院经济研究所编辑出版的中国近代农业史、手工业史和工业史等方面的专题资料，[②]都丰富了新中国成立后史学研究的成果。但新中国成立后党曾经的“左”的思想路线，对历史学发展有重大干扰。所谓的“拔白

① 此外还有如华岗的《中国近代史》（上）及《太平天国革命战争史》、吴玉章的《中国最近五十年民族与民主运动简史》、李平心的《中国民主宪政运动史》、刘大年的《美国侵华简史》、胡华的《美帝国主义侵华史略》、吴泽的《梁启超与康有为》等重要著作。

② 当时的资料还有如近代工业史、农业史、手工业史、对外贸易史、铁路史、货币史、外债史、海关史等各个方面。现代史方面，也有《中国新民主主义革命参考资料》《中国革命史参考资料》《中国现代史教学参考资料》等资料集的问世。

旗、插红旗”，把马克思主义阶级斗争观点简单化，把历史科学研究变成单纯的立场问题，践踏了历史学研究的科学性和真理性。1966 年至 1976 年的“文化大革命”时期，是我国史学界蒙受空前劫难的时期，马克思主义史学的优良传统遭到践踏，中国马克思主义历史学面临崩溃的绝境。

新中国成立后中国马克思主义史学的重新振兴和发展，是“四人帮”被粉碎之后，这也是中国马克思主义史学发展的最好时期。新时期的史学，首先是以反思的形式出现的。对“文化大革命”中“左”的史学思潮作了尖锐抨击和批判。史家们指出，正确的古为今用，应是用马克思主义的立场、观点、方法研究历史，对历史作科学的批判和总结，启迪和指导现实。史学工作者还就“史论结合”问题、社会发展形态学说问题、历史发展的统一性与多样性问题、历史的创造者问题、史学和现实关系问题、“史学危机”问题等大家比较关注的马克思主义史学发展的基本理论问题作了深入探讨。在如何全面正确理解马克思主义的科学思想体系，如何坚持马克思主义指导下的科学研究，如何坚持科学理论与历史实际材料相结合，以及如何体现时代精神等问题的方方面面，达成了更多共识。与此同时，新的研究领域和研究方向不断被开辟出来。史学工作者希望通过生动的、具体的历史现象研究，对真实的历史发展过程及其不同层次的发展规律，作正确的揭示和描绘。一批优秀的史学著作涌现出来[①]，白寿彝的中国通史研究成果

---

① 社会史方面比较有代表性的专著有何兹全《中国古代社会》，乔志强《中国近代社会史》，陈旭麓《近代中国社会的新陈代谢》，冯尔康等《中国宗族社会》，龚书铎主编的《中国社会通史》，沈从文《中国古代服饰研究》；经济史研究方面，有胡如雷的《中国封建社会形态研究》，傅筑夫的 4 卷本《中国封建社会经济史》《中国古代经济史概论》《中国经济史论丛》，漆侠的《宋代经济史》，赵俪生的《中国土地制度史》，杨宽的《中国古代冶铁技术发展史》等，以及李文治等《明清时代的农业资本主义萌芽问题》，许涤新等主编的《中国资本主义发展史》等；民族史研究方面的著作如江应梁主编的《中国民族史》，王钟翰主编的《中国民族史》；边疆史和历史地理的典型成果是谭其骧主编的《中国历史地图集》，侯仁之《北京历史地图集》；中国人口史研究方面的成果有梁方仲《中国历代户口、田地、田赋统计》、葛剑雄的《中国人口发展史》《西汉人口地理》等；这个时期出版的思想史专著有任继愈的《中国哲学史》、李泽厚的《中国近代思想史论》，侯外庐、邱汉生、张岂之主编的《宋明理学史》等；近代史专著有，胡绳的《从鸦片战争到五四运动》，罗尔纲的《太平天国史》，茅家琦主编的《太平天国通史》，夏东元的《洋务运动史》《郑观应传》，戚其章的《甲午战争史》，汤志钧的《戊戌变法史》，金冲及、胡绳武的《辛亥革命史稿》，姜义华的《章太炎思想研究》，章开沅等主编的《比较中的审视：中国早期现代化研究》等。

等成为有影响的代表作。新中国成立近半个世纪，海内外史学工作者彼此真正有所了解，还是在近十余年里。对域外学术成就的借鉴和吸取，使新时期史学充满了勃勃生机。面对五光十色的西方史学新流派、新思潮、新观念、新问题、新方法，中国史家也有了相当清醒的头脑。他们提出引进国外史学理论，不能脱离当代中国历史学家的实践；引进国外史学理论，要同研究西方史学自身的发展变化与新陈代谢结合起来；引进国外史学理论，中国历史学家还应有自主意识，这是中国马克思主义史学进一步走向成熟的信号。

中国是国际上有影响的大国，中国历史学整体地转向马克思主义史学，在世界史坛是件大事，引起世界同行的兴趣和关注；中国又是一个有悠久传统的史学大国，史学编纂数千年如一日没有中断，在这个具有浓厚传统史学特色的史学大国，他的马克思主义史学下一步走向同样引起海内外人士的关注和兴趣。

二、海外学者关注中国马克思主义史学

为了更好地认识中国马克思主义史学，我们有必要对海外对中国马克思主义史学的研究情况作一番了解，看看他们如何认识和评价中国马克思主义史学。这是一面镜子，对我们认识自己有好处。

海外对中国马克思主义史学的最初研究，出于对中国马克思主义史学的了解。他们已经感受到中国马克思主义史学在中国历史进程中的作用，在新中国政权日趋巩固以后，研究者们觉得要对此有了解和把握①。比较早的一次对中国马克思主义史学的研究，在 1957 年。当时，翦伯赞主编了一部《中国近代史研究资料》汇编，有 10 种 64 册。美国中国学界十分关注，费正清、刘广京、芮玛丽（Mary C. Wright）、邓嗣禹、房兆楹等都撰写了文章，评论翦伯赞主编的文献。费正清和芮玛丽为这套文集出版写了总的引论，代表当时美国中国问题专家，谈了对中国马克思主义史学的基本看法和基本立场②。

---

① 这一点，密歇根大学中国研究中心前主任费维恺教授也亲口对我说起过，他说当时美国中国学家对中国马克思主义史学的研究是对中国了解进程的一件必然的事情。

② John K. Fairbank, Mary C. Wright: Documentary Collections on Modern Chinese History Introduction, *Journal of Asian Studies*, Volume 17, Issue 1(Nov.1957), pp.55-60.

为了深入了解中国马克思主义史学，英国《中国季刊》还组织了专门会议，探讨中国马克思主义史学的特点和毛泽东思想在中国马克思主义史学中的作用问题。从会议的论文看，他们对中国马克思主义史学的了解是全面的，内容涉及传统史学在马克思主义影响下的改变问题、马克思主义史学对古代社会研究、佛学对中国文化影响的研究问题、马克思主义史学对近代中国社会的研究、马克思主义的历史教学问题、毛泽东的历史研究等。这次会议召开于1963年12月，来自英国、美国等西方国家的学者参加了会议，所提交的论文[①]说明他们对中国马克思主义史学的特别关注和分析。

在西方国家中，美国比较重视对中国马克思主义史学的关注，坚持观察、跟踪和研究。费维恺（Albert Feuerwerker）成为当时美国研究中国马克思主义史学的主要代表人物，前后撰写和主编了三本著作：一是《中国马克思主义史学》（1961）、一是资料集《中国共产党人的中国近代史研究》（1961）、一是《共产党中国的历史学》（1968）。费维恺在美国对中国马克思主义史学研究过程中起了重要作用。当时，美国出现了两本重要的研究中国马克思主义史学的专著。一本是詹姆斯·P. 哈里森（James P. Harrison）撰写的《中国共产党和农民战争》（1969）[②]，一本是杜克大学阿尔夫·德里克（Arif Dirlik）的《革命和历史：中国马克思主义史学起源，1919—1937》（1978）[③]。哈里森的著作着重于对中国马克思主义史学中农民战争问题研究理论的探讨，包括对中国马克思主义史学家对农民战争的领导和组织、口号和意识形态、作用和进展、特点和失败原因等问题的探

---

① 这些学术论文包括《传统中国历史学和在马克思主义影响下的改变》《前中国历史之发现》《中国马克思主义者对太平天国的解释》《中国马克思主义学者对佛学对中国文化贡献之评估》《马克思主义者对中国农民战争之处理》《共产党中国的中国近代经济史》《马克思主义历史学的唐代研究》《共产主义中国的历史教学》《作为历史家的毛泽东》《中国马克思主义学者对中华帝国创建的研究》《中国马克思主义学者对19世纪中国外交关系的评估》等。

② James P. Harrison, *The Communists and Chinese Peasant Rebellions: A Study in the Rewriting of Chinese History*, New York: Atheneum Publishing, 1969.

③ Arif Dirlik, *Revolution and History: Origins of Marxist Historiography in China, 1919–1937*. Berkeley: University of California Press, 1989.

讨。[①] 德里克的著作对30年代中国社会史论战和中国马克思主义史学的初步形成进行研究，尤其注意探讨当时中国历史分期问题的讨论。这也是德里克的博士论文。两本著作基本上代表了当时美国学术界对中国马克思主义史学及其研究的深度，是认识美国学者对中国马克思主义史学研究的代表性著作。美国对中国马克思主义史学的研究实行“紧跟战略”，基本上，中国马克思主义史学家研究什么，他们也很快会有相应成果反馈。美国对中国“文化大革命”史学研究的文章还不是很多，但“文化大革命”期间，美国对中国“文化大革命”中有关的重大文章是及时翻译的，像姚文元的《评新编历史剧“海瑞罢官”》、戚本禹的《为革命而研究历史》都很快有英译本。美国学术界几乎可以同步了解中国“文化大革命”研究最新动态，很多涉及历史问题的研究。

苏联、英国、加拿大、美国等国家学者对中国马克思主义史学的研究，尤其对一些重大理论及其争鸣有浓厚兴趣。苏联对中国马克思主义史学的研究是系统的。1981年，苏联学者维特金（R. V. Vyatkin）与斯维斯图诺瓦（N. P. Svistunova）共同主编了名为《中华人民共和国的历史科学》的著作。这本著作表明，苏联学者非常关注中国学者关于土地所有制形态的讨论、历史研究著述原则讨论、中国历史哲学倾向问题讨论等。这项研究反映出当时苏联学者对中国马克思主义史学的基本看法及其探讨。[②] 1980年，英国杰弗里·巴勒克拉夫（Geoffrey Barraclough）撰写的《当代史学主要趋势》[③] 出版，这是联合国教科文组织委托的《社会科学和人文科学研究主要趋势》的历史卷，作者是牛津大学教授。这本书探讨了当代中国史学的发展问题。作者说，他不否认新中国历史学“有强烈的政治色彩”，但要讨论的主要问题是“它的积极成果”，他说，即使是对中国历史研究作无情批判的人，“也对它那数量浩大的新成果和积极的成就有深刻印象”，他认为，“大量的新文献资料已经可资利用”，“这是公认的”。巴

---

① 英国学者巴勒克拉夫（Geoffrey Barraclough）在其《当代史学主要趋势》的论著中，在对中国马克思主义史学的研究上，引用了哈里森的意见。

② 美国学者关注这本著作的出版，卜德（Derk Bodde）教授专门写了书评。书评认为，《中华人民共和国的历史科学》一书，无论对于研究当代中国史学的学者，或是那些对苏联学者如何看中国史学感兴趣的人们都是相当有趣的。

③ 该书由上海译文出版社出版，1987年2月第1版。

氏认为，中国马克思主义历史学家的一些做法值得关注，他们重视将中国的历史发展与各类马克思主义的分期方法联系起来，又不至于抹杀中国过去历史上的独特性和特殊性。他说，西方学者并不接受中国历史学家关于农民运动意义的观点，但中国学者对这个问题的研究，为中国史学“增添了一个新领域”，是“毫无争议的”，农民研究确实从根本上“改变了中国历史的语言”，“建立了评估和重现中国过去历史的标准”。巴氏对中国马克思主义史学发展史上的现象采取了历史主义的谨慎态度。在对中国马克思主义史学的研究问题上，加拿大的卜正民（Timothy Brook）教授也有自己的见解。80 年代，中国开展亚细亚生产方式研究的时候，他主编了专题论文集《亚细亚生产方式在中国》（1989 年）[①]。他撰写有很长的引言[②]，实际上是作者对马克思亚细亚生产方式理论研究的回顾，既谈西方历史学家对这一问题的探讨，也分析中国学者对此问题的看法。他认为关于亚细亚生产方式问题的讨论，不能只看政治意义，而忽视其与历史的关联。美国历史学家阿尔夫·德里克（Arif Dirlik）写过书评[③]，他赞许卜正民的工作，同意卜的一些观点。他认为这个讨论已经给历史思想带来新的批评意识。他说，70 年代后期中国所重新展开的这场关于亚细亚生产方式问题的讨论，能使中国的历史工作者对于作为历史理论的马克思主义有更恰当的批判评价，并会使中国的马克思主义史学“从单线的历史观影响下走出来”。

德国有几位研究中国马克思主义史学的学者，也几乎是同时出现的。罗梅君（Mechthild Leutner）是其中的一位。[④] 她的博士论文《政治与科学之间的历史

---

① *The Asiatic Mode of Production in China*, Edited by Timothy Brook, Armonk, N. Y.: M.E. Sharpe, Inc., 1989.

② 文章长达三十页。由“亚细亚生产方式”“亚洲模式的特点”“东方社会”“阐释与争辩”“亚细亚生产方式在中国”“肯定亚细亚生产方式”“否认东方之唯一：亚细亚生产方式在中国属于古代社会”“第六种生产方式”“挑战单线的历史”“放弃模式”等几个章节的内容组成。

③ *Journal of Asian Studies*, Volume 49, Issue 3（Aug., 1990），pp.625-627.

④ 她后来又展开对于北京地区的社会风俗的变迁的研究，从社会史的角度对北京的民俗进行研究。她还主编有德国学界最主要的汉学杂志《中国社会与历史》。1990 年以来她还参与共产国际与中国革命的课题研究。她参与收集了苏联的国家档案，编辑出版了文件资料集，1997 年出版的《共产国际、联共（布）与中国革命文献资料选辑（1917—1925）》（一、二）的许多内容就来自她所编辑的相关的资料集。

编纂——30 和 40 年代中国马克思主义历史学的形成》1982 年出版[①]。主要探讨自 20 世纪 20 年代至 1949 年中华人民共和国建立期间的中国马克思主义史学的形成和发展过程，罗认为 20 世纪 30—40 年代的中国，是中国历史转折进程的决定性阶段，“在国内改革、革命与复辟激烈冲突，对外为捍卫民族利益，特别是抵抗日本侵略而进行斗争的紧张形势下，出现了第一批从马克思主义立场出发，叙述历史的著作”，这些著作把经济因素和人民群众作为历史的推动力量加以突出，“‘清理’按照儒家思想编写的、以大皇帝业绩为重点的历史”，[②] 马克思主义史学家不仅介入社会实践，而且使这样的社会斗争在著作中体现出来，并且以这些著作，“为中国马克思主义的历史解说奠定了基础”。她认为在这特定时代，历史科学是意识形态的一个主要载体，也是民族意识、社会意识和历史意识的重要媒介，“正是历史学家，有意识地面对时代要求，主动担负起了一种新型的为本国的未来负责的社会义务”。现正担任维也纳大学汉学系主任的魏格林（Susanne Weigelin-Schwiedrzik）教授也研究中国马克思主义史学。撰有《当代中国的党史编纂学：类型，方法，主题和作用》（1984 年）、《“史”与“论”：当代中国的史学方法研究》（1988 年）等学术著作。她将中国马克思主义史学分为“寓论于史”（以吴晗的“论从史出”为代表）、“边论边史”（如翦伯赞的“史论结合”）、“以论带史”（将史论分开，以历史事实证明理论的正确性）等几个类型。她希望这样的划分与政治没有关系，她认为这种划分是中西结合的产物，也可以积累一些马克思主义史学以外的经验，“对我们进一步了解以哲学概念为核心的史学会有一定的参照”[③]。在德国，关于中国马克思主义史学的文章和著作还有如古留加（A. W. Gulyga）的《“亚细亚”生产方式》（《德国哲学杂志》1968, 16:12）[④]、许

① Mechthild Leutner, *Geschichtsschreibung zwischen Politik und Wissenschaft: Zur Herausbildung der chinesischen marxistischen Geschichtswissenschaft in den 30er und 40er Jahren*, Wiesbaden: Harrassowitz, 1982. 1997 年由中国山东教育出版社翻译出版。

② 《著者中译本前言》，载《政治与科学之间的历史编纂——30 和 40 年代中国马克思主义历史学的形成》，山东教育出版社，1997 年。

③ 参见《“史”与“论”——中国马克思主义史学类型学的研究》，载《中国史学史研讨会：从比较观点出发论文集》，稻香出版社，1999 年 10 月。

④ A. W. Gulyga, Die “asiatische” Produktionsweise, *Deutsche Zeitschrift für Philosophie*; 16(1968), 12, Seite 1504–1511.

翰（Hans-Wilm Schütte）《马克思主义的历史理论与新中国的历史科学——50 年代的分期讨论》（汉堡，1980 年版）①、詹尼·索弗里（Gianni Sofri）《亚细亚生产方式——关于政治经济学批判的一个有争议的范畴的历史》②、杜克义（Ferenc Tőkei）《关于亚细亚生产方式问题》（1969 年版）③。

世界上一些研究中国马克思主义史学的国家，还十分关注中国马克思主义史学发展的趋势和走向。在日本，这一情况尤其明显。只要中国有重要学者到访，做过有关中国马克思主义史学动态的报告，他们马上也会有相应的研究文章出现。④日本学者认为，关心当代中国史学家的研究，目的在把自己研究合适地置于国际学术空间，站到学术前沿。在韩国，研究现当代中国史学的文章相对少，但只要有文章，往往分量很重。闵斗基的《1980 年代初历史动力论争》⑤，研究 80 年代初中国历史动力问题的讨论，认为把生产力看作是比阶级斗争更重要的历史发展动力的研究是值得关注的重大理论现象。他提出注意探讨邓小平现代化路线的发展问题和马克思主义对中国历史诠释合适性的理论问题。美国对近 20 年来的中国史学十分关注。中国改革开放以后，美国对中国马克思主义史学的研究异乎寻常地热闹起来。由加州大学伯克利分校魏斐德（Frederic E. Wakeman Jr.）教授率领的美国中国明清访问团，深入大学、科研机关、档案馆，了解新时期中国历史学的走向。他们强调对中国的实地目击，了解中国史学、史学家、史学机构的具体状况。魏斐德主编明清访问团文集《中华人民共和国的明清研究》（1980

---

① Hans-Wilm SCHÜTTE, Marxistische Geschichtstheorie und neue chinesische Geschichtswissenschaft: Aspekte der Periodisierungsdebatte der Fünfziger Jahre. Eine Untersuchung der Ausgangspositionen im *Hinblick auf die Gesellschaft der frühen Zhou-Zeit.* (Mitteilungen der Gesellschaft für Natur- und Völkerkunde Ostasiens e.V., Bd. LXXIX), Hamburg 1980, VII, 344 S.

② Gianni Sofri, *Über asiatische Produktionsweise: zur Geschichte einer strittigen Kategorie der Kritik der politischen Ökonomie*, Frankfurt am Main: Europ. Verl.-Anst, 1972.

③ Ferenc Tőkei, *Zur Frage der asiatischen Produktionsweise*, Berlin Luchterhand, 1969.

④ 如 1955 年 12 月翦伯赞、尹达等学者被邀请赴日本介绍中国历史学界的研究动向，做“中国历史的分期问题、时代区分问题”“十六世纪以降的资本主义萌芽问题”等学术演讲，很快就有论文集《中国史的时代区分》（东京大学出版会，1957 年 5 月）问世，收录西嶋定生《关于中国古代社会构造的特质——中国史时代区分的论争》、田中正俊《中国历史学界“资本主义萌芽”的研究》等文章。

⑤ 载《中国的历史认识》（下），创作与批评社，1985 年。

年版）很详细记载了代表团所见所闻，成为对当时中国史学界队伍、资料、现状的十分详尽的文献记录。1978年，魏斐德还撰写了《粉碎“四人帮”以后的中国历史学》，对中国史学的趋势做了分析和展望。魏斐德引用列文森（Joseph R. Levenson）在中国“文化大革命”发生初期说的一句话：“在世界发展的大潮中，中国将会再次加入。”[①] 他说，对于中国历史学家来说，这个转折已经来到。中国出版《史学情报》《中国历史学年鉴》后，美国《亚洲研究杂志》等学术刊物都有评论文章。

近半个世纪的情况表明，中国诞生马克思主义史学以后，世界上很多国家重视对中国马克思主义史学的研究。他们希望通过研究，弄清中国马克思主义史学发展的基本现状、它的历史、它的重要带头人、学术著作和理论方法。他们着重研究中国马克思主义史学与中国共产党以及新中国事业的关系，研究中国马克思主义史学理论及其重大历史观点在意识形态中的作用，关注中国马克思主义史学在整个中国史学发展史中的历史地位和影响，尤其关注改革开放后中国马克思主义史学的发展走向。海外对中国马克思主义史学的研究与中国马克思主义史学发展始终是并行互动的。“不识庐山真面目，只缘身在此山中”，所以对中国马克思主义史学的认识，有对海外相关情况的反研究问题。海外学者的研究重点和关注点，往往也是我们应该更多关注和反思的问题。我们注意到，海外学者对中国马克思主义史学研究，对历史观和方法论的探讨十分重视，一方面，有对意识形态动向研究的考虑；另一方面，也希望探讨中国马克思主义史学理论、方法与世界一般史学理论、方法之间的异同，把中国马克思主义史学作为世界总体历史学的一个重要部分去探索。这样一类情况研究，我们以前注意不多，而这项研究对我们客观认识自己有重要参考价值。

三、中国马克思主义史学在新的发展机遇期

如果以时间为经、地域为纬，将中国马克思主义史学的发展放到一个坐标轴

---

① Joseph R. Levenson, *Revolution and Cosmopolitanism: The Western Stage and Chinese Stages*, Berkley: University of California Press, 1971, p.55.

上观察，就会发现，中国马克思主义史学正处在一个新的发展关键时刻。它有近80年的历史，很少有这样长时间坚持发展的马克思主义的历史学研究，也很少有哪个国家会像中国这样重视马克思主义史学体系的建设。现在，因为中国正在世界崛起，它的发展的新机遇期也来到了。

历史机遇对任何人、任何机构、任何学术都是重要的。利用好，就上一个大台阶；利用不好，就失之交臂。理论建设是新机遇期中国马克思主义史学建设的核心话题。将近80年的经验表明，对马克思主义理论精髓的把握是中国马克思主义史学建设的根本。战争年代对马克思主义理论理解和把握不透，或者教条主义地理解马克思主义，都对马克思主义史学的科学性带来过伤害。迄今，如何准确理解和认识马克思主义理论还是一个没有完全处理好的问题。如何认识马克思主义经典作家一百多年前提出的问题、如何认识21世纪中国和世界面临的新问题，都很现实地摆在史学工作者面前。中国马克思主义史学发展进程中多次讨论过反对教条主义、公式主义，强调根据国情认识和发展马克思主义史学理论，现在也依然是中国马克思主义史学理论建设的关键时期。诚然，新机遇期的马克思主义史学理论建设，还遇到如何应对世界史坛和国内史坛不断涌现的新史学思潮。后现代主义、新文化史等新的理论、观点和思潮，万花筒似地出现在史学工作者面前。我们如何看？马克思主义史学理论工作者要有正确的认识和回应：接受还是有批判地接受，包容还是反对？中国马克思主义史学是一个开放的学术研究体系，它的先进性和包容性决定了它会吸纳古今中外一切优秀的精华思想和学术理论。不过任何潮流来到的时候，不免鱼龙混杂、泥沙俱下，必要的鉴别工作是需要的。由于苏联东欧解体，冷战结束和后冷战时代开始，马克思主义意识形态和反对马克思主义意识形态的分歧和斗争还会继续。在国内，试图否定红色历史，鼓吹历史虚无主义的思潮也时有泛现，这都是马克思主义史学工作者要严肃对待的话题。自古以来，中国史坛没有像今天这样，马克思主义史学占有如此的优势和主导地位，但毕竟还有非马克思主义的史学研究，如何共创中国史学缤纷灿烂的未来，也存在理论探讨的问题。

新机遇期的马克思主义史学再次遇到如何处理好史学研究和其社会功能之间的关系问题。马克思主义史学发展以来，由于它的学科使命和社会使命的特殊性，它的科学性和当时的革命性是联系在一起的。中国马克思主义史学诞生以后，通过对中国历史走向的科学阐述，产生了引导人民正确认识中国革命的巨大历史作用。新中国成立以后，马克思主义史学也试图再对现实社会主义的建设事业带来好的启迪，但“左”的路线的影响，使马克思主义史学社会功能被扭曲，所谓的“革命性”被篡改甚至走到马克思主义史学宗旨的反面，“文化大革命”是最惨痛的教训。一些学者现在还有学术远离政治的念头。新机遇期的马克思主义史学要求反思和处理好这些问题。要珍惜时代赋予马克思主义史学工作者的历史使命，将学术研究和社会奉献两大关系处理好。要从党和国家工作大局出发，主动选择和设置一些重要现实意义的课题，为党和政府的决策服务，为改革开放和现代化建设服务。①

新机遇期的中国马克思主义史学建设，还需要重新认识扎根中国民族土壤的问题。如何使中国马克思主义史学建设更具有民族特点、民族风格、民族气派？说实在的，在革命的年代，中国马克思主义史学努力宣传了科学唯物史观，诠释中国革命的意义；通过大众化的通俗语言动员民众，为中国革命的胜利发挥了重要作用。然而，在马克思主义史学的推进过程中，在反帝反封建斗争的节节胜利中，矫枉过正的情况也时有出现，例如对几千年传统史学优秀内涵及其精华思想，认识和评估显不足。19 世纪以后，中国积贫积弱，民族自信心受到打击，西方中心主义乘虚而入，月亮也被认为是西方的“圆”，传统文化中的很多优秀东西被当作“腐朽的封建糟粕”而扔进垃圾堆。中国传统史学的编纂形式如纪传体②、谱牒学③，没有受到应有的重视，章节体成了史学的唯一正宗。80 年代以后，中国在世界上重新振兴崛起，经济奇迹出现，“西方中心主义”受到冲击。包括一些西方学者，也主动提出重新认识中国和东方文化，重新认识中国和东方传统

---

① 朱佳木：《史学理论建设三题》，《中国社会科学院研究生院学报》2005 年第 6 期。

② 关于纪传体在中国传统文化建设和发展中的地位和意义，《“天人合一”思想对中国纪传体史书发展的影响》（载朱政惠：《史之心旅——关于时代和史学的思考》，华东师范大学出版社，1996 年）有具体论述。

③ 关于谱牒学，现在论述的文章很多，笔者以为这与中国历史和社会的发展有密切关系，唯有中国有这样的史学编纂形式，留下中国历史社会的重大文献资料。

史学。日本一位学者说，中国和东亚史学的特点是追求历史客观性，这种对客观性的追求甚至超过著述本身。史家对历史忠诚记载、对历史细节精确评论，官修史书的特点至今“留在人们集体史学的意识里”。他认为东亚史学和西方史学应该“共存”而不是“冲突”。西方史学的“专业化和专门化”与东方史学的“公众史学与集体编撰”没有矛盾，应该是未来史学的趋势。他对中国和东方史学传统特色及其价值的看法，对我们重新认识中国马克思主义史学民族化问题有借鉴意义。① 国家清史编纂委员会在编纂清史的时候，主张采用纪传体为主的体裁，但变本纪为通纪，也许正是考虑到马克思主义史学和中国传统史学结合的问题。

创新是新机遇期中国马克思主义史学面临的又一新问题。新中国成立以后，马克思主义史学的全面发展有近 60 年的历史，各二级学科也形成自己相对稳定的教材体系、学科体系、理论体系。相应系统的历史学可以按照几十年来确定的格局、系统发展下去，也可以改革创新，走出一个新局面。学科的发展，除了外界的影响，主要靠学科内在变革和学者的自我创新。学科带头人的创新意识起重要作用。史学研究中的创新意识对于史学发展的意义重大，新机遇期的马克思主义史学需要一批创新型的学者，根据社会和学科发展需要，形成创造学科新方向的思路，并在探索中坚定不移地坚持到胜利。从大局和本质看，有没有创新思路和创新观念，学科发展结局会不一样。生态环境史研究是以前所不注意的，但现在已经是历史学很重要的分支。中国史学工作者根据实际国情加以推进，包括已经深入到中国生态环境史学的探索。史学研究的过程是完整的，当我们把史学研究看成是由史学主体——史学中介——史学接受三位一体的过程时，就会发现，仅仅研究史学主体的史学思想、史学方法和史学中介的作用是不够的，还必须研究史学客体、史学接受状况和社会影响，这才是完整的史学全过程研究。② 处在新机遇期的马克思主义史学发展，很需要学科的创新开拓，要求学者不断有创新

① 这是国际史学理论研究会主席佐藤正幸说的一番话。他是这一研究会成立以来的第一任东方人担任的会长。他希望在他的任内，多向西方史学理论界介绍东亚史学的传统和特色，使东西方史学互取短长，和谐发展。

② 张广智：《再论 20 世纪中外学术交流史的若干问题》，《学术研究》2006 年第 4 期。

思路和创新努力，寻找学科发展的新方向。学科建设遵循学科自身规律发展，任何行政命令和指手画脚替代不了。新机遇期的马克思主义史学需要下功夫培养一批有创新意识的史学工作者。

新机遇期的中国马克思主义史学继续面临学科交叉和跨学科研究的新考验。中国马克思主义史学创建以后，大概有近半个世纪的时间，基本在历史学学科内部建设和发展，无论是断代史研究和通史研究，基本在一个学科内进行。不过这样的状况也不适应新历史时期需要了。就国际史学发展的趋势看，这种单学科的研究趋势已经改变。在美国，还是在 60 年代的时候，学术界就提出把社会科学引入中国学，而 60 年代的美国中国学，主体还在历史学科。这场讨论改变了美国人文科学和社会科学的格局，形成交叉和跨学科、多学科的研究局面，对国际学术界跨学科建设的影响相当大。目前在中国，相当多历史问题的认识也不是单个历史学科所能解决。著名的夏商周断代工程，就涉及很多学科，是很大的跨学科协同攻关工程。现在对丝绸之路的研究，也涉及很多学科，有对死文字、古文字、少数民族文字的解读，有对海外成果的了解和借鉴，文献学、考古学、历史地理学、人类学、民族学、民俗学、社会学、气象学、生物学、医学、农学、建筑学等，都参与进去了，是跨学科、多学科的大研究。大研究的局面是中国史学发展的缩影，是了解当代中国史学和人文社会科学发展水准的一面镜子，是今天马克思主义史学发展所一定碰到的问题。

新机遇期的中国马克思主义史学还会遇到洞开学术大门和正确对待各种史学思潮的问题。本质上讲，中国马克思主义史学本身就是学术交流的产物，是来自异域的史学理论、史学思想和中国国情、中国史学研究结合的产物。但实际上由于战争的原因，马克思主义史学形成后，与外界的交往相当少。新中国成立后在“左”的思想路线影响下，历史学的国际交往也屈指可数。一直到改革开放以后，中国史学才有了洞开门户和与国际学术界交往的机会。中国马克思主义史学前辈学者吕振羽早就提出过，在国际学术交往中，要反对文化闭关主义和文化贩运主义。这话到今天仍管用。新时期以来，史学国际交往中的最大教训，还是失去“自我”，或者说是失去“主体”意识的问题。在敞开胸怀接受各种新鲜事物的时候，一定不能忘了自己的根。清华大学的一位学者尖锐批评这种妄自菲薄的现象。[①] 他说，“中国史家正因为受到了西方的影响而没法正确去理解自己的传统”，“自己的东西变成他人的，而他人的东西离自己的太远”。他认为中国学者不深刻研究好自己的史学，不可能拿出特色的绝活与别人交流。一位加拿大学者也说，中国学者要走向世界，最重要的，还是守好自己的根。旁观者清，所谓“守住自己的根”，就是研究好自己，保持好自己的传统特色和民族特色，不要东风来东边倒、西风来西边倒。

关于新机遇期的中国马克思主义史学发展的成功与否，还有人才培养和人才引进问题。中国马克思主义史学的传统是才人辈出，大家不绝。这也许是中国马克思主义史学发展的历史和特点决定的，有它的客观机遇。开创期的中国马克思主义史学家几乎都有留学经历和职业革命家经历，从国外带来对马克思主义理论的最新认识和理解。到抗日战争和解放战争时期，重要的史学家们，也大都有革命实践、又有花大工夫研究马克思主义理论的经历。侯外庐在研究中国古代史和思想通史前，还翻译了《资本论》。一直到改革开放初，健在的创建中国马克思主义史学的元老们，还在发挥他们的重要作用。他们的革命胸怀、理论功底和学术造诣，影响了一代人甚至几代人。新中国成立以后，继续涌现了一批很重要的学术领导人，但由于一度的闭关锁国，人才和学术交流受影响，专家培养还是受到一定的影响。随着中国的进一步改革开放，随着中国在世界进一步崛起，文化软实力的建设显得更为重要。新机遇期的中国马克思主义史学也面临这样的重大考验，要拿得出几部世界承认的重大力作，要有几位世界公认的一流大师，这绝不是“危言耸听”，而是非常现实的问题。新机遇期的中国马克思主义史学成功发展，确实需要有几位卓越的、德才兼备的学术领导人，他们的马克思主义理论造诣深厚，有非凡的史学研究成就，国内外学术界广泛认可。与郭沫若、吕振羽、范文澜、翦伯赞、侯外庐等前辈学者一样，他们属于德高望重的杰出的学术领袖和智者。中国马克思主义史学光辉灿烂的明天，需要他们的智慧和引领。

（原载《历史教学问题》2006年第6期）

---

① 这是清华大学教授刘桂生在海德堡大学召开的“中国史学史研讨会：从比较观点出发”国际学术研讨会上谈到的问题。

20 世纪中外史学交流回顾

20 世纪是中外史学交流最频繁的时期，了解和总结这段时期的中外史学交流，对我们今后的史学发展有可贵的借鉴意义。谨根据笔者所了解的情况，对相关的历史过程作约略的回顾和介绍。

20 世纪前的中外史学交流状况

在了解 20 世纪的史学交流情况之前，有必要对 20 世纪之前的中外史学交流情况作约略回顾。这是 20 世纪中外史学交流的前提，也是我们认识这一问题的起点。

我们知道，在东亚地区，中国史学的编纂体例、编纂思想、史学思想，一直都对日本、韩国、越南有很深的影响。包括这些国家的史学特征，都和中国的传统史学非常相像。但在西方思想、西方史学对东方有影响以后，日本等东亚国家接受中国史学影响的时代基本结束。西方的史学思想和史学方法开始逐渐取而代之，尤其是对日本史学的影响。而实际的历史进程也表明，中国在进入晚清社会以后，由于整个国家体制的弊端、外侮入侵和积贫积弱，其传统历史学的对外影响力也在减小。

关于19世纪的中外史学交流，可能更多地需要考察西方史学和中国史学的关系，看看他们之间的互动呈现什么样的形态。

我们注意到，西方学者很注意对中国史学发展及其传统、特征的介绍。而这方面的工作，最早是由传教士着手进行的，这与他们的使命有关。打开美国传教士裨治文（Elijah Coleman Bridgman）的《中国丛报》，可以发现有很多与这方面内容有关的文章。如《中国丛报》第3卷，就有关于中国历史文献、历史著作的文章，还包括有关于中国神话、早期模糊记录、先人历史解说、史学原则等方面的文章。1840年5—12月的《中国丛报》中，有关于司马谈、司马迁、司马光、马端临的史学研究情况的专篇介绍。1841年1月号的《中国丛报》，登载了关于中国历史记载及其记载方法的文章。3月号的《中国丛报》中，还有关于中国纪年方式、纪年内容和纪年特点的文章等。11月号有关于中国历史年表的文章等。第16期（1850年）3月号的《中国丛报》，还记载有魏源1848年本《海国图志》第12编的译文；5月号有魏源《大清圣武记》的介绍文章。《中国丛报》翻译介绍了《大清一统志》《八旗通志》等清代历史典籍。此外，卫三畏（Samuel Wells Williams）的《中国总论——中华帝国的地理、政府、教育、社会生活、艺术、宗教及其居民概观》中，也有关于中国史学的介绍。1883年修订版的《中国总论》下册第17章的"中国的历史及其年表"就涉及这一内容。这本著作的修订序言还专门谈到中国史学的编年问题，认为中国史学对有志于对其研究的学者，"是十分有趣的课题"。

美国对中国史学的了解开始于19世纪30—40年代。如前所述，一开始的工作是由传教士进行的，他们不是职业史学工作者。他们对中国史学的介绍和研究，主要出于对中国历史和传统的了解。当时，美国传教士派遣当局要求传教士到中国，把他们所了解到的实际情况，及时向美国国内报告。[①]所以凡历史、文化、社会、政治、经济、军事，都要如实禀报。史学当然成了他们了解的一个方面。美国对中国史学介绍的这方面的情况，很具体地说明了20世纪前外国对中

① Jonathan Goldstein, Jerry Israel and Hilary Conroy ed., *American Views China, American Images of China Then and Now*, Bethlehem: Lehigh University Press, 1991, p.69.

国史学了解和交流的基本状况和特点。

那么，20 世纪前，中国人又是从什么途径去了解西方史学，又做过哪些具体的工作呢？从目前所能掌握到的资料看，主要还是集中在鸦片战争、洋务运动、戊戌变法这几个时期。

中国人一开始对西方史学的了解，带有很大的功利主义目的。其代表人物就是林则徐、魏源。鸦片战争的爆发沉重地打击了这个浑噩的东方帝国，“开眼看世界”“师夷长技以制夷”，是当时开明官僚提出来的强国口号。为了实现这样的目标，西方史书是他们第一了解的资料。从目前所掌握的资料看，林则徐的《四洲志》、魏源的《海国图志》都参考了相当数量西方的地理著作和史学著作。林则徐的《四洲志》，主要是根据英国人莫瑞（Hugh Murry）的《世界地理大全》翻译本，介绍了世界 30 多个国家的历史和地理的概况，是中国比较早的关于世界历史地理情况的著作。魏源的《海国图志》在林则徐的《四洲志》的基础上撰就。魏源强调这是“以西洋人谭西洋”的著作。所采用的资料，包括英国人祎理哲（Richard Quarteman Way）的《地球图说》、马礼逊（Robert Morrison）的《外国史略》、葡萄牙马吉斯（Jose Martins-Marquez）的《地理备考》、美国人裨治文的《美理哥合省国志略》等。在这部著作中，还附有《中国西洋历法异同表》《中国西洋纪年通表》等。当时中国人撰写的反映西人的著作还有，梁廷枏的《海国四说》、徐继畬的《瀛环志略》等。梁廷枏的《海国四说》虽然与《海国图志》不好比，但作者在书里还是有自己的主观意见。他认为当时国内能见到的外国史地著作，虽然内容荟萃，详今略古，但问题还是读者不能从书中知道其“得国之所由来”。这说明当时的中国文人已经在考虑比较东西史学的利弊得失，尽管这时候的介绍还属于对西方史学的初步思考。

鸦片战争时期的这些著作，都是根据翻译近来的西人著作撰写的。洋务运动时期，情况颇不一样。遣洋的使者开始出现，当事者得以直接目击西方社会，接触西方史学及其有关著作，形成自己想法。洋务外交史学著作的出现，就是这个时代中西史学交流的产物。主要的代表作品有王韬的《普法战纪》和《法国志略》、黄遵宪的《日本国志》、薛福成的《续瀛环志略》、徐建寅的《德国合盟纪事》等。王韬是在巡游欧洲期间，撰写成《普法战纪》的。当时，普法战争刚结束，他根据普法军队中的随营记录和当时各国的有关评论，完成了这部书的编撰。他的《法国志略》是在参考日本冈千仞《法兰西志》和冈本监辅《万国史记》的基础上撰就。黄遵宪的《日本国志》，也是他在当日本使馆参赞时，“网罗旧闻，参考新政”，在对日本的历史和现状作了具体调查后撰就。关于《续瀛环志略》，薛福成说，这是他在出访英、法、意、比四国时，“广求亚洲地志及西人游历日记”而撰。洋务运动时期史学著作的特点，在于这些著作的史学思想、政治思想较之鸦片战争时期有新的区别，重要者还在于，这时期的作者对史著的史料有更高的要求，强调自己的亲自搜集和鉴别。王韬在撰写著作的时候，对于传教士史著的体例及其准确性表示怀疑。[①]

戊戌变法时期，中国的士人们从现实政治目的出发，编著新的历史著作。这时候有影响的著作有梁启超的《波兰灭亡记》《最古各国政学兴衰考》《各国交涉源流考》，康有为的《俄彼得变政记》《日本变政考》等。写这些书的目的，就是宣传改良变法。当时的这些作者特别希望国人阅读外国的相关史著，理解现实变局。据梁启超介绍，上海的大同书局还专门印了一批关于各国变法的史学著作如《俄土战纪》《瑞士政变记》《意大利侠士传》《地球十五大战役》等多部译著。[②]

事实上，传教士在将西方史学著作及其思想、方法传入中国方面也起了重要的作用。从 19 世纪 20 年代开始，陆续地有一些介绍西方历史和地理的著作进来。印象比较深的著作有：普鲁士传教士郭实腊（Karl Friedrich August Gützlaff）的《东西洋考每月统计传》（1883 年）、英国传教士麦都思（Walter Henry Medhurst）的《东西史记和合》（1929 年石印本）、美国传教士裨治文《美理哥合省国志略》（1838 年新加坡本）、英国传教士慕维廉（William Muirhead）的《地理全志》（1853—1854 年上海本）、《大英国志》（1856 年）等。这些都被认为是最早出入中国的西方作者介绍的史地著作，对于中国人说，无疑开了眼界。林则徐、魏源等许多先进的文人志士，都注意到这些著作的价值。事实上，由于第二次鸦片战争后的传教士传教特权的获得、中国国内洋务运动兴起，以及由此引起

① 参见王韬：《重订法国志略》序。
② 梁启超：《大同译书局序例》，《饮冰室合集 · 文集之二》，第 58 页。

的颇多印书馆的出现，客观上又推进了西方史地著作的引进与出版。当时江南制造局出版的著作就包括有金楷理（Carl T. Kreyer）等译的《西国近事汇编》、傅兰雅（John Freyer）译的《俄国新志》8卷与《法国新志》4卷、林乐知（Young John Allen）译的《四裔编年表》4卷等。至19世纪末，广学会所出版的翻译过来的西文著作达60种。

20世纪前在传教士的中介下传入的西方史学，对中国史学界还是有相当影响的。首先，这些著作透露了西方史学的编纂特色和编纂体例。林乐知的著作中，不仅有与中国传统史学不同的章节体，还有诸如人口、土地、矿产、工农业产值、教育、宗教等情况的图表。如《俄国新志》《法国新志》中，对人口、土产、矿产、工农业产值、进出口额、教育普及率、社会犯罪率等有专门列表。诚然，这些图表的排列的内涵和中国传统史学的图表有很大区别，突出量的变化分析。其中的插图也很有特色。其次，西方近代进化论的历史观在相当部分的著作中有明确表述。李提摩太（Timothy Richard）的《泰西新史揽要》等著作中，批评“世运盛衰之说”及其循环史观，强调今人胜于古人的思想，认为人类历史，“如螺钉然，一转一深，出于人之所不及，盖自古至今所谓进而益上者，大率类此也”。[①] 其三，人类学、社会学、民族学、考古学方法介入史学，开阔历史研究视野。李思（John Lambert Reeds）所编辑的《万国通史》，对运用考古学研究历史的问题特别强调，主张以此推动中国古代史的研究。该书在叙述地球远古情况时，引用了古地理学、古生物学等研究成果，并注意从人类学角度考察人类的起源问题。

20世纪前特别是19世纪中外史学交流是奇特的阶段，这时候史学交流的主要特点是西方史学比较多地引进和介入中国，而这种介入又和中国的特殊历史发展阶段有关，这种引进和介入有深刻的时代背景和历史原因，间接地影响到社会发展和历史变革。整个20世纪的中外史学交流，在这样的基础上发展起来。

---

① 李思：《万国通史》前编自序。

20 世纪上半叶的中外史学交流

20 世纪上半叶，中外史学交流呈现进一步发展的态势。主要还是表现在两个方面：一是西方史学及其史学思潮对中国历史学的影响；一是中国史学及其传统文化在西方“汉学”“中国学”研究的影响和刺激下，走向世界学术舞台，引起国际学术界尤其是汉学家们的关注和兴趣。

关于西方史学的接受方面，进入 20 世纪以后，最早传入中国的西方史学的介绍人是中国的一位留学生。汪荣宝在他的题为《译书汇编》的著作中，发表根据日本坪井九马三[①]《史学研究法》和久米邦武、浮田和民等人的著作编译的《史学概论》，介绍了近代史学的定义、目的及其方法，并认为这会是中国新史学的先河。当时，浮田和民的史学影响更大些，介绍到国内的《史学原论》翻译本也达 6 种之多。[②]《史学原论》综合西方史学之说，系统阐述近代史学的基本原理与方法。这些著作使中国学者对西方史学理论有了初步概念。根据 1903 年湖南书局出版的周维翰编著的《西史纲目》看，当时翻译进来的西方史学著作已相当多，如《万国舆图》《万国通鉴》《万国通史》《四裔编年表》《古史探源》《大英国志》《东洋史要》《希腊志略》《三十一国志要》《犹太地志》《万国史记》等。

这里，应特别提到梁启超，他在 1896 年撰写的《西学书目表后序》中写道：“舍西学而言中学者，其中学必为无用；舍中学而言西学者，其西学必为无本。无用无本，皆不足以治天下。”他在这篇文章中强调中西学结合，提出了新史学观。不久，他分别发表《中国史叙论》（1901 年）和《新史学》（1902 年），这是他对传统史学的批评书和创建新史学的宣言书。事实上，戊戌变法失败后逃亡日本的梁启超，接触了大量西方史学著作。《东籍月旦》所介绍的著作 70 种中，史著占 50 种。

---

① 这时的日本史学，已经深受西方近代史学影响。兰克再传弟子路德维希·利斯到日讲学多年，并著《史学》一书，对兰克史学在日本传播做出了贡献。为深入了解西方史学，坪井九马三又留学德国，归国后作《史学研究法》。

② 浮田和民：《史学原论》（1903 年），有李浩生等 6 种译本在杭州、上海等地出版。

不过20世纪初梁启超等人发起“史界革命”和对西方史学的介绍还是失于疏浅。这种对旧史学的批判，强调史学挽救民族危亡的功用，缺乏学术上的深入钻研，真正意义上的新史学没能建立起来。“建设中国新史学”继续成为史学界的呼声和要求。蒋梦麟是当时较早主张新史学思潮的学者。他在1918年1月出版的《教育杂志》发表《历史教授革新之研究》，介绍美国新史学。文章认为美国历史教学的宗旨有三条：第一，“教授历史当以学生之生活需要为主体也。”第二，“教授历史当以平民之生活为中心点也。”第三，“表扬伟人、政治家与科学家、发明家当并重。”这篇文章实际是新史学思潮的先声。①

当时，积极推行新史学的是何炳松教授。1916年，他从美国归来，先后执教于北京大学、北京高等师范学校。他以鲁滨逊（J. H. Robinson）《新史学》英文本作教材，随后译成中文，1924年由商务印书馆出版。这本书被认为是系统介绍西方史学理论的第一部书。之后，他又出版《中古欧洲史》《近世欧洲史》，都是根据鲁滨逊所编历史教本编译而成。何炳松还翻译了美国新史学派代表人亨利·约翰生（Henry Johnson）的《历史教学法》。他还与郭斌合作翻译了绍特韦尔（James T. Shotwell）的《西洋史学史》（1929年），这是我国最早的一部西方史学史著作。鲁滨逊著作被大量翻译出版的同时，桑戴克（Lynn Thorndike）的《世界文化史》，巴恩斯（Harry Elmer Barnes）的《史学史》《西洋史学进化概论》《新史学与社会科学》，海斯（Carlton J. H. Hayes）的《欧洲近代政治思想史》，海斯与别人合编的《近代史》《世界史》等也相继翻译出版。“史学概论”类的书，如李则纲的《史学通论》、卢绍稷的《史学概要》、王玉璋的《中国史学史概论》、魏应麒的《中国史学史》等都接连面世。这当中的很多，借鉴了新史学派的观点。② 这些译作或原作被相继采用为大中学校的教材，对中国史学界影响甚大。

当时对西方史学这一介绍高潮出现，与20世纪20年代前后国内“民主、科学”思潮兴起有关。大批留学欧美的学生归国，使这种输入成为可能。而将西方史学的理论、观点、方法，融化、吸收，并对当时史学实践产生影响的，则是梁

① 蒋梦麟：《历史教授革新之研究》，载《教育杂志》1918年1月。是时，蒋梦麟担任北京大学代理校长。刘俐娜曾撰文《西方新史学与“五四”史学思潮》详述此事。

② 参见张广智：《现代美国史学在中国》，《美国研究》1993年第4期。

启超、王国维、胡适、顾颉刚、傅斯年等学者。梁启超于1922年出版的《中国历史研究法》，借鉴西方史学的理论观点，从理论到方法，对中国传统史学重新整理阐释，被认为是对中国现代史学有开拓意义的著作。王国维在史观上，也深受进化论和实证主义影响。凭借深厚的学术功底，结合西方科学方法，在古史考证方面取得极高成就，被尊为“新史学的开山”。胡适大力倡导实用主义方法论与乾嘉考据方法结合治学，也颇多建树，对学界产生很大影响。顾颉刚开创的疑古学派深受胡适方法启发，独树一帜。傅斯年在欧洲留学多年，本着客观主义史学精神创办历史语言研究所，开创所谓“史料学派”，对20世纪史学发展也有重大影响。

1937年抗日战争全面爆发后，中国史坛还出现了介绍“文化形态史观”的“战国策派”。主要代表人物有陈铨、何永佶、林同济、雷海宗等。斯宾格勒的《西方的没落》初刊于1918年，1922年修订再版。李思纯曾于1923年，在《学衡》发表《论文化》，对斯宾格勒其人其书作过介绍。吴宓也对斯宾格勒思想在中国的传播作过努力。[①] 至1940年代，林同济、雷海宗重谈文化形态史观，实际上是希望以一套文化形态构想，探索时代特点和民族存亡的理论问题。林同济的观点之一是“战国时代的重演”。他认为“世界史上的大战国时期”在16、17、18三个世纪已渐呈雏形，20世纪40年代可认为是又一度“战国时代”来临。他的想法颇类斯宾格勒关于世界已是极权主义时代的想法。尽管人们对此学派的出现，有这样或那样的看法。但有一点可以肯定，这种民族救亡时期的思考和研究，已经成为20世纪上半叶中外史学交流的有影响学案。

关于20世纪上半叶的史学交流，一个非常重要的事件，就是马克思主义史学理论在中国的传播和中国马克思主义史学的出现。我们知道，当西方史学理论开始传入中国时，马克思主义的唯物史观也通过留日学生介绍到中国。1903年，马君武撰写论文《社会主义与进化论比较（附社会党巨子所著书记）》，认为马克思把阶级斗争看作历史发展的动力，是唯物史观的奠基人。1905年，朱执信在

---

① 参见王敦书：《斯宾格勒的“文化形态史观”在华之最初传播——吴宓题英文本〈斯宾格勒之文化论〉手迹读后》，《历史研究》2002年第4期。

《德意志社会革命家小传》中，介绍马克思、恩格斯的生平事业，并对《共产党宣言》和《资本论》中所论述的唯物史观原理简要评述。[①] 至五四运动前，《共产党宣言》、《社会主义神髓》（日本早期社会活动家幸德秋水撰）、《社会主义经济论》（英国社会党主席汉德曼撰）等论述唯物史观著作的部分章节，都译成中文公开出版，有的还不止一个译本。[②] 马克思主义在中国的进一步传播，在于李大钊等早期马克思主义学者对唯物史观的进一步介绍和宣传。1919—1920 年，李大钊在《新青年》等刊物发表《唯物史观在现代史学上的价值》《马克思的历史哲学》《史观》《物质变动与道德变动》《由经济上解释中国近代思想变动的原因》等文章，[③] 明确指出“发明历史的真义的是马克思”。[④] 1924 年，李大钊出版《史学要论》，成为我国第一部系统论述马克思主义史学理论的专著。当时，蔡和森、李达、瞿秋白、李汉俊、陈望道等，都翻译或介绍过马克思主义经典作家论述唯物史观的著作。李大钊之后，郭沫若、吕振羽、翦伯赞等，接受马克思主义的唯物史观，为中国马克思主义史学发展做出了重大贡献。郭沫若 1930 年 3 月出版的《中国古代社会研究》一书，是中国马克思主义史学的第一部力作。

马克思主义史学在中国出现，是 20 世纪中外史学交流的一个重大事件。后来马克思主义史学在中国的发展，远远超出一般的中外史学交流的学术意义范畴。随着 1949 年新民主主义革命的胜利，马克思主义史学成为中国历史学的主要史学流派。

我们再回到第二方面的问题，即西方学者来到中国、了解中国学术，与中国学者走向西方、向西方世界传播中国学术的问题。这是我们回顾 20 世纪中外史学交流所必须面对的问题。

20 世纪初，在沙畹（E. Chavannes）、伯希和（Paul Pelliot）的倡导下，欧洲汉学界与中国学术界的交往由个别行为逐渐蔚为风气。沙畹本人，曾经在清朝驻法国公使馆参赞唐复礼的帮助下，翻译过《史记》。1907 年后，几度来华考察，

① 《民报》第 2 号，1905 年 11 月 26 日初版。
② 如 1903 年初版于日本的《社会主义神髓》一书，在“五四”前，至少有 3 种中文译本。
③ 《李大钊史学论集》，河北人民出版社 1984 年版，第 199 页。
④ 《李大钊文集》（下），人民出版社 1984 年版，第 678 页。

与中国学者有交往。沙畹影响下，各大弟子伯希和、马伯乐（Henri Maspero）、葛兰言（Marcel Granet）、高本汉（Bernhard Karlgren）、阿列克谢耶夫（V. Alekseev）、叶理绥（S. Elisséeff）、戴密微（Paul Demiéville），都很重视与中国学者交往。马伯乐曾于1908年、1914年两次来华，作过佛教美术资料的考古调查。伯希和精通亚洲各种语文，注意版本校勘与新史料搜求，对我国目录版本、语言文字、考古艺术、宗教文化、东西交通以及边疆史地等，皆有深刻研究。他数度来华，与新旧学者多有交往，对中国史学研究产生过很大影响。

欧洲其他国家，也多有来中国了解中国学术的学者。德国方面，30年代中期，由于局势恶化，汉学家出走，福克司（Walter Fuchs）、傅吾康（Wolfgang Franke）、卫德明（Hellmut Wilhelm）、石坦安（Diether von der Steinen）、谢礼士（Ernst Schierlitz）、艾锷风（Gustav Ecke）等人，一时云集北京。英国方面，庄士敦（Reginald Fleming Johnson）在华时间较长，与新旧学者联系广泛。抗战时期，李约瑟（Joseph Needham）在大后方，也与不少学者结下友谊，完成其名著《中国科技史》。俄国方面，由于地缘接近，学者与中国学者也交往密切。彼得堡大学的伊凤阁（A. I. Ivanov）曾被聘为北京大学研究所国学门导师。阿列克谢耶夫在俄汉学界成就最高，与北大国学专家常有联系，互赠出版物。[①]

20世纪初的中外史学交流中，哈佛大学燕京学社是一个重要营垒。燕京大学校长司徒雷登（John Leighton Stuart）确定当年办学目的，“在将中西学识，熔于一炉，各采其长，以求多获益处”[②]。他促成了与哈佛大学联合办哈佛燕京学社。哈佛、燕大通过互派研究生和访问学者，为中美双方培养研究中国问题的学者。美国方面的人才有：魏鲁男（James Roland Ware）、舒斯特（Carl Schuster）、施维许（Earl Swisher）、毕乃德（Knight Biggerstaff）、卜德（Derk Bodde）、顾立雅（Herrlee Glessner Creel）、戴德华（George Edward Taylor）、史克门（Laurence Sickman）、赖肖尔（Edwin O. Reischaner）、芮沃寿（Arthur Frederick Wright）、饶大卫（David Nelson Rowe）、倪德卫（David Shepherd Nivison）等。他们绝大

---

① 关于这方面情况，桑兵：《国学与汉学——近代中外学界交往录》（浙江人民出版社1999年版）的研究中，已有涉及。

② 《在燕大师生大会上的讲话》，1935年9月24日。

多数研究中国古代文化，成为美国汉学骨干力量。中国方面，一批优秀学者也纷纷到哈佛留学，齐思和、翁独健、黄延毓、郑德坤、林耀华、周一良、陈观胜、蒙思明、王伊同、王钟翰等都在入选之列。杨联陞也受到哈佛燕京学社资助，毕业后留在哈佛，后来的许多美国汉学家出其门下。洪业是当时这些活动的重要组织者。这些人的学术造诣在国际上达到很高水平，成为海外介绍中国史学的最有影响的华人学者。

《哈佛亚洲研究》杂志最初的文章，都和中国史料学、中国文献学有关。如邓嗣禹与毕乃德合著的《中国文献选编题解》(1936)、毕乃德《东华录和实录的某些解释》(1939)等。直接和中国史学史研究有关的论文，主要有萨金特(Clyde B. Sargent)《资治史学：班固和前汉历史记录》(1944)、姚善玉《〈图书集成〉和〈清史稿〉中关于水和龙的数据》(1944)、伯儒(Rhea C. Blue)《汉、魏、隋史：食货志的争辩》(1948)等。其中，杨联陞撰写了多篇关于中国史学史研究的学术论文。如《中国传统的编史工作》(1938)、《二十四史称呼之理论》(1947)、《古代中国历史研究之发展》(1952)等。他的工作对美国中国学界了解中国史学起了发蒙作用。

有趣的是，二次大战中崛起的哈佛汉学家，很快成为美国现代中国学的重要奠基者。“二战”前后美国的对华政策有其必然的连贯性，中国在远东重要的战略地位决定了他们要审视其所有对华关系。了解中国成了中美关系的基础和前提。所谓的区域研究和现代中国学，就是在这样的情况下被提出来的。费正清(John King Fairbank)是积极的倡导者、奠基者、实践者。[①] 费正清从对清朝的研究入手，开始其对现代美国中国学的思考和建设。正是对中国文献学、史料学乃至史学史研究的扎实工作，奠定了费正清现代中国学的基础；或者说，美国中国学的发展促进了美国对中国文献学、中国史料学和中国史学史的研究。

美国对中国史学研究，还出现一个新特点，就是关注当代中国史学的研究，注意中国史学发展最新动态。如芮沃寿的《北京的汉学：1941—1945》(1947

---

① 这里所提的区域研究，包括对当时苏联、印度等国家和地区的研究，是更专门的、跨学科的、对特定地理区域的研究。1946年哈佛大学还成立了国际与区域研究委员会，而“现代中国学”，是相对欧洲“汉学”而言。

年）、邓嗣禹的《最近50年中国史学》（1949年）、里昂（Bayard Lyon）的《评〈当代中国史学〉》（1950年）等。芮沃寿的文章虽只写了5年汉学，但内容非常丰富，为后人留下了一段珍贵史料。邓嗣禹的论文，对中国20世纪初50年史学的介绍相当全面。他还追溯了中国史学的起源。邓嗣禹指出，中国史学有辉煌的过去，其质量和数量，只有欧洲现代史学可以相匹。其他国家如印度等的哲学、科学和艺术或可称道，但若提史学，没有一个可以声称具有和中国一样悠久、光荣的编纂传统。他强调西方学者应该知道和了解中国史学。里昂的文章评顾颉刚的《当代中国史学》，认为美国学者对中国很不了解，如果他们早看到中国的这些著作，就不会犯那么多的错误了。①

20世纪上半叶虽然时间不很长，但在中外史学交流的历史上，是难得的发展阶段。在这个阶段，出现了三个发展高潮：一是对西方史学的介绍和引进出现高潮；二是对马克思主义唯物史观的介绍和马克思主义史学的建设出现高潮；三是中国史学走向西方汉学界包括美国中国学界，也出现一个未曾有过的小高潮。显然，这些情况的呈现，和中国史学所面临的特殊学术生态和政治背景有关，是20世纪中外史学交流中值得深入关注和研究的问题。

20世纪50—70年代的中外史学交流

20世纪下半叶，是中外史学交流波折最大的时期，却又是20世纪成果最丰富的时期。基本可以划为三个阶段：第一阶段，1949—1966年，交往的平常期和偏颇期；第二阶段，1966—1976年，交往的停滞期；第三阶段，1978—2000年，交往的活跃期和黄金期。

总体上说，新中国成立初期的马克思主义史学还是成就不凡。新中国成立初期出现了关于古史分期问题、封建土地所有制形式问题、中国封建社会农民战争问题、中国资本主义萌芽问题、汉民族形成问题和民族关系问题等专题讨论和研究（即著名的古代史研究的“五朵金花”），标志着新中国史学开始摆脱战争时期

① *The Far Eastern Quarterly*, Volume 10, Issue 1（Nov., 1950）.

史学的草创痕迹和烙印，努力向严肃的科学境界迈进。这个时期出版的重要专著有郭沫若的《中国史稿》、范文澜改编的《中国通史简编》（后改称《中国通史》）、翦伯赞的《中国史纲要》、吕振羽修订的《简明中国通史》、侯外庐陆续出齐的《中国思想通史》、胡华的《中国新民主主义革命史》（初稿）等，称得上是这段时期历史学研究中最有影响的著作。吴晗等史学家还十分关注历史知识的普及问题，中华书局、商务印书馆及时出版了他们编写的《中国历史小丛书》《外国历史小丛书》等读物。史学工作者还标点了《资治通鉴》、《续资治通鉴》及二十四史。许多著名史家还纷纷贡献了他们的断代史专著和专题史研究专著。西欧、北美、亚、非、拉美等地区史的研究也颇有成就。60年代中期开始，史学史工作者还就史学史研究的任务、对象、目的展开了热烈讨论。翦伯赞等史家对马克思主义历史主义理论的阐扬和实例分析，使科学史学思潮的发展有了坚实的理论基础。[①]

中国近现代史研究方面，除中国近代史分期问题讨论外、太平天国革命性质讨论、李秀成及其《自述》研究、洋务运动研究、辛亥革命问题研究等，也热闹一时。代表著作有刘大年的《美国侵华史》《中国近代史诸问题》，丁名楠、余绳武等的《帝国主义侵华史》第一卷，黎澍的《辛亥革命前后的中国政治》，戴逸的《中国近代史稿》第 卷，胡乔木的《中国共产党的三十年》，何干之主编的《中国现代革命史》等。李新等学者主编的《中国新民主主义革命时期通史》，是用马克思主义观点编写的第一部现代通史著作。中国近代史史料整理方面，中国史学会主编的《中国近代史料丛刊》，包括《鸦片战争》《第二次鸦片战争》《太平天国》《捻军》《回民起义》《洋务运动》《中法战争》《中日战争》《戊戌变法》《义和团》《辛亥革命》等10多种专题资料出版，为近代史研究提供了很大方便。此外，中国科学院经济研究所的学者还编辑出版了中国近代农业史、手工业史和工业史等方面的专题资料。现代史方面，也有《中国新民主主义革命参考资料》《中国革命史参考资料》等资料集的问世。

---

① 参见朱政惠：《中国马克思主义史学的回顾和展望》，载《马克思主义史学新探》（陈启能、于沛等主编），社会科学文献出版社1999年版。

但这时期的中外史学交流还是偏颇的。当时，国内的主流思想，是希望确立马克思主义唯物史观在国内的统治地位，并认为这是中国历史学研究需要遵循的唯一科学指南。在这一主流意识形态影响下，所谓的交流，偏重与苏联历史学界的交流。当时，大学的教科书是苏联的；一些比较重要大学的历史教师，也是从苏联请来的。以中国人民大学为例，当时的中国历史教研室和世界通史教研室，联合编译了《历史问题译丛》（1953 年），介绍苏联历史研究中提出的一系列重要理论问题，如民族问题、封建社会与奴隶社会问题，以及关于历史教科书的结构问题等。《历史研究》于 1954 年创刊，其所主编的《历史问题译丛》（又名《史学译丛》）也编译和介绍了很多苏联史学文集。如苏联《历史问题》杂志 1953 年第 11 号社论《论伟大十月社会主义革命史的科学研究工作》、历史学家基姆和加里科夫的论文《关于苏维埃社会史研究工作的几个问题》等。《历史研究》杂志还主持出版有《苏联关于封建主义基本经济规律的讨论》（三联书店 1956 年版）、《苏联关于游牧民族宗法封建关系问题的讨论》（科学出版社 1957 年版）、《封建社会发展阶段问题译文集》（科学出版社 1959 年版）、《俄国农民战争译文集》（科学出版社 1960 年版）等译文集，对中国史学界产生过相当的影响。《历史研究》编译文集之外，还有两部重要译集，一部是尚钺编的《封建社会历史译文集》，一部是《苏联史学家在罗马第十届国际史学家代表大会报告集》。

50 年代到 60 年代初，大量引进、学习苏联史学，对中国史学工作者掌握和运用唯物史观研究中外历史，有一定的促进作用。但苏联史学理论中对马克思主义运用的教条主义、概念化、公式化倾向，对中国史学的发展也有消极影响，妨碍了史学工作者对唯物史观的深入理解和研究。60 年代初，由于中苏关系的恶化，向苏联史学的学习也成为永久的历史。

当时在中外史学的人员交流方面，能批准外出参加国际学术会议的相当少。笔者所知，吕振羽参加过德意志民主共和国莱比锡“东方学”国际会议（1955 年 10 月）。但这还是“社会主义阵营”里的学术会议。当时，中国学者和美国、西欧的交往几乎没有。与此同时，对资产阶级史学和封建史学的批判相当严厉。所谓的“打倒王朝体系”，“把帝王将相赶下历史舞台”，以及批判胡适、梁漱溟、雷海宗和“清除唯心史观在中国史学界的影响”的政治批判接连不断，都是国家政治生活所引发的学术反馈，以致演变为“文化大革命”。

“文化大革命”是中华民族历史上的一次内乱和文化浩劫，是大陆学术界对外交往最封闭的时期，几乎没有什么重要的学术交流在这时期发生过。但我们不能这样简单地、单方面地看问题。因为在海峡的彼岸，这种学术的交流还在发展，在海外的其他国家，他们对中国及其历史学的研究没有减弱，反而更有兴趣。这是我们对这一时期中外史学变流考察所不可忽视的方面。

台湾、香港那里，这种交流还保持着。学术交流和学者互访仍然频繁，年轻学子从宝岛到异国他乡深造。他们无意中在海峡彼岸，延续了中华民族的对外交往尤其是史学交往的传统，把传统文化带到海外，也把海外的史学新思潮、新方法及时带回港台地区。我们所知道的杜维明、李欧梵等著名学者，都是在六七十年代，从台湾、香港到美国和世界上其他国家和地区求学。这时期到海外访问的学者也相当多，如台湾的全汉昇等。①一批欧美留学人员的回归，使西方现代史学理论和方法得以更多输入，外国史学史和中外史学比较研究也日趋兴起。当时在台湾出版的关于欧美史学史研究的专著，有蔡石山《西洋史学史》(国立编译馆，1975 年)、阎沁恒《汤恩比(即汤因比)与历史》(牧童出版社，1976 年)、汪荣祖《兰克史学真相》(《食货》月刊 5 卷 1 期，1975 年)与《白德尔(即布罗代尔)与当代法国史学》(《食货》月刊 6 卷 6 期，1976 年)、周梁楷《近代欧洲史家及史学思想》(唐山出版社，1980 年)，以及孙同勋的《二十世纪的美国史学》(《美国研究》1 卷 1 期，1971 年 3 月)、《美国都市史研究的发展》(《食货月刊》复刊 1 卷 2 期，1971 年 4 月)、《美国历史教科书中的立即解放运动》(《食货月刊》复刊卷 3, 1973 年 4 月)等。法国年鉴学派创始人及代表人物布洛克、布罗代尔等的研讨会，也曾在台湾召开。

当时，西方政界、学术界出于对中国政治和学术了解的需要，还是千方百计突破这种局面(带有很大的冷战需要的因素)。美国福特基金会下了很大一笔投

① 笔者在哈佛大学档案馆看到一份关于全汉昇访问哈佛大学费正清东亚研究中心的资料，该中心的工作会议专门讨论了如何接待全汉昇来访的问题。

资，建设了解中国学术的跳板。从1958年到1970年，福特基金会在台湾的投资达42.1万美元，在香港地区的投资达1万美元。① 香港中文大学建立的大学服务中心就是当时得以建立的资料中心。

美国学者对中国马克思主义史学建设颇为关心。对新中国成立初期中国马克思主义史学的探讨，主要集中于对翦伯赞主编的《中国近代史研究资料》汇编的研究和批评。一些重要学者如费正清、刘广京、芮玛丽（Mary C. Wright）、邓嗣禹、房兆楹等都撰写文章，评论翦伯赞主编的文献集如“鸦片战争”“太平天国”“捻军”“回民起义”“中法战争”“义和团”等。这是美国中国学界对当代中国史学的最早的系列评论，集中发表于1957年的《亚洲研究杂志》。费正清和芮玛丽为这套文集的研究写了“引论”。“引论”值得关注和研究，代表了当时以费正清为代表的美国中国问题专家对中国马克思主义史学的基本立场和基本看法。

当时推进了解中国马克思主义史学的一个重要步骤，是召开关于中国马克思主义史学的国际学术研讨会。这是由英国《中国季刊》出面组织的学术会议。麦克法夸尔（Roderick MacFarquhar）是当时这份杂志的主要负责人。据笔者在哈佛档案馆的了解，麦克法夸尔和当时在哈佛大学的史华慈（Benjamin Schwartz）详细讨论了这次会议的筹备问题。会议在接近牛津的迪启莱·曼诺（Ditchley Manor）举行。时间是1964年9月6日至12日。当时代表美国哈佛大学参加并主持会议的是费维恺（Albert Feuerwerker）教授。会议有论文集。②

在此之前，费维恺已经出版了由他主编的关于中国马克思主义史学研究的论

---

① 参见林德贝克（John M. H. Lindbeck）:《理解中国：对美国学术资料的评估》(1971年)，根据林德贝克书中的统计，1958年至1970年，美国投入海外各个国家和地区的资金总数2 974.77万美元，其中英国74万美元，德国32.5万美元，日本25.3万美元，韩国14.3万美元，澳大利亚12.5万美元，加拿大9.7万美元，以及香港地区1万美元，台湾地区42.1万美元。

② 1964年在英国召开的这次中国共产主义历史学编撰会议是西方的一次重要的关于中国现代史学的研究会议。会议论文有《传统中国历史学和在共产主义下的改变》《前中国历史之发现》《中国共产主义者对太平天国的解释》《中国共产主义者对佛学对中国文化贡献之评估》《共产主义者对中国农民战争之处理》《共产党中国的中国近代经济史》《共产主义者历史学中的唐代》《共产主义中国的历史教学》《作为历史家的毛泽东》《中国共产主义者对中华帝国创建的研究》《中国共产主义者对19世纪中国外交关系的评估》等。

文集，题为《中国马克思主义史学》(1961 年)。他还主编了一本关于中国马克思主义史学研究情况的选编文集《中国共产党人的中国近代史研究》(1961 年)。这是油印本，258 页，一看就知道花了相当大的工夫。像郭沫若、吕振羽、范文澜、翦伯赞、侯外庐、尚钺、华岗、胡绳、何干之、胡乔木、胡华、吴晗、刘大年、白寿彝等学者的著作，都有详细介绍。但这部讲义所介绍的著作决不只限于马克思主义史学家的成果。1968 年，费维恺又主编了论文集《共产党中国的史学》，收集了包括中国学者刘大年在内的英国、荷兰、苏联、澳大利亚、美国等多国学者关于中国马克思主义史学研究的学术论文。

中国史学史研究不是西方民族所能轻易做到的。在对中国史学长河的理解和认识中，华人学者的工作始终是关键的。洪业、杨联陞等学者，对美国中国史学史研究的深入和发展，起了中坚和骨干的作用。在 50 年代，杨联陞对《汉书》《史记》的翻译都有及时的书评，对翻译内容及其正确性提出看法或商榷意见。[①] 1949 年，日本内藤湖南出版了《中国史学史》。杨联陞也及时做了学术反馈，认为金毓黻的《中国史学史》属于经典性著作，嘉德纳的《中国传统史学》是唯一英文本中国史学史，内藤的《中国史学史》则是“近代学者撰写的部头最大的一部”[②]。50 年代，洪业还撰写了《公元 719 年唐朝廷的关于著书目录的辩论》(1957)等重要学术论文。在 60 年代，洪业撰写的论文是《公元 708 年前的唐代史学编纂署》(1960—1961)、[③]《唐代史官的辞职信》(1969)等。

美国对中国史学史的研究，还十分重视史学名著的翻译。德效骞（Homer H. Dubs）的《汉书》后，又有方志彤（Achilles Fang）对司马光《资治通鉴》的翻译、华兹生（Burton Watson）对司马迁《史记》的翻译，徐中约对梁启超《清代学术概论》的翻译、J. I. 克伦坡（J. I. Crump）对《战国策》的翻译。《资治通

---

① Lien-Shen Yang, The History of the Former Han Dynasty by Pan Ku, *Harvard Journal of Asian Studies*, Volume 19, Issue 3/4(Dec., 1956); Records of The Grand Historian of China, *Harvard Journal of Asian Studies*, Volume 23 (1960-1961).

② Lien-Shen Yang, History of Early Modern China.; History of Chinese Historiography. *The Far Eastern Quarterly*, Volume 12, Issue 2(Feb., 1953), pp.208-210.

③ 《哈佛亚洲研究杂志》1960—1961 年，卷 23。

鉴》的这套译本共两册，为选译本，洛克菲勒基金会资助了这一项目。开始在中国，日本侵略中国后，由方志彤带到美国继续进行，1952 年燕京学社出版铅字打印稿本。华兹生曾执教于哥伦比亚大学。在对《史记》翻译前，撰写过一本关于司马迁的专著，1958 年哥伦比亚大学出版社出版，对司马迁的生平、思想、史学思想及《史记》做了比较全面的研究。在此基础上，1961 年，他的《史记选译》(两册)由哥伦比亚大学出版。狄百瑞(Wm Theodore de Bary)撰写了序言，强调《史记》是关于中国古代社会的最重要的历史学文献。《史记选译》的出版是当时美国中国学界有影响的学术事件，包括德效蹇在内的一些学者认真撰写了书评。关于梁启超的《清代学术概论》，由徐中约翻译，史华慈撰写了序言，1959 年由哈佛大学出版社出版。

美国中国学界对人物传的研究也颇重视。资料表明，60 年代初，有过一次专门学术研讨。商量中国传统史学的人物传研究、近代史学的人物传研究、马克思主义史学的人物传研究等。这场讨论由著名传记家包华德(Howard Lyon Boorman)教授发起。美国对中国史学史的研究，还表现在撰写一些断代的中国史学发展史，如元代史学研究、金代史学，这些研究成果要早于中国大陆。在美国学术界，还比较早地出现对中国佛教史学史的研究论文。[①] 此外，专题研究如辛亥革命史学、义和团史学、中国劳工运动史学、地方志、哈尔滨城市史学的研究专著也有。[②]

对历史的研究往往需要尘埃落定。有时候，我们觉得几乎没有和别人有什么交往，但实际上，这种交往还在继续，甚至在更深层次上发展。这是我们始料不及的，上述种种问题值得深入探索。

20 世纪末的中外史学交流

中国粉碎“四人帮”，改革开放使中外史学交流也出现大转机。一是大量中

---

① Tanya Storch: Chinese Buddist Historiography and Orality, *Sino — Platonic Papers*, Number 37, March, 1993.

② 关于这方面的研究，资料也相当可以，笔者将有专门的探讨。

外史学交流和学术互访的出现；二是大量海外史学理论和史学方法的译著出现；三是体现时代新特征的史学发展趋势出现。

以中美学术交往为例，1978 年以后，两国学者互访已经开始。根据笔者在哈佛大学档案馆的了解，1979 年 8 月 27 日，中国社会科学院考古研究所副所长王钟书就曾经到哈佛大学做关于汉文化的系列讲座。① 同年 10 月 30 日，华中师范大学历史学教授章开沅到哈佛大学访问。他在哈佛大学的纽英伦中国讲座做学术演讲。当时他所访问的大学还包括西雅图华盛顿大学、加州大学伯克利分校、斯坦福大学、威斯康星大学、密歇根大学、哥伦比亚大学、普林斯顿大学、耶鲁大学等。② 据知，11 月上旬，哈佛大学费正清中心还接手中国社会科学院学者何兆武、王毓铨的访美事项。据知，何兆武先生的研究项目是：《当代美国对中国思想史的研究，特别是近代思想史以来中西思想文化交流史的研究（当代美国对西方思想史的研究情况，史学思想与史学方法论的研究与动态）》。③ 王毓铨先生的题目是《1950 年以来美国学者对中国的研究》，主要研究美国对中国历史的研究。④

美国学者也做了积极的工作。史华慈研究中国问题大半辈子，从来没有到过中国，1975 年他首次到中国，不过是随美国自然科学家代表团访华的。史华慈没有成为"文化大革命"后中美人文社会科学家访问中国的首批美国学者，却

---

① 哈佛大学档案馆文件，ACC#14133（BOX13）。

② 哈佛大学档案馆文件，ACC#14133（BOX14）。

③ 何兆武的项目内容：1. 主要研究机构的组织、活动与研究项目；2. 主要代表人物与主要代表著作；3. 主要研究成果与研究方向；4. 对中国思想史在世界思想史上的地位与作用的评价；5. 历史学的现代问题：理论上的、方法论上的与技术手段上的；历史学与其他学科之间的互相渗透与合作；6. 高等院校的历史课程和教学活动，学会与学术活动；7. 资料收集情况与动向。何将主要去芝加哥大学、哈佛大学、斯坦福大学、华盛顿大学、国家档案馆、国会图书馆。共同研究的人员主要为何炳棣、费正清、刘广京等。时间是 1979 年 11 月起，共半年。

④ 王毓铨研究计划包括：1. 主要研究机构和主要研究课题；2. 代表性的学者和著作；3. 研究工作上的新趋势和主要成就；4. 史学的姐妹学科的研究；5. 历史资料的收藏和使用；6. 高等院校的历史课程和教学活动；7. 学会、学术委员会和学术月刊。同时，主要考察美国国会图书馆及各大图书馆所藏中国图书珍本（明清），以及美国学者在蒙古史研究和中西交通史研究上的重要论文和论著。将主要去伯克利分校、芝加哥大学、哥伦比亚大学、哈佛大学、国会图书馆访问。

是促成中美人文社会科学工作者相互交流的重要学者之一。还是在1978年11月，斯坦福大学马安国（Angus W. McDonald, Jr.）教授就在策划访问中华人民共和国，考虑组织一个“毛旅行团”。代表团成员由威斯康星大学历史系教授马思乐（Maurice Meisner）和爱德华·弗莱德曼（Edward Friedman）、哈佛大学历史与政治系教授史华慈、斯坦福大学教授马安国组成。他们给中国驻美国大使馆和中国社会科学院写信，希望访问成行。[①] 据了解，中国社会科学院外事局1979年2月24日回函，表示欢迎就毛主席和中国革命专题来华进行学术访问四周。[②] 1979年10月6日，史华慈本人向美国有关学会呈交了争取访问中华人民共和国的“杰出学者交流项目申请表”。史华慈写道，去中国主要是想同人们交流中国思想史研究的问题，以及中国文化和中国历史遗产对现代化和现代性的关系问题。1980年，他还直接写信给中国社会科学院领导，说非常高兴有机会去中国并同学者们交换关于传统和现代化问题的意见。[③] 同年3月16日，他还以东亚和大西洋社区课题组主席的名义，致中国社会科学院院长宦乡。向他呈交一份备忘录副本，这是费正清所建议的中美合作研究的建议。在这个备忘录中，费正清建议中美学者可以进行中美关系史的联合研究，可以邀请两国不同学科（包括历史学）的学者参加。[④]

不过史华慈1980年没能成行。1980年到中国访问的有影响的史学代表团，是由加州大学伯克利分校魏斐德（Frederic E. J. Wakeman, Jr.）教授为团长的美国明清研究代表团。魏斐德率领的美国中国明清访问团，满中国地跑，深入大

---

① 哈佛大学档案馆文件，ACC#14133（BOX13）。
② 哈佛大学档案馆文件，ACC#14133（BOX13）。
③ 哈佛大学档案馆文件，ACC#14133（BOX14）。
④ 费正清的这一备忘录指出：相互理解有助于友谊的发展。如果美国人民能够通过中国人的眼睛看他们自己，中国人通过美国人的眼睛看他们自己。我们也很希望知道美国人、中国人相互知道他们过去的意见分歧的地方。上海公报开创了一个好的先例。相互理解是珍贵的，但也不是轻易可以实现的。双方都应该增进信任了解，这样会修正以往的旧的主张。我想时间会促进这样的联合的努力。费正清在备忘录中具体介绍了6个努力的方向。（哈佛大学档案馆文件，ACC#14133, BOX14）关于这方面的情况，笔者已经有研究文章《20世纪末的一次重要学案——上世纪80年代史华兹对东亚政治秩序问题讨论的组织和研究》，刊《美国中国学史研究——海外中国学探索的理论与实践》（2004年）。

学、科研机关、档案馆，了解新时期中国历史学的走向。他们强调对中国的实地目击，了解中国史学、史学家、史学机构的具体状况。事后又主编明清访问团文集《中华人民共和国的明清研究》(1980)，很详细记载了代表团所见所闻。这是对当时中国史学界队伍、资料、现状的十分详尽的文献记录。和这个访问团的时间相近，美国普林斯顿大学的余英时教授，也率领汉学术访问团来到中国。史华慈于 1981 年来到中国，访问北京、上海、西安、杭州等地，同中国学者进行了广泛交流。

关于中外学术交流的情况，只能做很约略的回顾。事实上，以后的情况远比以前发展。外国学者纷纷来华访问讲学，传达最新的史学动态。在国外留学、访问、定居的学者成为中外史学的桥梁，为中外史学交流做出了很大贡献。

中国粉碎“四人帮”，改革开放出现转机，美国对中国马克思主义史学的研究异乎寻常的热闹。他们注意对中国史学理论的研究。中国农民战争研究方面，有加州大学戴维斯分校历史系刘广京的长篇论文，研究中国农民战争中的理论问题，题目《世界观和农民反抗：后毛时代史学反思》(1981)，这是用力很深的学术论文。1989 年，卜正民（ Timothy Brook ）主编了题为《亚细亚生产方式在中国》的论文集。[①] 这篇论著在美国颇受重视。阿里夫・德里克（ Arif Dirlik ）教授在书评中强调了这本著作的文献价值。[②] 他们还高度关注中国《史学情报》和《史学年鉴》的出版。《亚洲研究杂志》等学术刊物都有评论文章。1978 年，魏斐德还撰写了《粉碎“四人帮”以后的中国历史学》，对中国史学的趋势做了展望，称中国历史学的新转折已经来到。

在其他国家，80—90 年代以来，对中国史学的研究也在发展。在韩国，李

---

① Timothy Brook: *The Asiantic Mode of Production in China* (M. E. Sharoe, Inc. 1989）. 这部论文集收入的论文总共有 12 篇，引言是卜正民本人撰写，其他刊登的主要是吴大坤、赵俪生、王敦书、胡钟达等中国学者的文章。还收有中国学者 1978—1988 年间的论亚细亚生产方式的论文目录。在此之前，英国伦敦出版了《亚细亚生产方式：科学和政治》（ 1981 ）一书。此书是文献集 , 由 A. M. Bailey、J. R. Llobera 主编。

② *Journal of Asian Studies*, Volume 49, Issue 3（ Aug., 1990）. 阿尔夫・德里克的书评结尾道，主编和翻译这本著作的专家是应该祝贺的，他们把这样重要的问题带到了海外的中国问题研究专家的面前。

润和的《中韩近代史学的比较研究》(1994)是一本关于中韩史学比较研究的专著，已经翻译成中文。在德国，罗梅君(Mechthild Leutner)的《政治与科学之间的历史编撰——30和40年代中国马克思主义史学的形成》也已经出完，山东教育出版社1997年翻译出版。在苏联，社会科学院历史部的维特金(R. V. Vyatkin)组织人员将《史记》翻译成俄文本。这个事情在美国也有较大反响。宾州大学卜德教授专门撰写书评，发表在美国的《亚洲研究杂志》。在加拿大，学者詹尼弗(Jennifer W. Jay)著有《纪念和官方的阐释：宋代忠君者的史学》(1990)，这是其专著《王朝之变：十三世纪中国的忠义问题》中的一章。作者认为文天祥的文集是这一特色史学的发端。在澳大利亚，学者们也撰写了中国史学史研究的专著。对中国史学研究的前所未有的关注，是中外史学交流加强的重要标志。

世纪之交，中外史学交流的新特点在于，海外学者不再不负责任地说中国古代史学是剪刀加糨糊，而是很关注中国史学的本质特色和对西方史学的借鉴意义。1995年，史华慈在题为《中国文化之历史观：若干比较性的思考》的论文中，着重分析中国史学的特色问题。他比较了中国和欧洲的古代史学，认为中国史学最关注的是人的历史与非人的历史之间的关系；或者说，中国古代史学主要研究人与道的关系。他认为："天或道的看法显示出中国人还是相信历史中存在着一些非个人的形式或力量，而且我认为像中国的势、时、自然这类的词汇，会令人联想到我们的文化中那种有关自然发生、非个人的过程的观念。"[①] 史华慈的分析给人们留下了思考的空间，促使人们进一步理解中国史学的发展特征及其对西方史学的意义。1994年2月，伊米拉学院的学者侯格睿(Grant Hardy)发表题为《司马迁的多重叙述：中国古代史学能否对现代西方史学有现实贡献》的长篇论文。哈代文章中，将司马迁的观点和海登·怀特(Hayden White)等西方史学家的观点做了比较。哈代认为，司马迁的历史研究方法对西方史学家提供了连贯的历史方法的画图，而且也许是很有趣的典范，因为它恰恰是西方史学家为摆脱传统历史编撰模式所苦苦思索的问题。哈代试图引出"具有全球意义的话题"。加州大学洛杉矶分校史嘉柏(David C. Schaberg)教授的《过去的模式：中

① 史华慈文收入《中国史学史研讨会——从比较观点出发论文集》，稻香出版社(台湾)1999年版。

国古代史学的模式和思想》，是近些年涌现的关于中国史学史研究的最有影响的著作，2001 年哈佛大学出版社出版。这是在他 1995 年博士论文《中国历史学的创立：〈左传〉、〈国语〉中的语言表述》基础上完成的专著，主要研究中国古代著作——《左传》《国语》。[①] 作者试图通过对这两本古代文本的探讨，寻找中国史学的起源。史嘉柏认为《左传》和《国语》构成了古代中国历史叙述的基本架构。他并认为，公元前的这两本著作，以孔子的观点解释过去并为现实的人提供训诫，显示聪明的中国人知道如何来写历史；高教养的贵族利用语言形成记忆，寻求规范社会的准则。史嘉柏的著作获得 2003 年美国亚洲协会的列文森奖。总之，专家们都显示了这样的期待：从中国史学内部寻找有价值的、可以和西方史学互补的思想、方法和理论。

在中国方面，学术交往推动了西方各种史学著作的翻译出版。择大要而言，商务印书馆出版《汉译世界学术名著》，主要有鲁滨逊《新史学》、古奇《19 世纪历史学与历史学家》、李凯尔特《文化科学和自然科学》、康德《历史理性批判文集》、维柯《新科学》等。上海译文出版社推出《当代学术思潮译丛》，有巴勒克拉夫《当代史学主要趋势》、勒高夫等《新史学》等。华夏出版社《二十世纪文库》，有巴尔格《历史学的范畴与方法》、米罗诺夫等《历史学家与数学》、米罗诺夫《历史学家和社会学》、伊格尔斯《欧洲史学新方向》、伊格尔斯等《历史研究国际手册》、哈多克《历史思想导论》、雅斯贝斯《历史的起源与目标》、托波尔斯基《历史方法论》、摩尔《民主和专制的社会起源》、波普尔《历史决定论的贫困》、迈克尔·米特罗尔等《欧洲家庭史》等。中国社会科学院世界历史研究所编《外国史学理论名著译丛》，有茹科夫《历史方法论大纲》、沃尔什《历史哲学——导论》、柯林武德《历史的观念》、波普尔《历史主义的贫困》（华夏版译作《历史决定论的贫困》）、勒高夫和诺拉主编《史学研究的新问题新方法新对象》等著作。这些系列丛书，规模和数量都超过以往。[②]

---

① 关于这篇文章的介绍，可参见朱政惠：《20 世纪美国对中国史学史的研究》，《史学史研究》2003 年第 4 期。

② 这些书籍可参看张广智：《近二十年来中国的西方史学史研究（1978～1998）》，《史学史研究》1998 年第 4 期。

同样，中国学者也关注海外对中国历史学的研究。中国社会科学院情报研究所做了比较多的工作，《外国研究中国》（商务印书馆，1978 年 8 月）是当时最早介绍海外研究中国的刊物。中国社会科学院文献信息中心还成立国外中国学研究室，编著“国外研究中国丛书”，介绍美国、日本、俄苏的汉学、中国学状况。1994 年，该中心还编著出版《世界中国学家名录》。80 年代末以来，国内对海外汉学介绍与研究的力度增强。两套大型翻译丛书出版：在上海，上海古籍出版社出版了王元化主编的“海外汉学丛书”；在江苏，江苏人民出版社出版了刘东主编的“海外中国研究丛书”。与此同时，中华书局出版了若干与海外汉学有关的“译丛”，如“中外关系史名著译丛”等。在北方，辽宁教育出版社出版了“当代汉学家论著译丛”，《中国古代典籍导读》（鲁惟一（Michael Loewe）主编，李学勤等译）等入选。上海古籍出版社还出版“海外珍藏善本丛书”。河南大象出版社出版“西方早期汉学经典译丛”。关于中国典籍文物在海外的流布情况，国内也出现有专门研究著作，如《海外孤本晚明戏剧选集三种》《海外敦煌吐鲁番文献知见录》等。还有如《汉籍在日本的流布研究》（严绍璗著，江苏古籍出版社，1992 年）、《江户时代的中国典籍流播日本研究》（大庭修著，戚印平等译，杭州大学出版社，1998 年）、《欧洲收藏部分中文古地图叙录》（李孝聪著，国际文化出版公司，1996 年）、《稀见清世史料并考释》（王庆成著，武汉出版社，1998 年）等。这些著作的作者都将近十年来在英、美、俄、日等地见到的稀见资料整理，进行专门介绍。李约瑟主编的《中国科学技术史》和崔瑞德（Deris Twitchett）、费正清主编的《剑桥中国史》，也在国内翻译出版。此外，中国社会科学出版社还出版有《法国当代中国学》（戴仁（Jean-Pierre Drege）主编，耿升译），全面介绍了法国中国学的历史和现状。①

80 年代以来，一些汉学研究机构和有关学术团体也相继成立。一些重要的国际汉学会议召开。相关论文集出版。② 由于汉学与中国学研究的深入，一些期

---

① 参见任大援：《“汉学”与“中国学”20 年来国内出版物览要》。见 http://www.historychina.net/qinghistory/research/Index.aspx?id=138&articleid=1729.

② 如《汉学研究之回顾与前瞻》（[新加坡] 林徐典编，中华书局出版）、《华夏文明与传世藏书：中国国际汉学研讨会论文集》（中国社会科学院历史研究所编）等。

刊或出版物如《世界汉学》《国际汉学》《汉学研究》等也纷纷面世。

对西方史学的研究促进我国建成一支较高水平的史学理论研究队伍。学术工作者更重视对于马克思主义唯物史观的研究，加强对历史规律性问题、历史客观性问题、史学社会功能问题等重要史学理论问题的探讨。① 与此同时，对现代西方史学的各种新思潮、新观念、新理论、新方法的介绍和研究，包括对心理历史学、历史人类学、历史人口学、社会历史学、结构史学、计量史学、比较史学、口述史学、影视史学及家庭史学、妇女史学、城市史学等研究，都促进中国学者考虑更好推进本国历史学研究的问题。中国当代历史学正以前所未有的开放心态去和世界各国的历史学交流和相互探讨，所有这些交流的日的，就是为了建设我们民族自己的新史学——一个既保持民族史学精华，又广泛吸取人类精英思想的21 世纪中国新史学。

以上，我们根据详今略远的原则，分四个阶段，分别介绍了中外史学交流的情况。从这四个阶段的情况可以看出：（1）世界上最古老的、编纂系统最全面的中国传统史学，在经过近一百年激烈的学术冲击、交流和时代大浪淘沙后，原生状态有很大改变，趋向与世界先进的理论和方法结合，并得以保持民族史学的精华内核。马克思主义史学是当今中国历史学发展的主流形态。（2）中国史学的每一次重要变革和发展，都和中华民族本身的发展变革有关，和国际史学发展的总趋势有关，和中国史学自身的蜕变发展有关。中国史学要健康、全面发展，只有走和世界各国史学交流和互补短长的道路。要顺应潮流，合乎时势。（3）中外史学交流始终是“双主题”“四通道”的。所谓“双主题”，就是中国向西方史学请教的主题，与西方了解、认识、研究中国史学的主题。所谓“四通道”，就是上述两个主题的任何一个主题的交流，都不是单向的。一般情况下，这种交流不会有障碍。任何有障碍的情况都值得关注，这方面有太深刻的历史教训，应该永远铭记。（4）中国史学和世界史学交往密切之日，是中国史学昌盛之际，也是世界史学繁荣之时。一个世纪的中外历史学交流，留给我们太多需要思考的问题。

（与李江涛合写，原载《史林》2004 年第 5 期）

① 参见于沛：《没有理论就没有历史科学——20 世纪我国史学理论研究的回顾和思考》，《史学理论研究》2000 年第 3 期。

20 世纪美国对中国史学史的研究

20 世纪是美国对中国全面研究的世纪，也是美国对中国史学史研究的世纪。据笔者在美国的调查，发现美国对中国史学史的研究有相当年头，有系列的专著和成果。这里，作初步的介绍和分析。

（一）20 世纪初的职业化进程问题

所谓“职业化进程”，主要针对非职业化进程而言，这是提高学术品位、学术含量的进程。20 世纪以前，美国对中国史学和历史文献已经有研究，但尚不规范。

美国对中国史学的了解开始于 19 世纪 30—40 年代。一开始的工作是由传教士进行的，他们不是职业史学工作者。他们对中国史学的介绍和研究，主要出于对中国历史和传统的了解。当时，美国传教士派遣当局要求传教士到中国，把他们所了解到的实际情况，及时向美国国内报告。[①] 所以凡历史、文化、社会、政

① Jonathan Goldstein, Jerry Israel and Hilary Conroy ed.,: *American Views China, American Images of China Then and Now*, Bethlehem: Lehigh University Press, 1991, p.69.

治、经济、军事，都要如实禀报。史学当然成了他们了解的一个方面。裨治文（Elijah Coleman Bridgman）的《中国丛报》（*China Repository*）中，有不少这方面的文章。如第 3 卷关于中国文化问题的介绍中，就有关于中国历史文献、中国历史著作，以及中国神话、早期模糊历史记录、先人的历史解说、历史学原则等方面的文章。1840 年 5—12 月的《中国丛报》，有关于司马谈、司马迁、司马光、马端临的史学研究情况的介绍。1841 年 1 月号的《中国丛报》，有关于中国历史记载及其记载方法的文章。3 月号的丛报中，有关于中国纪年方式、纪年内容和纪年特点的文章。11 月号有关于中国历史年表的文章等。《中国丛报》还有关于对魏源史学著作的介绍。第 16 期（1850 年）3 月号载魏源 1848 年本《海国图志》第 12 编的译文；5 月号有魏源《大清圣武记》的介绍文章。《中国丛报》还译载过《大清一统志》《八旗通志》等清代历史典籍。卫三畏（Samuel Wells Williams）的《中国总论——中华帝国的地理、政府、教育、社会生活、艺术、宗教及其居民概观》中，也有关于中国史学的介绍。1883 年修订版的《中国总论》下册第 17 章的“中国的历史及其年表”就涉及这些内容。这本著作的修订序言还专门谈到中国史学的编年问题，认为中国史学对有志于对其研究的学者，“是十分有趣的课题”。20 世纪前的这些情况表明，美国对中国史学的研究停留于一般介绍上。

美国对中国史学研究的职业化道路不是偶然的，它和整个美国的中国学的职业化道路是同步的，和欧洲汉学的职业化进程有大体的类似性。法国的巴黎东方语言学校设立汉学课程是在 1844 年，英国牛津大学、剑桥大学设汉学教授是在 1876 年。美国汉学的职业化进程大体开始于 19 世纪 80 年代。耶鲁大学开始中国学教学是 1876 年，哈佛大学 1879 年开始聘请中国教师戈鲲化。这都标志美国对中国的研究，跳出传教士的观察框架。20 世纪前后数 10 年，欧洲汉学家夏德（Friedrich Hirth）、劳费尔（Berthold Laufer）等重要学者对美国中国学的职业化进程起了决定性的作用。

美国对中国史学的职业化研究也大体在这时候酝酿，时间在 20 世纪 20—30 年代。其突出的代表性作品，是翻译著作。最早的两本著作，一是对宋代赵汝适的《诸蕃志》的翻译，一是对班固的《汉书》的翻译。前者是柔克义（William

W. Rockhill）和夏德的合作成果，被认为是西方汉学的重要成果。《诸蕃志》1911年首次出版，1914年东京再版。其价值主要在于英文注释，地名、物产的注释量相当大，甚至超过本文，被认为是西方汉学的重要成果。后者是德效蹇（Homer H. Dubs）的代表成就。他以整三年的时间，在国会图书馆完成了这一任务。① 是书翻译严谨，考证也精，标志美国学者对中国史学的关注进入实质性阶段。

其关键者，是对中国史学和文化史发展状况和资料状况的分析，这是在来自中国的一流史学家的直接领导下进行的。从时间表上看，在美国，涉及中国史学或文献学研究的比较早的学者，是哈佛大学燕京学社的洪业先生。1928年哈佛燕京学社成立后应邀赴哈佛讲学。由此在哈佛燕京学社主持引得编纂工作20多年，出版引得64种多。② 洪业的工作，为美国的中国史学史研究奠定了重要的史料学基础和方法论基础，被誉为“20世纪上半叶研究中国文化最重要的参考书之一”③。洪业还一直感兴趣于《史通》的研究。他在30年代发表了《史通点烦篇臆补》，以后还撰写关于《史通》的英文译注。他强调《史通》是世界上第一部系统讨论史学体例的著作，要让西方人知道中国史学造诣之深、发展之早。④

在美国，对中国史学通史介绍的最早的一本书，是嘉德纳（Charles Gardner）撰写的，叫《中国传统史学》⑤（1938年），这是地道的西方人撰写的中国史学史，也可以说是美国学者撰写的第一本有关中国史学通史知识的专著。这本书的出现，可以认为美国对中国史学的研究开始步入专业化的进程。1961年这部著作

---

① Homer H. Dubs, *The History of The Former Han Dynasty: A Critical Translation with Annotations*, Introduction Note. P.3, Waverly Press. Inc, 1938.

② 编纂处整理了《二十四史》里的四史即《史记》《汉书》《后汉书》《三国志》。还出版了《二十四史》综合艺文志（书目）及综合食货志（经济）的引得，以及《艺文志二十种综合引得》等。

③ [美] 陈毓贤：《洪业传》，北京大学出版社1996年版。

④ 余英时：《顾颉刚、洪业与中国现代史学》，《中国史研究动态》1981年8月号。

⑤ 嘉德纳是哈佛大学博士，他的中国学基础特别是文献学基础很强。曾经是美国学术团体理事会中国研究资料和搜集检查主任，先后执教于哈佛大学、哥伦比亚大学、耶鲁大学，家里收藏有一批珍贵中国典籍，临终时全部捐赠布朗大学东亚图书馆。

再版，哈佛大学杨联陞教授作序，充分肯定了这本著作的开拓意义，认为在未来的若干年内，这本书还将会是一本必读的著作。[①] 耶鲁大学芮沃寿（Arthur F. Wright）教授的书评也强调这本著作的开拓价值，认为是理解中国史学的指南，对青年学者的学术训练有重要影响。[②] 诚然，在今天看来，《中国传统史学》有失于浅简，但并不影响其在美国人对中国史学认识进程中的首创意义，是美国对中国史学史研究的职业化进程的标志。

（二）国际格局变化和美国对中国史学研究的发展

20 世纪 30 年代到 50 年代初，是整个国际局势大变化的时代。这是第二次世界大战开始和反法西斯战争殊死搏斗、赢得胜利的时期。美国人看到了中国在远东的重要战略地位。他们也从中国人民的抗战中，看到中国并不是原先一些人所错误想象的那样，意识到必须加强与这个远东战略同盟的联系。而对一个民族和国家的了解，任何情况下，首先是从对这个国家的历史和文化的了解开始。

二次大战前夕，美国有过一次力度较大的对华基金的投入，主要来自洛克菲勒基金会。中国是迄今唯一独立存在的文明古国，优秀知识分子既是东方文化的代表，又是宣传文化的载体。这成为他们中国的社会科学和人文学科建设的资助原因。[③] 当时基金会资助了冯友兰的《中国哲学史》翻译、胡适的《中国思想史》的翻译、魏特夫（K. A. Wittfogel）的《辽史》研究等。这里所贯彻的思想还在于，让美国人了解东方文化是当务之急，推进对于远东和中国情况的了解。

1928 年哈佛燕京学社成立也有同样的历史背景。这个由哈佛大学和燕京大学联合成立的学术机构，一开始就强调中西文化沟通的宗旨。燕京大学校长司徒

---

① Lien-Sheng Yang: *Foreword to the Second Printing, Chinese Traditional Historiography* , by Charles S. Gardner, Harvard University Press, 1961.

② Journal of Asian Studies, Volume 21, Issue 3 (May, 1962).

③ 这方面，中国社会科学院资中筠先生曾有专篇学术论文《洛克费勒基金会与中国》，载陶文钊《美国与近代中国》，中国社会科学出版社 1996 年版。

雷登（John Leighton Stuart）确定燕京大学的目的，“在将中西学识，熔于一炉，各采其长,以求多获益处”[①]。他促成了与哈佛大学联合办哈佛燕京学社。1928 年 1 月 5 日所立章程定下的目标是：“进行及提供关于中国文化，以及（或者）亚洲别处，日本，以及（或者）土耳其与欧洲的巴尔干半岛的文化之研究、讲习、出版活动”。当时，陈垣等中国学者参与了哈佛燕京学社的组建，陈寅恪等学者都到哈佛大学访问过[②]。由中国和国际汉学界高手组建的哈佛燕京学社,很快成为国际汉学重镇。

《哈佛亚洲研究学报》最初的文章，都和中国史料学、中国文献学的研究有关。这都是研究和了解中国的基础工作。如邓嗣禹与毕乃德（Knight Biggerstaff）合著的《中国文献选编题解》（1936 年）、毕乃德《东华录和实录的某些解释》（1939 年）等。直接和中国史学史研究有关的论文，主要有萨金特（Clyde B. Sargent）《资治史学：班固和前汉历史记录》（1944 年）、姚善玉《〈图书集成〉和〈清史稿〉中关于水和龙的数据》（1944 年）、伯儒（Rhea C. Blue）《汉、魏、隋史：食货志的争辩》（1948 年）等。从篇幅看，这些都是哈佛亚洲研究杂志的重头文章。是时，哈佛大学研究中国史学史的好手还有杨联陞。他也是当时很有影响的学者，杨联陞撰写了多篇关于中国史学史研究的学术论文。如《中国传统的编史工作》（1938 年）、《二十四史称呼之理论》（1947 年）、《古代中国历史研究之发展》（1952 年）等。杨联陞的著作，具体介绍了中国历史学，他是继洪业之后，又一位对中国史学史研究有很深造诣的学者。

当时燕京培养的著名学者有毕乃德、邓嗣禹、费正清、拉铁摩尔（Owen J. Lattimore）、卜德（Derk Bodde）等，他们后来都成了著名汉学家。有趣的是，二次大战中崛起的哈佛汉学家，很快成为美国现代中国学的重要奠基者。“二战”前后美国的对华政策有其必然的连贯性，中国在远东重要的战略地位决定了他们要重新审视其所有的对华关系。了解中国成了中美关系建设的基础和前提。所谓的区域研究和现代中国学，就是这样的情况下被提出来的。费正清是积极的创导

---

① 《在燕大师生大会上的讲话》，1935 年 9 月 24 日。

② 当时在哈佛和燕京学习和工作过的还有齐思和、林耀华、周一良、陈观胜、蒙思明、王伊同、王钟翰等。

者、奠基者、实践者。这里所提的区域研究，包括对当时苏联、印度等国家和地区的研究，是更专门的、跨学科的、对特定地理区域的研究。1946 年哈佛大学还成立了国际与区域研究委员会。而“现代中国学”，是相对欧洲“汉学”而言。费正清倾注一生精力，投身区域研究和现代中国学建设。[①] 费正清从对清朝的研究入手，开始其对现代美国中国学的思考和建设。他相信对清代文献的研究，是清史研究的必要和必需的基础建设。1946 年，费正清回到哈佛设立中国问题研讨班，邀请邓嗣禹、孙任以都、房兆楹等几位学者帮助整理清代史料。[②] 正是对中国文献学、史料学乃至史学史研究的扎实工作，奠定了费正清现代中国学的基础，也促进了美国对中国文献学、中国史料学和中国史学史的研究。

美国对中国史学的研究，还出现一个新特点，就是关注当代中国史学的研究，注意中国史学发展最新动态。这些论文主要有：芮沃寿的《北京的汉学：1941—1945》（1947 年）、邓嗣禹的《最近 50 年中国史学》（1949 年）、里昂（Bayard Lyon）的《评〈当代中国史学〉》（1950 年）等。芮沃寿的这篇文章十分重要，虽然只写了 5 年汉学，但内容非常丰富，为后人留下了一段珍贵史料。邓嗣禹的论文，对中国 20 世纪初 50 年史学的介绍相当全面。他还追溯了中国史学的起源。邓嗣禹指出，中国史学有辉煌的过去，其质量和数量，只有欧洲现代史学可以相匹。其他国家如印度等的哲学、科学和艺术或可称道，但若提史学，没有一个可以声称具有和中国一样悠久、光荣的编纂传统。他强调西方学者应该知道和了解中国史学。里昂的文章，就是评顾颉刚的《当代中国史学》。里昂认为美国学者对中国很不了解，如果他们早看到中国的这些著作，就不会犯那么多的错误了。[③] 不过按照当时欧美汉学的严格界定，这些对当代中国研究的文章已不在汉学范畴之内。但恰恰这些文章，诚如里昂所言，对西方了解中国有重要作

---

① 关于这方面的情况，费正清本人的自传和加拿大学者保罗·埃文斯的著作《费正清看中国》中，都有详细介绍。这两本著作都已经有中文本：费正清《费正清自传》（天津人民出版社 1993 年版）；保罗·埃文斯《费正清看中国》（上海人民出版社 1995 年版）。

② 费正清与邓明禹、孙任以都、房兆楹等人合编《中国对西方的反应（1839—1923）》（*China's Response to the West*）。这部文献是其中的一部，其贯彻的突出思想就是“西方冲击”论。

③ *The Far Eastern Quarterly*, Volume 10, Issue 1 (Nov., 1950).

用。20年代末到50年代初，美国对中国史学史的研究有很大的发展，研究者相对集中在哈佛大学。

（三）关注中国马克思主义史学的建设

对中国马克思主义史学的研究，是美国中国学界一直十分关注的事情，也是西方世界中国学界希望了解的。

对中华人民共和国成立初期的中国马克思主义史学的探讨，主要集中于对翦伯赞主编的《中国近代史研究资料》汇编的研究和批评。当时的一些重要学者如费正清、刘广京、芮玛丽（Mary C. Wright）、邓嗣禹、房兆楹等都撰写了文章，评论翦伯赞主编的文献集如“鸦片战争”“太平天国”“捻军”“回民起义”“中法战争”“义和团”等。这是美国中国学界对当代中国史学的最早的系列评论，集中发表于1957年的《亚洲研究杂志》。费正清和芮玛丽为这套文集出版的研究写了总的引论。这篇引论很值得关注和研究。可以认为，这代表了当时以费正清为代表的中国问题专家对中国马克思主义史学的基本立场和基本看法。

当时推进了解中国马克思主义史学的一个重要步骤，就是召开关于中国马克思主义史学的理论研讨会。这是由英国的《中国季刊》出面组织的学术会议。麦克法夸尔（Roderick MacFarquhar）是当时这份杂志的主要负责人。据笔者从哈佛档案馆的了解，麦克法夸尔和当时在哈佛的史华慈（Benjamin Schwartz）教授详细讨论了这次会议的筹备问题。会议在接近牛津的迪启莱·曼诺（Ditchley Manor）举行。时间是1964年9月6日至12日。不过史华慈没有出席这次会议。当时代表美国哈佛大学参加并主持会议的是费维恺（Albert Feuerwerker）教授。会议有论文集。[①] 参加这次会议的，很多是美国学者。会议的论文，除对中

---

① 1964年在英国召开的这次中国共产主义历史学编撰会议是西方的一次重要的关于中国现代史学的研究会议。会议论文有《传统中国历史学和在共产主义下的改变》《前中国历史之发现》《中国共产主义者对太平天国的解释》《中国共产主义者对佛学对中国文化贡献之评估》《共产主义者对中国农民战争之处理》《共产党中国的中国近代经济史》《共产主义者历史学中的唐代》《共产主义中国的历史教学》《作为历史家的毛泽东》《中国共产主义者对中华帝国创建的研究》《中国共产主义者对19世纪中国外交关系的评估》等。

国传统史学研究外，还有对毛泽东的史学研究。当时美国的中国学家已注意到作为中国共产党领袖的毛泽东，其思想和方法对中国史学发展的影响。

在此之前，费维恺已经出版了他主编的关于中国马克思主义史学研究的论文集，题为《中国马克思主义史学》(1961年)。他还主编了一本关于中国马克思主义史学研究情况的选编文集《中国共产党人的中国近代史研究》(1961年)。这是油印本，二百五十八页，一看就知道花了相当大的工夫。像郭沫若、吕振羽、范文澜、翦伯赞、侯外庐、尚钺、华岗、胡绳、何干之、胡乔木、胡华、吴晗、刘大年、白寿彝等学者的著作，都有详细介绍。但这部讲义所介绍的著作决不只限于马克思主义史学家的成果。此后，在1968年，费维恺又主编了论文集《共产党中国的史学》。这篇论文集收集了包括中国刘大年在内的英国、荷兰、苏联、澳大利亚、美国等多国学者在内的关于中国马克思主义史学研究的学术论文。

笔者曾专门就此访问了费维恺教授，了解当时研究马克思主义史学的背景。费维恺强调两个问题：一是美国学术界为什么会研究中国马克思主义史学？他说，主要是中华人民共和国站住了，我们就应该研究。中国马克思主义史学是怎么回事？马克思主义如何研究史学？还有就是，费维恺说，研究艰难。主要是材料极少。"我们不得不通过香港来搜集关于中国马克思主义史学的史料"，他说，这些资料是好不容易凑起来的，"哪有像现在这样铺天盖地的史料"。[①]

美国中国学界还出版过两本重要的关于中国马克思主义史学研究的专著。一本是詹姆斯·P. 哈里森(James P. Harrison)撰写的《中国共产党和农民战争》(1971年)，一本是杜克大学阿里夫·德里克(Arif Dirlik)的《革命和历史：中国马克思主义史学起源，1919—1937》(1978年)。哈里森的著作主要对中国马克思主义史学中农民战争问题的理论进行研究。其研究具体到对中国马克思主义史学中对农民战争的领导和组织、口号和意识形态、作用和进展、特点和失败原因等具体理论问题的探讨。英国学者巴勒克拉夫(Geoffrey Barraclough)在其

① 笔者曾于2000年夏专门造访密歇根大学中国中心和费维恺教授，了解当时美国开展中国马克思主义史学研究的具体背景。费维恺向笔者具体介绍了有关情况。

《当代史学主要趋势》的论著中，在对中国马克思主义史学的研究上，引用了哈里森的意见。德里克的著作主要对30年代中国社会史论战和中国马克思主义史学的初步形成进行了研究，尤其注意探讨当时中国历史分期问题。两本诞生于20世纪70年代的著作，是美国对中国马克思主义史学研究的比较有影响的成果。

中国马克思主义史学的一个重要特点，就是十分重视历史观的研究，强调唯物史观及其方法论，在其进程中，出现一些诸如“五朵金花”的讨论[①]，也出现像“文化大革命”影射史学、阴谋史学这样的历史事件。这在美国对中国的史学研究中都有反映。约翰·麦思基尔（John Meskill）主编的《中国历史的模式：循环、发展、停滞》，就是对中国历史研究中的历史观模式的探讨。[②]这部文集收的文章很广泛，有司马迁、刘知几、马端临、郑樵、顾炎武的，也有黑格尔、斯宾格勒、汤因比以及魏特夫的等。作者认为，为理解中国历史的发展的模式，不妨看看古代和近现代、东方和西方学者对此问题的见解。当时，针对“文化大革命”的情况，还出现了研究吴晗的专著，出现了研究“文化大革命”史学及其影响的专著。总的讲，在美国中国学界，对中国“文化大革命”史学的研究还不能说太多。

中国改革开放以后，美国对中国马克思主义史学的研究异乎寻常地热闹起来。突出的有三方面：一是注意对中国史学理论的研究。在中国农民战争研究方面，有加州大学戴维斯分校历史系刘广京的长篇论文，研究中国农民战争中的理论问题，题为《世界观和农民反抗：后毛时代史学反思》（1981年），这是着力很深的学术论文；亚细亚生产方式方面的研究也颇多，1989年，卜正民（Timothy Brook）主编了题为《亚细亚生产方式在中国》的论文集。[③]这本书在

---

① 所谓“五朵金花”，即中华人民共和国成立初期的中国古史分期问题讨论、封建所有制形式问题讨论、中国封建社会农民战争问题讨论、中国资本主义萌芽问题讨论、汉民族形成问题和民族关系问题讨论。

② 1973年，斯坦福大学出版社出版艾尔文（Mark Elvin）《中国过去的模式》，也对中国历史发展的模式问题作了探讨。

③ Timothy Brook: *The Asiatic Mode of Production in China* (M. E. Sharoe, Inc.1989). 这部论文集收入的论文总共有12篇，引言是卜正民本人撰写，其他刊登的主要是吴大坤、赵俪生、王敦书、胡钟达等中国学者的文章。还收有中国学者1978—1988年间的论亚细亚生产方式的论文目录。在此之前，英国伦敦出版了《亚细亚生产方式：科学和政治》（1981年）一书。此书是文献集，A. M. Bailey、J. R. Llobera主编。

美国颇受重视。阿尔夫·德里克教授在书评中强调了这本著作的文献价值，认为主编和翻译工作者作了重要的工作。[①] 二是加强实地考察。由加州大学伯克利分校魏斐德（Frederic Wakeman Jr.）教授率领的美国中国明清访问团，满中国地跑，深入大学、科研机关、档案馆，了解新时期中国历史学的走向。他们强调对中国的实地目击，了解中国史学、史学家、史学机构的具体状况。魏斐德主编明清访问团文集《中华人民共和国的明清研究》（1980 年）很详细记载了代表团所见所闻。这是对当时中国史学界队伍、资料、现状的十分详尽的文献记录。三是高度关注中国《史学情报》和《中国历史学年鉴》的出版，评论其意义。《亚洲研究杂志》等学术刊物都有这样的评论文章。1978 年，魏斐德还撰写了《粉碎“四人帮”以后的中国历史学》，对中国史学的趋势做了分析和展望。魏斐德引用了列文森（Joseph R. Levenson）在中国“文化大革命”发生初期说的一句话：“在世界发展的大潮中，中国将会再次加入。”[②] 魏斐德接着列文森的话说，对于中国历史学家来说，这个转折已经来到。这是美国中国学家的期待，也是他们充满信心的展望。

美国对中国马克思主义史学的研究，是美国对中国史学研究的重头戏。近半个世纪的情况表明，他们做的工作主要有：（1）弄清家底，究明中国马克思主义史学发展的基本现状，学术带头人、著作和理论；（2）着重对于中国马克思主义史学理论和历史观点探讨，包括对马克思主义唯物史观理论、马克思亚细亚生产方式理论、农民战争问题理论等，关注中国马克思主义意识形态及其影响；（3）关注中国马克思主义史学的发展走向，尤其是改革开放后中国马克思主义史学的发展。

---

① *Journal of Asian Studies*, Volume 49, Issue 3 (Aug., 1990). 阿尔夫·德里克的书评结尾道，主编和翻译这本著作的专家是应该祝贺的，他们把这样重要的问题带到了海外的中国问题研究专家的面前。

② Joseph R. Levenson, *Revolution and Cosmopolitanism: The Western Stage and Chinese Stages* (Berkeley and Los Angeles: University of California Press, 1971), p.55.

（四）对中国史学的全方位研究问题

可以认为，整个 20 世纪美国对中国史学的研究是全方位的。所谓“全方位”，主要指对中国史学的全面研究：对古代和现代中国史学进行全面研究。

毋庸讳言，华人学者有很关键的影响和作用。对中国史学通史的研究。一本是华人撰写的，叫《中国史学纲要》，作者韩玉珊，1955 年出版，洛杉矶加州大学历史系教授。这本著作介绍了中国史学家的角色和地位，谈了中国历史编撰学存在的问题，对中国史学的若干问题如史评、金石学等相关学科作了分析，并对中国史学的分类状况作了介绍。韩玉珊在 1954 年 10 月 10 日作的序中道：美国的第一本英语的中国史学史的出版已经有 17 年了，现在看来“基本的陈述方面还要增加些东西”。[①] 韩玉珊解释说，他希望在嘉德纳著作基础上做新补充。韩玉珊的书，现在看来大概太简单了，但在 50 年代，确实属于重要的入门之书。

比较而言，普林斯顿大学的余英时教授，在中国史学史和史学理论方面研究的成果突出。余英时关于思想史、史学史和史学理论的著作主要有《论戴震与章学诚：清代中期学术思想史研究》（1976 年）、《历史和思想》（1976 年）等。《论戴震与章学诚》是他认可的著作，着重提出应从“内在理路”来理解明清之际的思想转变。他认为这是对理解这段思想史增加一个理解的层面，不排斥任何持之有故的外援解释。他说，“内在理路”可以解释为儒学从“尊德性”向“道问学”的转变，学术思想的变迁应该有其自主性，但也非绝对。《论戴震与章学诚》1976 年在香港出版了中文本，1996 年增订。他的著作还有《中国近代思想史上的胡适》（1984 年）、《犹记风吹水上鳞——钱穆与现代中国学术》（1991 年）等。

中国史学史研究不是轻易可以掌握的，需要对中国史籍、史料状况的全面把握，需要对其蕴含的史学思想有深刻理解。这不是西方民族所能轻易做到的。在对中国史学长河的理解和认识中，华人学者的工作始终是关键的、不可或缺的。洪业、杨联陞、余英时等学者，对美国中国史学史研究的深入和发展，起了中坚

---

① Han Yu-shan: *Elements of Chinese Historiography*, Hollywood: W. M. Hawley, 1955.

和骨干的作用。我们知道，在50年代，杨联陞对《汉书》《史记》的翻译都有及时的书评，对翻译内容及其正确性提出看法或商榷意见[①]，这些书评很见其中国史学史研究扎实功底。1949年，日本内藤湖南出版了《中国史学史》。杨联陞也及时做了学术反馈，他认为金毓黻的《中国史学史》属于经典性著作，嘉德纳的《中国传统史学》是唯一英文本中国史学史，内藤的《中国史学史》则是“近代学者撰写的部头最大的一部”[②]。50年代，洪业还撰写了《公元719年唐朝廷的关于著书目录的辩论》（1957年）等重要学术论文。洪业60年代撰写的论文主要有《公元708年前的唐代史学编纂署》（1960—1961年）[③]、《唐代史官的辞职信》（1969年）等。

美国学者十分关注历来中国史学的发展特点问题的研究。美国对中国史学史研究的一次重要学术会议是在耶鲁大学举行的。芮沃寿教授具体筹备了这次会议。1970年6月发出的会议文件显示，他们很想对中国史学和比较历史学的问题做深入探讨。文件提出讨论的第一项目就是关于中国和其他地区的历史学家的社会角色问题。文件写道：“我们将着重于这样一些关键任务，即从汉代到宋代的史学，探讨他们的社会背景，史料的支持，动机及其政治联系”，“我们但愿在尽可能的理解下，看到不同时期的历史学家的复杂性”。[④]文件还提出探讨中国史学的史学观等诸多问题。据笔者在哈佛的调查，耶鲁方面对这次会议十分重视，芮沃寿曾经和哈佛的史华慈教授切磋商量多次，史华慈赴耶鲁做了学术报告。

美国对中国史学史的研究，还十分重视史学名著的翻译。德效骞的《汉书》后，又有方志彤对司马光《资治通鉴》的翻译、华兹生（Burton Watson）对司马迁《史记》的翻译，徐中约对梁启超《清代学术概论》的翻译、J. I. 克伦坡（J. I. Crump）对《战国策》的翻译。《资治通鉴》的这套译本共两册，为选译本，洛

---

① Lien-Shen Yong, The History of the Former Han Dynasty by Pan Ku, *Harvard Journal of Asian Studies*, Volume 19, Issue 3/4 (Dec., 1956); Records of The Grand Historian of China, *Harvard Journal of Asian Studies*, Volume 23, (1960−1961).

② Lien-Shen Yang, History of Early Modern China; History of Chinese Historiography. *The Far Eastern Quarterly*, Volume 12, Issue 2 (Feb., 1953), 208−210.

③ *Harvard Journal of Asian Studies*, Volume 23（1960−1961）.

④ 耶鲁大学和芮沃寿教授的这个文件，也可以在哈佛大学的档案馆查到。

克菲勒基金会资助了这一项目，开始是在中国，日本侵略中国后，由方志彤带到美国继续进行，1952 年燕京学社出版铅字打印稿本。华兹生曾执教于哥伦比亚大学。在对《史记》翻译前，撰写过一本关于司马迁的专著，由 1958 年哥伦比亚大学出版社出版，对司马迁的生平、思想、史学思想及《史记》做了比较全面的研究。在此基础上，1961 年，他的《史记选译》（两册）由哥伦比亚大学出版。狄百瑞（Wm Theodore de Bary）撰写了序言，强调《史记》是关于中国古代社会的最重要的历史学文献。《史记选译》的出版是当时美国中国学界有影响的学术事件，包括德效蹇在内的一些学者撰写了书评；梁启超的《清代学术概论》，由徐中约翻译，史华慈写了序言，1959 年由哈佛大学出版社出版。

诚然，美国学者对中国史学史的研究，还表现在撰写了一批关于中国史学家研究的专著。著名者有倪德卫（David S. Nivison）的《章学诚之生平和思想，1738—1801》（1966 年）、余英时的《论戴震与章学诚》（1976 年）、邓嗣禹的《王夫之对历史和历史学的研究》（1968 年）、毕德生（Willard J. Peterson）的《顾炎武的生活》（1968 年）、施豪德（Laurence A. Schneider）的《顾颉刚和中国新史学——民族主义和对传统的追求》（1971 年）、波纳（Joey Bonner）的《王国维：一个学术传记》（1986 年）、邓尔麟（Jerry Dennerline）的《钱穆研究》（1988 年）。对当代史学家吴晗的研究的著作也有，如《吴晗以及以古讽今》（1969 年）等。

美国中国学界对人物传的研究也颇重视。资料表明，60 年代初，有过一次专门学术研讨。商量中国传统史学的人物传研究、近代史学的人物传研究、马克思主义史学的人物传研究等。这场讨论是由著名传记家包华德教授发起的。美国对中国史学史的研究，还表现在撰写一些断代的中国史学发展史，如元代史学、金代史学研究，这些研究成果要早于中国大陆。在美国学术界，还比较早地出现对中国佛教史学史的研究论文[①]。此外，专题研究如辛亥革命史学、义和团史学、中国劳工运动史学、地方志、哈尔滨城市史学的研究专著也有。

---

① Tanya Storch: Chinese Buddhist Historiography and Orality, Sino-Platonic Papers, Number 37, March, 1993.

美国对中国史学史的研究，已发展到培养关于中国史学史研究的博士生。一些博士生以中国著名史学家或史学现象作为自己博士论文的选题。迄今发现的比较早的，是哥伦比亚大学的朱士嘉的博士论文《章学诚对中国地方历史编撰的贡献》（1950 年），他后来回国了。密歇根大学司徒琳（Lynn Ann Struve）的博士论文也是比较早的，题目是《历史在传统中国社会中的作用：清代史学中的南明》。这篇论文答辩于 1974 年，获密歇根大学哲学博士学位。她的导师小组中有费维恺教授。波纳的《王国维：一个学术传记》也是博士学位论文。作者是哈佛的博士生，导师是史华慈教授。据笔者了解知，史华慈对波纳的评价很高。他认为对于像王国维这样的历史专家的研究，需要深厚的学术功力和才华，以及对中国近代史的丰富知识和对欧洲近代哲学思潮的把握，包括对中国古典诗词和诗词理论的深刻理解，他说，波纳的研究，显示了这种“高水平的研究能力”。史华慈对波纳的评价，与其说是对这位博士的肯定，不如说是他对史学史博士生培养的标准和要求。

美国培养过对中国史学史研究的博士生的大学，主要有哈佛大学、密歇根大学、哥伦比亚大学等。几篇重要的博士论文出自这样几所大学。在美国，很难说有什么中国史学史研究的专职学者，也没有这方面的专门教师。但是，几乎每个重要大学，都安排有中国史学史研究的课。

（五）90 年代以来美国中国史学史研究的特点问题

中国史学中，究竟有哪些值得西方史学研究和取鉴的东西呢？多少年来，西方学者都认为中国是有史料而无史学，中国传统史学是“剪刀加糨糊”。1995 年，哈佛大学史华慈教授在题为《中国文化之历史观：若干比较性的思考》的论文中，就着重地分析了中国史学的研究特色问题。他比较了中国和欧洲的古代史学，认为中国史学最关注的是人的历史与非人的历史之间的关系；或者说，中国古代史学主要研究人与道的关系。他认为：“天或道的看法显示出中国人还是相信历史中存在着一些非个人的形式或力量，而且我认为象中国的势、时、自然这类的词汇，会令人联想到我们的文化中那种有关自然发生、非个人的过程的观念。”[①] 这是他在 1995 年 3 月德国海德堡大学组织的“中国史学之比较观”的会议中提出的观点。史华慈是美国中国古代思想史的研究前辈。他 1985 年出版的《古代中国的思想世界》一书，被认为是西方学者对中国古代思想解释最好的著作之一。他在雅斯贝斯的“轴心时代”提法的基础上，阐发了自己“超越的时代”的观点，所谓“超越的时代”，就是主张孔子和苏格拉底对话、荀子和柏拉图对话、墨子和霍布斯对话。[②] 他强调包括中国古代文化在内的人类先知文明起源的同步性，反对所谓的“西方中心”取向。史华慈对整个中国古代哲学、史学和传统文化的研究都建立于这样的认知基础上。史华慈的分析给人们留下了想象和思考的空间，他独有的视角、理论分析促使人们进一步理解中国史学的发展特征及其对西方史学的意义。

关于史华慈的《古代中国的思想世界》，哈佛大学的杜维明教授认为，史华慈所讲的故事中，表明中国思想家正在不断地和摩西、苏格拉底、柏拉图、亚里士多德对话，“史华慈将他所钟爱的地方性知识小心翼翼地转化成全球意义的话题”。[③] 1994 年 2 月，伊米拉学院的学者侯格睿（Grant Hardy）在美国的一份著名史学理论刊物《历史和理论》发表的题为《司马迁的多重叙述：中国古代史学能否对现代西方史学有现实贡献》的长篇论文，就是这样的鲜明例子。哈代将司马迁的观点和海登・怀特（Hayden White）等西方史学家的观点做了比较。侯认为，司马迁的历史研究方法提供了连贯的历史方法的画图，为西方史家摆脱传统历史编纂模式提供了思路。此外，70 至 90 年代弗吉尼亚州大学教授汪荣祖对中国传统史学与近代史学研究也取得了不少成果。

90 年代的美国对中国史学史研究的又一重要特点，就是对儒家思想影响下的中国史学的研究。其中的有影响的著作有费特勒（Demerie Paula Faitler）的

---

① 史华慈文收入《中国史学史研讨会——从比较观点出发论文集》，稻香出版社（台湾），1999 年 12 月。

② 关于这个问题的解释，林毓生、林同奇先生的看法比较深入，可参见两位发表在《世界汉学》2 期（2003 年）上的文章《以仁心说，以学心听，以公心辩》《他给我们留下了什么——史华慈史学思想初探》等。

③《史华慈叙事的人文主义视界》，《世界汉学》2 期（2003 年）。

《儒家史学和司马光思想》(1991 年)、吴佩宜(Pei-yi Wu)的《儒学的影响：传统中国的自传》(1993 年)、杜润德(Stephen W. Durrant)的《司马迁之镜》[①](1995 年)等。费特勒的著作，主要研究司马光的“礼”和“名分”观，并对司马光著作中的“道”和历史阐释模式进行探讨。作者分析司马光及其著作中的儒家思想及其变化，注意这些思想对整个编撰体系的影响。费特勒认为“礼”和“名分”思想，在司马光的著作中得到了更大的强调。吴佩宜的著作是对中国自传写作的研究，其研究跨度从汉至清，包括年谱、家谱都在研究之列。作者的核心问题是对中西个人传记的比较研究，指出研究旨趣和记载内容的极大差异性。美国学术界认为此书是对中国自传体研究的开拓性研究，其影响会跨越传统学科的藩篱，文学史、思想史、宗教史、社会史的学者都应该读一下。此外，哈佛大学包弼德(Peter K. Bol)教授的《斯文：唐宋思想的转型》(1992 年)，虽然主要不是讲史学史，但涉及对欧阳修、司马光等历史观点的看法。[②]

现在加州大学洛杉矶分校历史系工作的史嘉柏(David C. Schaberg)教授的《过去的模式：中国古代史学的模式和思想》，是近些年涌现的最有影响的关于中国史学史研究的著作，2001 年哈佛大学出版社出版。这是在他 1995 年博士论文《中国历史学的创立：〈左传〉、〈国语〉中的语言表述》的基础上完成的专著。主要研究中国古代著作——《左传》《国语》。作者试图通过对这两本古代文本的探讨，寻找中国史学的起源。史嘉柏认为《左传》和《国语》构成了古代中国历史叙述的基本架构。他并认为，公元前的这两本著作，以孔子的观点解释过去并为现实的人提供训诫，显示聪明的中国人知道如何来写历史；高教养的贵族利用语言形成记忆，寻求规范社会的准则。史嘉柏在撰写这本著作的时候，特别注意和

---

① 此书作者是美国奥尔冈大学的教授，这本著作 1995 年由纽约大学出版社出版，英文书名：*The Cloudy Mirror: Tension and Conflict in the Writings of Sima Qian*，本文的中文名字是笔者根据著作的内容确定的。

② 包弼德教授的这本著作的中文版已经问世，江苏人民出版社 2001 年出版。另外，美国华裔史学家王晴佳教授在 90 年代发表多篇关于中国史学史研究的论文。如《中国革命的诠释：中美学者论中国农民造反》(*Asian Thought and Society*, 20：60, Sept.-Dec. 1995, 221-240)、《古代中国史学中的时间视角》(*History of Historiography*, 28/1995, 69-86)、《1949 年以来的中华人民共和国的西方史学》(*History of Historiography*, 28/1995, 69-86)等。

西方史学尤其古代希腊史学传统做比较的研究。史嘉柏的著作获得 2003 年美国亚洲协会的列文森奖，这是美国中国学研究的最高褒奖。这是列文森奖项所颁发的第一本关于中国史学史的研究专著。为 20 世纪美国中国史学史研究划了个大句号。

90 年代以来的美国对中国史学史研究的主要特征可以用这样两个字概括：“比较”。专家们期待从中国史学内部寻找有价值的、可以和西方史学互补的思想、方法和理论。史嘉柏说过，研究中国早期史学有利于认识今天中国的理念，“中国越来越变得重要”，他在获大奖后如是说。[①]

（六）简短的结语

笔者对 20 世纪美国对中国史学史研究提出几个问题，抛砖引玉，期待有更多更好的研究意见。

关于这一个世纪的情况，笔者以为，美国对中国史学史的研究是认真的，自始至终的，成果也是系列的，值得中国史学史研究工作者关注。从队伍看，美国对中国史学史的研究，骨干学者来自两个方面，一是美国的“土生土长”的学者，一是来自中国的学者或华人学者[②]。这两支力量都在发挥作用。但很显然，两支力量所起的作用是不一样的；在不同历史阶段的学术成就和学术影响也不一样。有一点可以肯定，华人学者在美国的中国史学史研究开始的进程中起了重要作用，恐怕在这个世界上，没有哪个国家的中国史学史的研究，华人专家和华人研究成果的影响会有那么大。由于燕京学社的独特性，中国现代史学的发展及其研究，始终存在“你中有我”“我中有你”的奇特现象。包括中国五四以来的历史学的发展，有些方面也要和美国这块领域的骨干和成果联系地加以考察。

国际大格局的变化、美国国内政治和社会变动、中国国内政治和社会变动，以及国际学术思潮尤其史学思潮的变迁，都会影响美国中国学。由于中美两国意

① 关于这方面情况，可以参考加州大学洛杉矶分校历史系网页。

② 这里暂且不对“华人学者”概念作具体的界定，需要斟酌和进一步研究。

识形态的差异，不难注意到，他们关于中国马克思主义史学的研究，也有很独特的研究定位。

世纪回顾也使我们发现，近数十年来，美国对中国史学史的研究，出现一些新的思路和成果。有的研究选题和方法，我们不一定注意到，尤其中外史学比较研究这块。东西方史学的比较研究，需要相对完整的知识结构，东西方两方面的学术素养都强。美国的同行们，因为方法和视角的不同，已经做了一些迄今我们尚未涉及的课题，作为中国史学工作者，应及时地关注和把握。[①]

据笔者调查，不仅美国，日本[②]、韩国[③]、英国[④]、德国[⑤]、法国[⑥]、荷兰[⑦]、俄国[⑧]、澳大利亚[⑨]、加拿大[⑩]等很多国家，都对中国史学史有研究，有的国家还颇有些成

---

① 美国华裔史学家王晴佳教授在90年代发表多篇关于中国史学史研究的论文。如《中国革命的诠释：中美学者论中国农民造反》（*Asian Thought and Society*, 20：60），Sept.-Dec.1995, 221–240）、《古代中国史学中的时间视角》（*History of Historiography*, 28/1995, 69–86）、《1949年以来的中华人民共和国的西方史学》（*History of Historiography*, 28/1995, 69–86）等。

② 日本关于中国史学史研究著作比较多，如内藤湖南的《中国史学史》（1949）等。

③ 韩国学者关于中国史学史的研究专著也颇有，目前已经翻译过来的著作主要有李润和《中韩近代史学的比较研究》（1994）。

④ 英国的著作也颇有。英国伦敦大学亚洲和非洲研究院的专家就撰有关于司马迁的《报任安书》的研究专著。

⑤ 如已经翻译过来的罗梅君的《政治与科学之间的历史编撰——30和40年代中国马克思主义史学的形成》，山东教育出版社，1997年。又如法郎克·A.科蒙的关于司马迁历史编撰态度的研究专著等。

⑥ 据笔者了解，法国有学者专门研究司马迁，并且和希罗多德做比较的研究。法国的一些中国学专家曾有专门论文探讨包括法国在内的欧洲对中国历史编撰学的研究。

⑦ 如曼斯费尔德·贝克90年代初撰有关于后汉文献的研究专著，研究其资料、作者、内容及其在中国史学中的地位。

⑧ 俄国有学者对中国史学史做专门的研究。1984年，苏联社会科学院历史部维特金（R. V. Vyatkin）教授组织人员将《史记》翻译成俄文本。这个事情在美国也有比较大的影响。宾州大学卜德（Derk Bodde）教授专门写书评，发表在美国的《亚洲研究杂志》。

⑨ 澳大利亚对当代中国史学研究这块也比较强，有专门的研究成果。

⑩ 加拿大学者詹尼弗（Jennifer W. Jay）著有《纪念和官方的阐释：宋代忠君者的史学》（1990），这是其专著《王朝之变：十三世纪中国的忠义问题》中的一章。作者从当时社会背景，分析了宋代忠义观及其史学，以及对后世史学的深刻影响。作者认为文天祥的文集是这一特色史学的发端。

果。史学史是历史学科发展的基础。国际上对中国史学史研究的发展是必然的，我们就此与国际学术界同行的交流和对话的发展也是必然的。所有这些，目的为了更好发展中国马克思主义史学。

（原载《史学史研究》2003 年第 4 期）

日益受到关注的海外中国学研究

——当代中国史学趋势研究之五[①]

海外中国学研究的领域已涉及自然科学、社会科学、人文科学的方方面面，实属跨学科研究。由于它的源起是对古代中国的研究，现实和未来的重点是对现、当代中国问题的探讨，所以从宏观上考虑，仍拟将其放到历史科学的研究领域考察。尽管这门学科已从历史科学的研究中心走到了边缘。新时期以来，由于众所周知的原因，史学工作者对海外中国学研究的兴趣越来越浓，有关的成果也越来越多，学术界人士都十分看好这一新的研究方向，认为是值得重视的史学趋势。笔者特对此作一探讨，以求教于方家。

一、"汉学"乎？"中国学"乎？

学术界一般都清楚，外国人对中国的研究，大体都被称为"汉学"（英文Sinology）。为什么现在又有"中国学"之称？原因何在？两者比较，哪一种的提

---

① 这是笔者当代中国史学趋势研究系列论文中的一篇。目前已完成并发表的"中国当代史学趋势研究"之一为《方兴未艾的中国人口史研究》，刊《历史教学问题》1995年第2期；之二、之三分别为《历史城市学的崛起》和《敦煌学发展的三大态势》，刊《华东师大学报》1995年第5期和《学术月刊》1995年第9期；之四为《1978年以来亚细亚生产方式问题研究的若干思考》，刊《史学理论研究》1995年第3期。

法更合适？

就目前我们所掌握的资料看，研究者所以把“汉学”改称为“中国学”，主要是基于其研究内容演变的考虑。有关的学者认为，所谓“汉学”，主要指的是第二次世界大战以前的对中国历史、中国问题的研究。那时的汉学家们以对古典时代的研究为主要内容，探讨范围集中于人文学科。沙畹、伯希和、马伯乐、葛兰言等是当时汉学家中颇有成就的代表。法国也一度成为国际汉学的研究中心。然而，当第二次世界大战爆发，中国成为主要战场之后，古典内容的研究便变得很不能适应世界发展新形势的需要。这时的国际社会普遍需要的是一种对现实中国的理解，渴望有最新的科研成果增进人们对大战中这个重要国家的认识。由此，旧“汉学”的研究内容不得不有所改变。以对现实中国社会为主要研究内容的“汉学”研究，也不得不被学者们改称为“中国学”研究。持有这一观点的学者认为，第二次世界大战的爆发，客观上推动形成了以美国为中心的、侧重于对中国现实进行研究的“世界中国学体系”，造就了像费正清这样一批着眼于当代中国研究的、新一代的中国学家，“中国研究从此超越了旧汉学家的书斋，走进了各国的议会、政府、军队的研究室”。[①]

关于“汉学”与“中国学”的区分，学术界已有不少探讨的文章了。一位旅美的中国青年学者这样提出问题，他写道：“顾名思义，‘汉学’应该是所有有关中国的学问，但在起初，‘汉学’指的是如何从学习研究中国语言文字入手，通过阅读中国古书，了解中国文明。”他认为旧“汉学”的兴起，从动机上看是有问题的，是为了侵略中国的需要。“毋庸讳言，西方‘汉学’是西方殖民主义的产物。”[②] 诚然，他也同意费正清创立了美国中国学的说法。他认为，“准确一点说，费正清之后，美国的汉学研究已为中国研究所取代，其标志是注重近代中国与西方的接触和相互关系，而对中国古代文明只做背景的介绍”。[③] 他阐析说，“从训练学生的角度来看，费正清并不十分强调掌握中国古代文字，因为研究近代中国依靠的是档案材料，而不是古籍。费正清所培养的中国问题专家，并不象

---

① 魏秦：《战后迅猛发展的国外中国学研究》，《文汇报》1991 年 2 月 20 日。
② 王晴佳：《美国的中国学研究评述》，刊《历史研究》1993 年第 6 期。
③ 王晴佳：《美国的中国学研究评述》，刊《历史研究》1993 年第 6 期。

传统的汉学家那样博学，却极富现实感，可以直接服务于美国的政界”。[①]这位学者认为，费正清毫无疑问的是美国中国学的开山祖，“由于他的努力，美国的中国研究逐步与欧洲的传统分道扬镳，而将研究重点放在了近代中国”。从以后的发展看，美国的中国学也确实脱胎换骨，“彻底摆脱了欧洲汉学的传统”。[②]

此位旅美学者的观点应说是代表了相当数量的持有这方面观点的学者的想法。当然，与之相左的见解仍然有之。有些阐述者思考的角度微有变化，但却表达了一个差异颇大的见解。最近，国内就有这种从新视角提出问题的学者。他们没有从“汉学”和“中国学”的历史发展背景和具体的学术分工谈它们的区别，而着重从 Sinology 这一词汇的本意上分析问题。他们认为，简单地把 Sinology 翻译为“汉学”，是片面的，也是欠妥的。因为，“随着时间的推移，‘汉学’的内容日益扩大，涉及的学科越来越多，各类矛盾更加突出。”所以，“汉学”的提法不会比“中国学”的提法更优越。“把 Sinology 的中译名订正为‘中国学’，其必要性绝不可等闲视之。”为了说明问题，有关的学者还从好几个方面加以论证：其一，“汉学”本来指汉代的训诂之学，又称“朴学”，再用来指汉族学和中国学，易生混淆；其二，中国学研究的对象现在已扩及中国的各个方面，涉及自然科学、社会科学、人文科学的所有部门，远非“汉族的”一词词义所能涵盖，“有许多问题根本与‘汉或非汉’的问题无关”；其三，中国是多民族国家，各民族一律平等，汉民族为其中最大一支，但不等于等同中华民族，把对中国研究的中国学说成“汉学”，显然不妥；其四，“汉学”这一名称时代感不足，而当今世界对中国的研究重点，放在现代中国，“倘若仍然把这类研究称为‘汉学’，把这类研究者称为‘汉学家’，就好象硬要小脚女人充当现代时装模特儿，看起来很别扭”。[③]其五，目前海外中国学的发展已经到了多学科发展的地步，绝非一个专门学科单纯研究所能对付。“例如元、清政权，与他们所承续的汉族政权，既有区别，又有密不可分的联系，都是中国传统官僚政治整体发展的有机组成部分和有机发展阶段”，“因此，既不能把他们割裂为只属于蒙古学、满

---

① 王晴佳:《美国的中国学研究评述》，刊《历史研究》1993 年第 6 期。

② 王晴佳:《美国的中国学研究评述》，刊《历史研究》1993 年第 6 期。

③ 参见《世界中国学家名录》“编者前言”，社会科学文献出版社 1994 年版。

学的课题，更不能称之为汉学的课题，按照循名责实的原则，只能称之为中国学课题，才最为适宜。”[①] 应该指出，这批学者的观点，并没有否认我们前面所揭举的那种典型观点，但他们所提出的问题值得注意。根据这种见解，“汉学”之说，不仅现在看来欠妥，“时代感不足”；即使在过去，也有牵强附会之感。“中国学”可以包括对蒙古学和满学的探讨、“汉学”就难说，而且还有个和汉代训诂之学的区分问题。最近出版的《世界中国学家名录》一书的编者前言就着重谈了这么个问题。

诚然，目前国内相当数量的史学工作者还习惯于把国外对中国历史和文化问题的研究称为“汉学”研究。为了对外交流的方便，甚至把国内对于中华传统文化的研究也称为“汉学”。有的科研单位还专门成立了以“汉学”为主要研究对象的学术研究机构。中国社会科学院等单位还筹备召开了新中国成立以来大陆的首次国际汉学学术研讨会。1995 年 1 月在海南海口市举行的这次国际会议围绕“中国文明的起源、形成和发展”“中国传统学术与思想文化”“国际汉学的回顾与展望”等主题进行。80 多位海内外从事中国历史、考古、哲学、文学、艺术、宗教的学者与会。有关的报道称，“以‘中国国际汉学研讨会’命名，荟萃众多海内外知名学者，进行多学科的汉学研讨，在中国大陆还是首次”。“‘中国国际汉学研讨会’堪称中国与海外汉学界学术交流的一次空前盛会”。[②] 这么一条重要的信息向人们表明，中国学术界相当部分人还倾向于“汉学”的提法。这种“汉学”主要是指对中国历史和文化的研究。然而值得注意的是，学术界有的专家一面用“汉学”这个词来概述他们对海外中国问题的研究，一面又用“中国学”这个词来表达同样的内容，好像在这部分学者的心目中，“汉学”和“中国学”根本就是一回事，并不存在什么差异。[③] 这可谓众说中的又一说了。

---

① 参见《世界中国学家名录》“编者前言”，社会科学文献出版社 1994 年版。

② 江梧桐：《中国国际汉学研讨会综述》，刊《中国史研究动态》1995 年第 3 期。

③ 参见张国刚《剑桥大学中国学的历史与现状》（刊《中国史研究动态》1995 年第 3 期），文中两个概念是并用的。又关于任继愈主编的《国际汉学》（第 1 辑）出版的一则书讯称：“有悠久历史的中国文化传统对世界产生过重大影响。以中华民族文化为研究对象的汉学（Sinology，又称中国学）现已成为一项国际性的学术事业。”（此书讯刊《中国史研究动态》1995 年第 5 期）这里的 Sionlogy “又称中国学”的说法，显然与一般（转下页）

由以上的诸多情况可以看出，对“汉学”和“中国学”的提法和理解的分歧还是存在的。这里面涉及好几个方面的问题：其一，“汉学”“中国学”之间是否有等号可划；其二，“汉学”“中国学”之间有没有发展的阶段之分；其三，是否有以对中国历史和文化研究为主的“汉学”和以其他研究对象为主的“中国学”？看来“汉学”和“中国学”的理解之争足以打一场笔墨官司，当然迄今为止，谁都没有为此作过激烈的争辩。不过争也罢不争也罢，画等号也罢不画等号也罢，“汉学”和“中国学”的研究都照样发展，不会因此而停顿。笔者所以提出这个问题，主要是想让人们引起重视。这里面确实有文章可做，这个问题的探讨有利于究明“汉学”和“中国学”的研究对象和目的，深入问题的总结和探讨。在这方面，笔者比较倾向于从“汉学”“中国学”的前后发展阶段说的角度考虑问题。

二、初步的成果和感受

随着改革开放步伐的加快，海外中国学研究的问题也越来越突出地提到学术工作者的面前。一批初期的成果正在出现。较先出版的工具书是冯蒸编的《近二十年国外“中国学”工具书简介》。此书 1981 年 6 月由中华书局出版，集中向读者介绍了国外学者有关中国问题研究的各类工具书如词典、字典、事典、诸种课题研究目录、索引、引得、百科全书、类书，以及有关少数民族的工具书等。作者提及编写目的时写道：“通过本书可以使读者了解近三十年来国外大致编撰了多少种有关中国学的工具书”。“借此可以了解国外研究中国学的一般情况和研究动向，使广大的社会科学工作者作到心中有数，以及在制定科研工作计划

（接上页）词典的解释有异。例如，The Concise Oxford Dictionary（1926）的有关条目称 Sinology 为“Knowledge of the Chinese language, history, customs, etc.” The Advanced Learners Dictionary of Current English（1978）称 Sionlogy 为“The Knowledge of the Chinese language, Chinese literature, art, etc.”都解释为“汉学”，不提“中国学”的问题。《新英汉词典》（上海译文出版社 1978 年版）解释此词为“汉学”和“中国问题研究”，也没有正面提到“中国学”。

和向国外订购图书，开展学术交流时参考”。[①] 与此差不多同时，中国社会科学出版社出版了由中国社会科学院文献情报中心编的《国外研究中国丛书》，这套书由《国外西藏研究概述》（1979 年）、《日本的中国学家》（1980 年）、《美国中国学手册》（1981 年）、《俄苏中国学手册》（1983 年）等系列著作组成，较为系统地介绍了日本、美国、俄国、苏联等国学术界对中国问题研究的情况和特点。如《俄苏中国学手册》由上、下两册组成，1 050 页之多、篇目包括“俄国的中国学家”“俄国中国学主要机构”“发表中国问题文章的俄国报刊和收藏俄国中国学家手稿、档案与所获文物的主要机构名录”，以及“苏联的中国学家”“苏联中国学主要机构”“苏联中国学主要会议（1970—1983）”“苏联发表中国问题文章的期刊”“苏联中国学书目（1942—1983）”等。最近，又一部由中国社会科学院文献信息中心、外事局合编的题为《世界中国学家名录》的新著问世。此书对澳大利亚、奥地利、加拿大、捷克和斯洛伐克、丹麦、法国、德国、匈牙利、以色列、意大利、日本、朝鲜、韩国、马来西亚、荷兰、挪威、俄罗斯、瑞典、瑞士、英国、美国等几十个国家 1 434 个中国学家作了介绍。介绍内容包括海外中国学家的原文姓名、译名或汉名、通信地址、出生时间、出生地点、学历、经历、著作等。全书 58 万 8 千字，是近年来这方面研究的重要成果。

在这些重要的基础性工具书问世的同时，一批看来颇花工夫的有关海外中国学研究的论文也频频刊出。如魏秦《战后迅猛发展的国外中国学研究》（刊《文汇报》1991 年 2 月 20 日）、王湘云《中国与外部世界——关于美国学者研究中国的一些感想》（刊《清史研究》1992 年第 2 期）、陈祖怀《神驰中国六十年的费正清》（刊《联合时报》1992 年 5 月 29 日）、王晴佳《美国的中国学研究评述》（刊《历史研究》1993 年第 6 期）、沈定平《西方学者研究中国历史的开拓性著作》（刊《中国社会科学》1994 年第 4 期）、郭忠正《国际汉学领域的一支新军——访法国远东科技史研究组》（刊《中国史研究动态》1994 年第 11 期）、江桥《德国的满学研究》（刊《北京社会科学》1995 年第 1 期）、陈启能《海外中国学发展趋势与文明史观》（刊《中国史研究》1995 年第 1 期）、侯且岸《费

① 《近三十年来国外“中国学”工具书简介》，中华书局 1981 年版。

正清与美国现代中国学》(刊《史学理论研究》1995年第2期)、张国刚《剑桥大学中国学的历史与现状》(刊《中国史研究动态》1995年第3期)、耿昇《法国学者近年来对中学西渐的研究》(刊《中国史研究动态》1995年第4、5期)、张铠《美中贸易与美国中国史研究(殖民时期至第一次世界大战)》(刊《中国史研究动态》1995年第5期)、张铠《美国中国史研究专业队伍的形成及其史学成就(第一次世界大战至第二次世界大战)》(刊《中国史研究动态》1995年第7期)等。《中国史研究动态》积极支持这些研究文章的问世,大力提供发表园地。《中国史研究动态》自创刊来,还以相当多的篇幅介绍了美国、日本、英国、法国、德国、韩国、苏联、荷兰等各国学者关于各自所在国中国学研究的情况。

对海外中国学研究成果的初步爬梳、整理和探讨,使国内学者对各国的研究情况有了盖然的认识和了解,深切感受到这股学术思潮的气势和前程远大,为此,有关的专家对这股势头健劲的海外中国学的发展特点作了认真的归纳和分析,提出了一些颇有价值的参考意见。他们认为,其一,这支研究队伍已发展到规模相当庞大的地步。学者们指出,海外各国的中国学研究队伍的人员总数,估计已不下于万人。“这支高级的万人学术队伍,虽然为数不如我国研究自身问题的专家学者队伍庞大,但也为数可观,堪称伯仲了。”[①]千万不可小视。其二,专门的研究机构在迅速扩充。研究者称,“目前世界上至少有40个国家和地区设有一定规模的中国研究机构”,“如果把军政界、企业界的中国研究机构也包括在内,估计不会少于一千个”。“公开出版过中国研究著作的机构,也至少有五百个。”[②]数量可谓不少。其三,包容广泛的资讯系统迅快建立。学者们指出,海外对中国问题各类资料的搜集范围、搜集速度、收藏水准,都相当惊人。以美国犹他家谱学会图书馆藏书言,就有中国族谱、家谱各5 000种,方志逾6 000种,科举名册近5 000种,其他情况更甚。其四,广泛的研究领域和丰硕的研究成果。学者们介绍说,按时间跨度,不计地质学年代而以人类学纪年看,“从元谋人、北京猿人,到20世纪80年代昆明东郊的撒梅族,上下数十万年,都有专题

① 参见《世界中国学家名录》“编者前言”,社会科学文献出版社1994年版。
② 参见《世界中国学家名录》“编者前言”,社会科学文献出版社1994年版。

研究”。“从有史记载而言，从夏商周三代到中华人民共和国，对其间历朝历代史事莫不问津。”[①]要言之，海外中国学已渗透方方面面，不仅对中国的活语言有研究，就是中国的死语言如西夏语，也有研究。“甚至某些‘中国专利’部门，如中共党史研究，毛泽东思想和毛著版本研究等，也频繁问津。”[②]其五，跨学科研究趋势的出现。论者谓，由于海外中国学研究人员的不断充实和素质的提高，分科研究成果和经验的大量积累，许多社会科学家包括自然科学家的积极参与探讨，以及现代化电子技术手段的介入，所以一股多学科、跨学科的海外中国学的综合研究的趋势已经并正在形成。其六，国际一体化趋势。学者们指出，由于中国学研究本身的发展需要进行国际间的协作和交流，而国际垄断资本为其自身目的，又通过基金进行大量资助，所以国外中国学研究正在出现一种“日益一体化的倾向”，“美国的中国学同英语国家及西欧诸国中国学中心互相交流、协作、结合的过程正在积极发展”，“一体化的趋势使国外这支成千上万人的研究队伍能够发挥比以往单干大得多的作用”。[③]

对海外中国学丰多成果的考察，使国内学者更深切感受到加强海外中国学研究意义的重大。目前，学者们已就国内如何重视和加强对海外中国学研究的问题提出了若干建设性意见。首先，有关的学者指出，现代海外中国学已相当发达，其发展规模与成就，已经达到了绝对不容国人忽视的地步。“甚至达到了足以对国人自己的中国研究提出严重挑战的程度”，“面对具有如此规模和生气勃勃的海外中国学，如果象过去那样采取闭耳塞听的政策固然很不明智，即使我们采取‘他山之石，可以攻玉’的开明态度，也已经不够开明了”。所以必须高度重视，不知情更不行。[④]其次，学者们认为，中国学者应认真研究海外中国学丰硕的学术成果并学习和取鉴其经验。李学勤在《西方中国古代研究的新趋向》一文中就提出这样的见解。他说，西方对中国古代的研究正朝向更扎实、更细密的方向发展，“不管在观点和方法上有怎样的不同，那些材料丰富、论证周详、敢于提出

① 参见《世界中国学家名录》“编者前言”，社会科学文献出版社 1994 年版。
② 参见《世界中国学家名录》“编者前言”，社会科学文献出版社 1994 年版。
③ 《美国中国学手册》“前言”，中国社会科学出版社 1981 年版。
④ 参见《世界中国学家名录》“编者前言”，社会科学文献出版社 1994 年版。

新见解的著作，总是得到同行的崇敬”，“这种学风是值得我们资鉴的”。[①] 学者们都颇有同感地说：“在一个全球都在改革开放的信息时代，如果不充分利用世界的智力来研究中国，受到最大损失的，首先是我们自己”。[②] 由此，即第三点，学者们提出了应以海外中国学学者们治学的精神和方法激励中国学者去作更大的努力和作为。诚然，由于文化与社会制度的隔阂，外国人看中国难免有隔靴搔痒的缺陷，同时，背景的差异，也往往使外国学者有不同于我们的观照、表述角度。然而，“域外的中国学研究热潮，毕竟已从二次大战后的初兴，演变到今天中国学研究的多学科、多角度、全方位的迅猛发展势头”，国内学术界的同仁，理应从中分明地感受到“一种巨大而无形的挑战”。[③] 学者们明确指出，严肃的反思精神是推动当今世界中国学研究向现代形态发展的重要因素。例如，美国中国史研究虽然仍以分解性质的“个案”研究为主，但不久的将来必然会迎来综合研究的高潮，那时，在一些有关中国历史规律的重大问题上，“很可能有所突破”，“切望我国优秀的史学界同仁，勿忘聆听那身后不断逼近的脚步声”。[④] 末了一点，也是最重要的，学者们特别强调了同海外中国学界加强学术联系和学术交流的问题。大陆首次国际汉学研讨会的召开普遍增强了人们的这种意识。学术界舆论认为这次交流“大有益于国际汉学家与中国学者之间的联系和协作，推动汉学研究的深入开展”，“提高中国社会科学界对国际汉学研究的重视，促使中外学者携手共进”。[⑤] 学者们并进一步展望称，“我们认定发展科学的中国学最终有利于中外双方”，“有利于世界的和平、稳定、繁荣”，“促进中国学的中外交流是明智的和有益的”。[⑥]

---

① 李学勤:《西方中国古代研究的新趋向》,《中国史研究动态》1989 年第 1 期。

② 参见《世界中国学家名录》“编者前言”，社会科学文献出版社 1994 年版。

③ 魏秦:《战后迅猛发展的国外中国学研究》,《文汇报》1991 年 2 月 20 日。

④ 参见张铠:《从“西方中心论”到“中国中心论”——当代美国中国史的发展趋势》,《中国史研究动态》1994 年第 11 期。文章的主要内容为：“费正清与利文森时代的中国史研究”“从‘西方中心论’向‘中国中心观’跨步”“80 年代以来美国中国史研究的发展趋势”，拙文对此文颇有参考。

⑤《中国国际汉学会筹备情况简报》，刊《中国史研究动态》1994 年第 10 期。

⑥ 参见《世界中国学家名录》“编者前言”，社会科学文献出版社 1994 年版。

三、何以更深入？

首先，我们对海外中国学的研究，必须连同这个国家的整个社会历史发展背景和中国的整体实力、国际地位作综合的考察和分析。一个国家的政治、经济、文化等因素的综合作用对学术发展的影响甚大。例如美国学者的中国观，几十年来的变化就不小。最初的观点是“西方中心论”，认为中国和西方的关系是“西方挑战，中国响应”，意思说中国近代化的推进、社会结构的变化，主要是西方的侵略所致。费正清就持这么一个观点。到了70年代，这一理论开始让位于“中国中心观”。就是学者们对于“西方中心论”的观点的开始怀疑和否定，觉察到中国历史并不像费正清等人所说的那种被动的“响应”发展，而是完全有自己的内在动因。80年代美国历史学家柯文的《在中国发现历史》这本著作的问世，标志着“西方中心论”演变为“中国中心论”的结束，对这一历史作了总结。美国中国观的这一变化，学者们作过探讨和分析。[①]五六十年代费正清所以提出这样的观点，背景是当时美国在国际事务中的作用相当大，“迎合了美国决策者对华战略思想的需要”。70年代的变化，主要是亚、非、拉美地区民族运动高涨和美国的一系列外交政策的失败。西方价值观念受到严重挑战。80年代以后，改革开放使中国国际地位迅速提高，亲临中国访问的美国学者不能不产生否定以往那种观念的想法。深感历史学家应该充分重视中国内部充满动态的全景的考察，注意中国内部存在的按一定方向发展的长期趋势的发现，注意中国广阔空间存在的差异性和不平衡性的揭示。事实上，不仅美国的中国观有这么一个演变经历，整个美国的中国学的发展都如此。有学者将80年代前的美国中国学的发展划为四个发展阶段，认为19世纪初至20世纪初是第一阶段，20世纪二三十年代是第二阶段，第二次世界大战到50年代是第三阶段，六七十年代是第四阶段。每

---

① 参见张铠：《从“西方中心论”到“中国中心论”——当代美国中国史的发展趋势》，《中国史研究动态》1994年第11期。文章的主要内容为：“费正清与利文森时代的中国史研究”“从‘西方中心论’向‘中国中心观’跨步”“80年代以来美国中国史研究的发展趋势”，拙文对此文颇有参考。

个阶段都因特定的时代和历史背景而有特定的发展内容和发展特点。第四阶段的美国中国学发展最快。原因就是侵朝战争失败，美国政府不得不重视对现代中国的研究。全国成立了一系列专门机构规划、组织、协调全美的中国学研究。大学也设立了有关中国研究的专门课程和项目。[①]总之，美国的中国学发展，和整个国家的政治、经济、文化、外交、意识形态的发展有关，和国际发展大局以及中国国内形势、国际地位是否提高息息相关，脱离了这些具体因素来看美国中国学的发展，怎么也谈不到点子上。这是我们对海外中国学研究的一个非常值得重视和总结的问题。有史以来的海外中国学的发展都有这么一个问题。正如有的学者所说："任何国家的中国学，客观上都受本国和中国社会历史发展状况及两国关系的制约。与此同时，科学本身的内在发展逻辑也在顽强地为自己开辟展示的道路。""这两方面都有客观规律性可循，并有相通之处。"[②]对美国的中国学研究如此，对英国、法国、加拿大、日本、德国和世界其他国家的中国学研究也如此。

其次，任何学术的发展，也置身于一定的学术思潮发展的影响之下。与诸种学术思潮同步发展的学科建设，不可能不受到影响。这是海外中国学研究中又一不可忽视的重要问题。世界各国的中国学研究都会碰到。只有厘清其中的关系，才能对问题作比较好的回答。例如美国中国学的发展就很受年鉴学派的影响。西方年鉴学派出于对"总体史"的追求，特别讲究课题的综合研究的倾向和分解研究的倾向。这种综合研究主要是指跨学科研究和多学科研究。研究者跨越社会科学与历史学、人类学与历史学之间的理论鸿沟，将社会科学与人类学的研究方法引进历史研究当中，就属于跨学科研究；而将历史学、社会学、地理学、政策学、人类学等众多学科组织一起的探讨，通常被认为是多学科研究。美国中国学研究成果中，魏斐德的《大门口的陌生人：1839—1861年间华南的社会动乱》就属于用社会史观点研究外交史的著作。约翰·威尔逊·刘易斯主编的《共产党中国的城市》、施坚雅主编的《中华帝国的晚期城市》等则属于由历史学、社会学、地理学、政治学、人类学等专家学者共同撰成的多学科研究的产物。在美

① 《美国中国学手册》"前言"，中国社会科学出版社1981年版。

② 参见《世界中国学家名录》"编者前言"，社会科学文献出版社1994年版。

国，通常都要组织区域系统理论、地理学、人口学、水利工程、农业经济学、营养学等方面的专家共同进行关于中国历史上食物与饥荒问题研究。至于年鉴学派“总体史”的分解倾向，一般有“横向”研究和“纵向”研究两种。所谓“横向”，即把中国分为省、地区、县乃至更小的单位进行研究；而“纵向”研究主要指对中国社会作有层次的纵向分析。美国 70 年代以后崛起的新一代学者特别注重于对基层社会尤其是家族和绅士阶层的研究。“分解”研究使美国学者看到了中国社会充满变化与差异的特点，中国历史“停滞”说受到了严重挑战。年鉴学派对美国中国学如此深刻的影响表明，脱离了一个国家的具体的学术思潮背景来研究这个国家的中国学是不成的。一位对美国中国学颇有研究的学者就此指出：“‘全球性’已成为当代历史研究的本质特征，出于对此点的深刻认识，美国的中国史学工作者以开放的态度不断吸取和借鉴国际学术界的最新研究成果，并尽力做到为我所用，从而使美国的中国史研究取得了引人注目的成绩。”[①] 他认为人们从诸种学术思潮发展的广阔视野综合考察中国学的发展势所必然。这种“诸种学术思潮”当然也包括了对象德国社会政治史学派影响的考察。这派史学注重历史进程中具体、独特的事物的研究，主张对具有主观因素的价值及意义的解释，在西方影响颇大，千万不可忽视。总之，中国的学术工作者在各方面都已做了不少努力，今后也会有更多成绩。

最后，谈一下做基础工作的问题。很显然，我们有很多这方面的工作要做。从目前的情况看，有关海外中国学研究的专门的学术机构和情报机构还是太少了。北京尚有一些，外地则寥寥。这是需要大大增置的。全世界有那么多的国家在研究中国问题，我们至少应有一批相应的机构专事于对他们的研究。各地大学和科研机关理应把这一问题摆上议事日程。在对海外中国学的具体研究方面，眼下看来还是要先多做一些介绍工作，尤其是海外中国学的有代表性的学者、著作

---

① 参见张铠：《国际学术思潮与美国的中国史研究》，刊《中国史研究动态》1995 年第 2 期。此文从“年鉴派史学思想对美国中国史研究的启迪”“中国科学技术史研究的新进展给予美国的中国史研究以强劲的推动”“华人学者关于中国史的研究给予美国中国史研究以重要、切实的帮助”等三个方面对问题进行了分析。拙文关于年鉴学派一段，主要是介绍他的视点。

和思潮，并在此基础上做深入一步的研究工作。由于海外中国学涉及历史、哲学、文学、社会学、政治学、经济学、国际关系学等诸多领域，“它不仅仅是对中国境内各民族研究的机构总和，也不仅仅是研究中国各种专门学科的机构总和”，各有关专业的学者显然应联手做好这方面的研究工作。就时间段而论，海外中国学涉及古代、近代、现代各个时期的问题，而以现、当代问题为主要研究对象，所以我们研究力量的分布也要与之适应尤其应多花力量于对他们现、当代中国问题研究的探讨。为了做好这一工作、国内外学术界的进一步的沟通显得十分重要。包括召开国际学术交流会、学者互访、资料互换、有关信息的电脑联网等。这当中，国际学术交流和学者互访尤其需要加强。新中国成立后国际汉学会议只开过一次的事实是令人遗憾的。笔者到美国实地考察的最深切体会，就是感到这种交流太重要了。正如有的学者所说：“海外中外文（包括汉、满、蒙、藏、朝等中国文字）中国学藏书不会少于千万册之数。一般都相对集中，便于利用。仅美国就至少有 500 万册以上。”“海外除大量出版中国学书籍外，还有数百家报刊经常发表中国研究的文章，有国际性、全国性和地区的中国学机构经常召开学术研讨会，促进学者间的切磋交流。”[①] 这一切都清楚表明了中外学术交流的必要和重要。为了推进我们的海外中国学研究，有必要派遣更多的国内专门家到海外作实地考察和课题研究，邀请更多的海外学者来中国传授信息和经验。与此同时，我们的有关学者也要看清学术发展大势，不断再修炼，更新和改善知识结构。作为国家专职科研部门和大学教学机构，也应有意识地做好后备攻关队伍的培养工作，争取一代胜过一代地搞好海外中国学研究。

（原载《华东师范大学学报（哲学社会科学版）》1995 年第 6 期）

① 参见《世界中国学家名录》“编者前言”，社会科学文献出版社 1994 年版。

关于史学史研究和海外中国学研究的若干问题

改革开放以来，中国社会科学发展突飞猛进，史学理论与史学史，作为历史学的二级学科，也在积极发展之中。在推进这一二级学科的过程中，学术界同行不仅深入了对中国史学的研究，也加紧了对海外史学理论和史学思潮的研究，并努力开拓一些新的研究方向，充实和发展对中国史学的研究。对海外中国学的研究，就是在这样特殊的历史背景和学术背景下提出来的。为了认清这一学术探索的新现象，笔者就若干问题提出自己的见解，而这些对史学理论与史学史学科的建设和发展是必要的。

中国史学史研究和海外中国学研究如何走到一块

近年来，国内一些学者在对史学理论与史学史学科的建设问题上，提出一些新的想法，就是将对海外中国学的研究纳入史学理论与史学史研究的范围之内，将海外中国学研究视为史学理论与史学史学科的一个新的分支方向。学者们不仅这样想了，也这样做了，而且已经在招收海外中国学研究方向的研究生了。史学理论与史学史学科已经与海外中国学史研究“联姻”了。

它们如何走到一块的？在分析这一问题以前，首先要对所谓的海外中国学的研究对象作明确界定。我们知道，史学理论与史学史的研究对象，是历史学家、史学思想、史学理论、史学方法，以及史学机构、史学思潮。我们所以对他们研究，是要探索总结其发展规律，探讨中国史学和人类史学发展的规律。诚然，海外中国学的内涵很宽泛，它实际上是学科群，研究对象颇多，但史学理论与史学史学科所强调结合的海外中国学，是指其中很特殊的一部分。海外学者对中国历史、文化和历史学家的研究，以及他们的研究著作、史学思想、研究思潮，都是我们的研究对象。我们要探讨海外学者对中国历史、史学和文化的研究情况，探讨其对中国历史和文化的研究动态，并从中总结其发展特点和发展规律。从这一点上说，史学理论与史学史研究，与海外中国学研究走到一起，是学科建设和发展中十分自然的事。

回顾历史会使我们对这些问题的认识清晰起来。古代和前近代的东亚，基本是中国秩序的东亚。中国文化和中国史学对东亚地区文化和史学有重大影响。韩国、日本、越南的古代史学，在编纂体例、史学方法上都受到中国史学的很大影响。这些国家的史学家长久地保持对中国史学的研究和探讨。在韩国，还是在太宗年间，元代胡一桂所著《七史纂古今通要》就已刊行；世宗年间，司马迁的《史记·越王勾践世家》等著作就在韩流传。世宗在位期间，刊行的中国史学著作还有如班固的《汉书》、司马光的《资治通鉴》等。古代朝鲜还展开对中国史学著作的研究，显宗年间有姜沆的《纲鉴会要》，肃宗年间有赵维韩的《史纂抄选》、权以生的《史要众选》等。在古代日本，《史记》的研究著作也颇多，室町时代有月舟寿桂的《史记抄》、江户时代有猪饲敬的《史记天官书图解辅注》和《太史公律、历、天官三书节窥》等。在江户时代，历史学家深入中国史学研究的著作颇多，如池云碧于斋的《史记律历书解》、冈本况斋的《史记传本考》、思田维周的《史记补正》等。[①]江户时代还有对《汉书》的研究，如户崎淡园的《汉书解》、恩田维周的《汉书质疑》等。史料表明，日本学者受中国古代史学影响很深，编年体、纪传体等编纂体裁曾深深地影响其编纂体裁和方法。所以要研

① 关于日本古代对中国《史记》的研究，可参见近藤春雄在《日本汉文学大事典》（日本明治书院，昭和六十年）中对《史记》条的介绍。

究中国史学、了解其特色和影响力，不注意这很特殊的一块会很不完整。

近代以后，中国史学对外影响的总态势有变化，西方史学开始冲击和影响中国史学和东亚史学。不过直到今天，中外史学还是属于交流和互动的性质。作为对人类史学本质的探讨，海外学者始终保持对中国传统史学和当代史学的密切关注。

他们认真翻译中国经典的史学名著。《史记》被翻译成多国文字出版。有维特金（R. V. Viatkin）的俄文本、华兹生（Burton Watson）的英文本、沙畹（Emmanuel-édouard Chavannes）的法文本，还有韩文的版本等。20 世纪 70 年代开始，吉田贤抗、水沢利忠、青木五郎在前人研究的基础上，做了日文的《史记》翻译。本纪、世家、列传、书都有了翻译，译本还加注释，有评论。在美国，关于中国史学通史的著作就有 3 部：嘉德纳（Charles Gardner）的《中国传统史学》（1938 年），是美国第一本有关中国史学通史的著作；韩玉珊的《中国史学纲要》（1955 年）为第二本，费正清亲自为之写书评；最近又有第三本，伍安祖（On-cho Ng）和王晴佳合作撰写，书名《世鉴：中国传统史学》，这是第三个英文本中国史学史专著。

海外学者对现当代中国史学也有比较深入的探讨。还是在 20 世纪 50 年代，以费正清为代表的一批中国学家就介绍过翦伯赞主编的《中国近代史研究资料》汇编。刘广京、芮玛丽（Mary C. Wright）、邓嗣禹、房兆楹等都撰写了文章，评论翦伯赞这套文献集的价值。费正清和芮玛丽还写了总的引论，代表了当时美国学者对中国马克思主义史学的基本看法。① 改革开放以后，海外学者继续在写关于当代中国史学研究的文章。

中外史学交流和互动的这些情况，是我们不可忽略的，是中国史学工作者认识自己的重要镜子。认识他者眼光中的“我”的形象，有时比我们对自己的评价重要得多。而事实上，这一块研究现在做得很少，甚至很少引起学者注意。所以在对中国史学的研究中，增加对海外研究的一块，不是心血来潮，而是对客观史

① John K. Fairbank、Mary C. Wright: Documentary Collections on Modern Chinese History Introduction. *Journal of Asian Studies*, 1957, 17(1): 55–60.

学进程的尊重，是深入史学研究和开拓史学发展新局面的需要。对中国史学的研究，缺少了对海外这一整片情况的研究，就会是跛脚、不全面的。

接受史学理论与海外中国学研究

史学工作者在提出这些问题的时候，也在思考理论上的依据问题。任何学科的新发展，都有它的学科建设的理论背景。中外史学是交流的，文史哲学科在互动。在对这些重要问题的思考上，史学工作者需要借鉴其他学科理论的新鲜经验。

比较文学的发展曾给予史学工作者以很大的启发。从国际学术背景看，接受美学和接受文学比较早地涉及类似的学术现象研究。1967 年联邦德国康茨坦斯大学法国文学教授汉斯・罗伯特・尧斯，在《文学史作为文学科学的挑战》一文中，提出了“接受文学”的论纲。这派理论的核心观点是：文学研究不能单纯以作品为对象，应该把读者也作为文学科学的对象，并由此出发，克服关于文学艺术的“独立性”的主张，恢复文学与历史（现实）的联系。

20 世纪 60 年代以前，美国和德国的一些文学批评工作者，都把理论思维的重点放在文学作品文本自身价值的探索上，强调所谓文学作品的“独立性”，反对从政治、经济、思想史或其他根源上去分析文学作品，把艺术视为与现实无关的事情。然而，60 年代以后国际政治风云的变动，殖民地半殖民地国家人民的民族解放和政治独立斗争，一些国家民主进步运动的高涨，使他们日益感觉到，这种关于文学“独立性”的主张和形式主义理论，已无法回答日益引起人们关注的文学社会功能和社会效果的问题。这一无法回避的现实问题迫使他们把理论思维的重点，转向文学的接受与影响问题的研究。接受美学提出了一些人们以前所未曾注意到或者没有深入探讨过的问题，并对这些问题作了专门的研究，开扩了文学研究的视野，对文学理论和文学史的方法作了有益的补充和改革。这一理论很快得到西欧各国、美国、日本等很多国家文学工作者的响应，成为文学研究中的新兴理论学派。

它的传播当然也会对历史学科的史学理论和史学史研究带来影响。20 世纪

80 年代中期，在海外接受美学和接受文学的基础上，中国的学者提出了接受史学的问题，强调关注史学的传播和接受问题的研究。[①] 根据接受美学的基本理论，史学工作者认为，历史学的全过程也应该由两方面组成：一是史家撰述的过程，一是读者阅读接受的过程。只有当史家撰述完成，并由读者接受，也即从中汲取知识，指导自己的行为方式，史学撰述的全过程才算真正完成。也就是说，历史著作完成的全过程由史家——史著（即撰述过程）和史著——读者（即接受过程）两个阶段构成。在前一过程，史家赋予史著某种功能的潜力；在后一过程，读者实践史著的这些潜在功能，两者缺一不可。研究史学史的工作者如果只注意史家——史著的过程，忽视史著——读者的过程，不但违背历史发生的客观事实，也不利于史学史发展规律的探讨，不利于对当今史学实践的指导。

史学工作者强调，在实际生活中，不只史学生产产生接受，接受也产生史学生产；不只史家创造读者，读者也创造史家；不只史著影响读者，读者也影响史家的撰述。读者在接受活动中，决不是被动的反应环节，而有积极主动的一面。首先，史著发表后，读者必然会有不同的反应，从这些反应可以看出史家撰述期望的效果与现实的需要是否一致，两者的差距大小与否都有利于史家检验自己的撰述质量。其次，历史的前进，史学的发展，方法论的改进，都会使读者的视野发生变化，引起史学评判标准的相应变动，迫使史学家更新思想、更新体例、更新研究方法，适应新时代读者阅读的需要。同时，读者的阅读和反思，也不是消极的，尤其是作为读者一员的历史学家，都会对古今史著提出积极的批评和建议，这使后起的史家在进行深入研究时，不得不对这些批评和建议作出反应，推动史学发展。

由此，对于史学接受方的研究，成为史学研究不可缺少的一环。一部有影响的史学著作，不仅同时代的各种人阅读它，不同时代的各种人也阅读它；不仅本国的人阅读它，异国的人也会阅读它。时代的变迁发展会使读者对史著的洞察和鉴别能力不断提高，对史著潜在意义的认识和评判也会越来越丰富。一部卓越的史学著作的潜在意义，不会、也不可能为某个时代、某个国家的读者所穷尽，只

① 朱政惠：《从接受角度研究史学》，《社会科学》1986 年第 11 期。

有在后来不断传播与接受的链接中为读者逐步揭示出来。

学者们所提出和阐释的关于接受史学的理论，实际上为史学史研究和海外中国学研究之间的关系作了有意义的理论阐释。根据这样的理论解释，对海外中国史学的研究，不是要不要的问题，而是如何做得更好的问题。

海外中国学研究有助于中国史学的深入研究

毛泽东曾经说过，一个正确的思想认识，往往需要从实践到理论、再从理论到实践这样多次的往复，以至最后形成。对史学理论与史学史研究与海外中国学研究辩证关系的认识，也是在这样反复的探索过程中形成和提高的。

最近，我们正在做关于美国20世纪上半叶的中国学的研究。在这过程中，又发现很多与中国史学关系密切的问题。例如，当时哥伦比亚大学韦慕庭（Clarence Martin Wilbur）撰写《中国前汉奴隶制度》，实际上是受中国社会史大论战的影响。当时他正好在中国，赶上安阳考古新发现，也注意到中国社会史大论战。他对陶希圣、郭沫若的观点都听得很仔细，说回去后要研究，作出自己的判断。他从《汉书》里面找出128处，从这些史料中判断中国奴隶社会的规模和特点问题，然后写了一篇文章，提出前汉奴隶制问题，后来作为博士论文出版了。这本著作一直到现在还被认为是西方汉学的经典著作。芝加哥大学顾立雅（Herrlee G. Creel）的《中国的诞生》也有类似情况。他1930年到中国，也赶上安阳考古发现，接触了一批中国学者如顾颉刚、陈寅恪、李济、梅光迪、傅斯年、柳饴徵、董作宾、徐中舒等，关系都非常好，在这个基础上写了《中国的诞生》，毕士博（Carl W. Bishop）作前言。他自己的序很明确，说是深受中国学者影响，是在中国朋友的支持、鼓励、帮助下写成的。这部书也成了有世界影响的名著。另外还有《古史辩》，也对美国产生影响。后来担任美国东方学会会长的恒慕义（Arthur W. Hummel），把顾颉刚的《〈古史辩〉序》翻译成英文，加了非常详细的注释，写了序。这个序被认为是当时海外学者看待中国古史辩派的重要文献。美国学者非常关注当代中国史学的发展。芮沃寿（Arthur F. Wright）到中国，被日本人抓到集中营关了3年，出来后的第一件事，就是撰写《1941年—

1945年的北平汉学研究》，发表在《哈佛亚洲研究杂志》，对当时中国的汉学研究做了详尽梳理，被认为是认识20世纪上半叶中国学术的重要文献。还有一个例子，是史华慈（Benjamin I. Schwartz）的《毛的崛起和中国共产主义》。作者强调，研究中国共产党应该依据历史文献，“文本”的研究是最关键的。他从文本中发现，中国共产党的思想路线和苏共有很大区别，其中最根本的还是文化传统的差别。他甚至认为两党不久会有大分歧，而这时正是两党关系最好的时期。他当时阅读了中国共产党建党以来的几乎所有重要文件，包括毛泽东已发表的论著。

实践研究中的这些例子，验证了我们的一些想法，说明海外中国学的研究，对中国史学史研究有重要意义。

首先，对海外中国学的研究，有助于我们对中国史学成就和特点的全面了解。如果我们不注意到韦慕庭著作、顾立雅著作与20世纪30年代社会史大论战及其安阳考古挖掘的关系，就很难注意到这两个学术事件对于史学发展的深远意义。中外史学是相通的，古代如此，现代也如此。对中国史学的研究应该是全面、动态的研究。如果只盯住一点，忽略另一边，就会不完整。随着科技发达和学术信息的全球化，海外对中国史学理论和史学史的研究会更活跃。中国史学史研究无疑面临新的机遇和挑战。

其次，对海外中国学的研究，有助于我们对中国史学重大成就和著作的深入了解。20世纪30年代，《古史辩》不胫而走，在美国也安营扎寨。这说明一本好的著作的影响是拦不住的，全世界迟早会知道。所以对重大史学著作的研究，离不开对海外的观察；也只有研究它在海外的传播和影响，才能对它的价值有更全面认识。《史记》在国际上有很多种文字的翻译本，专门的研究著作也难以计数，如果能将各国对《史记》的研究作系统的梳理和探讨，将是《史记》研究的重大进展。

再次，对海外中国学的研究，有助于我们对国际上前沿史学理论与史学方法的研究和借鉴。这种借鉴，还包括对其研究视角和研究思路的考察。海外学者对中国历史文化的研究水准，根本上不会超过中国，隔靴挠痒的弊端也很多。但应该承认，由于这些学者看问题的角度往往与我们不一样，或者理念有差异，他们的有些成果可能处于相当前沿的水准，有些成果也会因视角独特而令人印象深刻。这对我们的研究是重要的补充和参考。如韦慕庭对《中国前汉奴隶制度》的研究方法、芮沃寿《1941年—1945年的北平汉学研究》对中国学术的系统梳理、史华慈《毛的崛起和中国共产主义》的研究思路及其理念，有些直到今天还不失经典。与以往不同，现在海外对中国史学的研究越来越丰富，不仅《史记》《汉书》《资治通鉴》等著作有人翻译了，断代的、通史性质的中国史学史著作也有人写了。在美国、加拿大、德国、英国、日本、澳大利亚，很多国家的学者还在探讨当代中国史学，美国对当代中国马克思主义史学研究还持续了相当一段时间。所有这些情况，都是我们要重视的，需要动用专家学者做专门研究。

对海外中国学的研究，是中国史学史研究进程中新的重要分支，是中国史学演进中出现的新研究方向，是中国史学发展蜕变的规律反映。中国改革开放的时代大潮流促成了中国史学出现这样的新动向，它的研究无疑有助于深入中国史学研究。

史学史研究对海外中国学发展的意义

事实上，不只海外中国学对中国史学研究有借鉴意义，史学理论与史学史研究也对海外中国学学科建设有重要实践价值。

关于“汉学”和“中国学”，两者是有区别的，一直以来也分歧很多，莫衷一是。用简单的语言描述两者的区别是必要的。我们以为，“汉学”主要指海外学者对中国历史、文化和文献的研究，属于人文学科的一部分；“中国学”范围宽泛，包罗广博，一般指对中国政治、经济、社会、军事、法律等方方面面的探讨，属于社会科学的研究。这两个概念，在英语是完全不同的两个词，在西方国家也是完全不一样的学科。目前在中国，为了工作和联络的方便，往往又不会做很严格的区分，只要是海外对中国问题的研究，有时候说“汉学”，有时候说“中国学”，因时间背景而异。本文所涉及的“中国学”，基本是泛指的那块，涉及面广，涵盖“汉学”的含义；但我们所特指的“汉学”，则难以涵盖“中国学”的全部。

中国对海外中国学的研究，已经有一段时间了。改革开放以来，从建立机构、翻译海外中国学著作开始，到现在也已经有 20 多个年头了。国内一些单位也已经开始了对海外中国学的专题探讨。不过现在大家的头疼问题，还是如何以正确的、科学的方法来规范这一学科的研究？如前所述，海外中国学研究对象相当宽泛，无所不包，无所不容，它到底属于什么学科？如何下手？

所谓学科，必须有明确的研究对象、研究任务、研究目的、研究方法。海外中国学是不是学科？成立学科的条件是否存在？

我们从史学理论与史学史学科建设的角度开展对海外中国学的研究，经过几年实践，对解决这个问题的思路逐渐清晰起来。准确地说，海外中国学属于多学科汇集的学科群，只要是海外中国学的研究，都可以包容在内，政治学、经济学、军事学、法学、伦理学、哲学、教育学、历史学、文学、文献学、地理学、生态学、国际关系学，如此等等。而事实上对海外中国学的研究，是由各分支学科落实推进的。各学科按照自己学科建设的路子深入研究之。北京大学做得相当深入，他们从比较文学和比较文化研究的角度展开研究，强调文化现象的比较分析，探索中国文化域外传递的轨迹和方式，以及进入对象国后存在、变异的状态。北京外国语大学、北京语言大学凭借其外语研究优势，做了海外中国学研究状况的大量译介工作。清华大学国际汉学研究所特别强调学术史研究，认为对海外中国学的研究主要是学术史的研究，重点在中国学术思想在海外传播和发展的研究。中国社会科学院历史所中外文化交流研究室的学者，也从自身学科建设的角度做了探讨。所以，事实上的海外中国学学科建设，已经分解到各相关学科来落实和推进。抓得早的，已经硕果累累；抓得晚的，也崭露头角。

国内对海外中国学研究的经验表明，海外中国学的学科建设是背靠具体学科的，在具体学科的理论和方法规范下开展研究。这样的研究目标明确，心里踏实。

这一认识对我们非常重要，也是我们研究实践中得到的重要收获。我们所强调的海外中国学研究，主要背靠史学理论与史学史学科，在这样的学科背景下发展壮大。由此，我们又把它称为史学理论与史学史研究的分支。我们所强调的研究对象，是海外对中国历史和史学的研究，是海外的中国历史研究专家、海外的中国历史著作、海外学者的中国观，以及他们的史学理论、史学方法、史学机构等。我们所强调的研究任务，是对海外学者对中国历史和中国史学研究进程的探讨和总结，研究其特点和规律，引出有益于中国史学发展的经验和教训。我们的方法，基本是国内史学研究工作者常用的方法。这样，我们所谓的对海外中国学研究，与国内学者对本国史学的研究，没有本质的区别，其研究对象、研究任务、研究方法是一致的；所不同的是，一个研究国内的史学现象，一个研究海外对中国史学的研究现象。

上述方向的海外中国学研究，确实有力地支持了史学理论与史学史学科的建设。这个分支方向的开拓，使我们的研究视野大为开阔，伸展到大洋彼岸、异国他乡；那些思路新颖、角度独特的中国史学研究成果，成为我们认识中国史学的有益借鉴。有些经验不是国内轻易可以获得的。诚然，其间的反面经验对我们也有裨益。

从史学理论与史学史学科角度开展对于海外中国学的研究，对海外中国学学科建设的意义正充分显示出来。当我们用史学理论与史学史学科的方法来规范它的研究的时候，它的研究任务、目的、对象、方法会变得非常明确。从史学理论与史学史学科理论出发所展开的海外中国学研究，已取得不少成果。美国对中国历史的研究，几乎占了美国中国学的半壁江山，一些学者甚至多位美国历史学会主席也是中国历史研究的权威学者。我们的研究涉及很多这样的历史学家——费正清、施坚雅（G. William Skinner）、孔飞力（Philip A. Kuhn）、柯文（Paul A. Cohen）、裴宜理（Elizabeth J. Perry）等，都由史学理论与史学史学科的专家在进行。诚然，也有学者提出要用学术史、思想史的方法来研究海外中国学，这和总方向没有矛盾。学术史、思想史、史学史的研究方法基本是相通的，学科与学科间的包容性也很强。不过有一点要说明，就是从史学理论与史学史学科研究海外中国学，绝对不是说两者之间可以画等号。我们可以从这一学科去规范其研究，但绝不能代替之。

（原载《探索与争鸣》2007 年第 1 期）

美国中国学史研究中的若干问题

目前，国外对中国的研究，美国是最发达的国家之一。开展对美国中国学的研究，是对海外中国学研究的需要，是中国学者加强自身问题研究的一个重要视角。美国中国学发展的特点是什么，影响其发展的主要背景如何，是我们经常要碰到的问题。

问题之一，关于美国中国学发展的总体特征。很长的一段时间以来，人们习惯于将海外对中国历史、哲学和文化风习的研究称为“汉学”，将海外对现当代中国问题的研究称为“中国学”，并以此作为区分海外中国问题研究具体对象或阶段的区分。对这样的区分，国内学者尚有不完全一致的看法。[①] 但如果权作对海外中国问题研究状况和特点区分的标准的话，那么美国中国问题研究显然有其独有的一些发展特点。

欧洲对中国问题的研究起源比较早，当时，中国在相当一段时间处于世界文明领先的地位，华夏文化作为一种强势文化输出。西方文艺复兴时期，研究中国是出于对东方文明的尊重和对中国文化的由衷赞扬。这时西方的“汉学”是对中

① 中国社会科学院文献信息研究中心和外事局编写的《世界中国学家名录》（社会科学文献出版社 1994 年版）的“编者前言”的主要的观点是，中国是多民族的国家，不能简单地以“汉学”泛指对中国问题的研究。

国历史、文化的全面介绍和研究，并渐渐形成其独有的传统和精细的研究方法。相比之下，美国对中国问题的研究要晚一些。其背景是中国已在世界近代大格局中滑坡，由强转弱，研究中国带有加强对华贸易和殖民扩张的意图。这样背景下的中国问题研究，除了对中国历史文化的介绍和研究，更需要对现实诸种情况的了解和把握。

美国对中国研究最早的代表及其有影响的作品就是裨治文和《中国丛报》（又称《澳门月报》）。创办于1832年5月的《中国丛报》，出于提供“有关中国及其附近国家最可靠最有价值的情报”的目的，对中国的政治制度、政府机构、法律条例、朝廷要员、中外关系、内外贸易、山川海港、矿藏物产、军队武备、文化教育、语言文字、宗教道德、风俗习惯等，有相当详细介绍，特别注重报道中国的时事政情。卫三畏也是当时有影响的中国学家。代表作是《中国总论》，这是关于中国地理、政府体制、文学、社会生活、艺术和历史的综述性著作，对中国历史、文化以及综合国情作了全面探讨和研究。明恩溥的《中国人的素质》是十分典型的著作，着重于对中国人的性格和心理的研究。当时美国研究中国问题的主要专家还有丁韪良、狄考文、何天爵、林乐知等。初创时期的美国中国学开始于19世纪二三十年代，以外交家和传教士的著作为主，基本上是对中国做总体情况的介绍，和欧洲汉学初成时期的旨趣颇相径庭。

美国注意吸收欧洲汉学的研究方法和研究经验以推进对中国问题的研究。进入美国的欧洲汉学家有德国汉学家夏德、劳费尔等。欧洲汉学家们注意将兰克的实证思想和中国乾嘉学派精细考据学方法结合起来，试图形成科学的微观汉学研究体系。他们在美国大学的教学和培养工作，影响了美国中国学的专业化进程。出现了像柔克义、贾德、恒慕义、赖德烈等一批作业精细的学者。在经历了初创的洗礼后，美国中国学逐步进入稳步建设期，这就是所谓的以“科学职业化”为特征的发展阶段。

但总体上看，美国中国问题的研究始终没能走近欧洲的汉学模式。事实上，就是初创期和进入职业期的美国中国学，也颇多跨学科研究特征。此后的发展，更和美国外交一贯的战略思维有关。大致上，从第一次世界大战起，美国乘欧洲无暇东顾，加强了对中国和太平洋事务的介入，因而也加强了对中国问题的研究，很多中国研究基金和中国问题专门机构由此而设。二次大战的爆发，中国问题重要性的叠现，更促使他们对这一研究的重视。费正清学术地位的崛起及其特殊作用，对美国中国研究朝向重视现当代问题的方向发展的作用是至关重要的。所以迄今为止的美国中国问题研究，和欧洲的传统汉学道路有很大区别。① 美国中国问题研究的代表性特征是以研究现当代中国为主。

毫无疑问，美国中国学的发展和美国国内政治有很大关系。美国从自身的战略利益出发，调整在远东的发展战略，就一定会加强对亚洲和中国问题的研究。与这种重视相随而来的，便是一系列研究措施的出台。包括研究经费的投入、研究机构的增加、研究人员的加快引进及其培养等。反之，当他们国内因冷战因素而出现反华声浪时，对中国的研究也会受到负面影响。对美国中国学的研究，美国国内这些背景因素的考虑很重要。

对美国中国学负面影响最大的一次事件，就是麦卡锡主义。这位名叫麦卡锡的议员的坚决反共立场，曾严重打击了当时的中国问题研究。一批研究中国问题的学者被疑“共产党人的同情者”而受到审查。著名的外交家和中国问题学者谢伟思等受到数十次的盘问。像费正清这样重要的中国学家，也横遭指责。麦卡锡主义使美国当代中国问题研究几遭灭顶之灾。当时能够开展的研究，只剩下与现实无关的课题。在整个麦卡锡主义盛行时期，美国对中国研究的成果微乎其微。②

紧接这一事件的是美国中国学的一次大突破。一方面，是摆脱了麦卡锡主义的影响，一方面也是出于美国国家利益的需要。他们不能不重视已经崛起的红色中国，关注对她的研究。1958 年的国防教育法的颁布，可以被认为是美国中国学发展史上的一次重要机遇。其对推进中国学最有利的方面在于资金投入的增加。1958 年至 1970 年的 12 年间，美国福特基金会等各大基金会对中国学的投

① 在这问题的阐述上，哈佛大学杜维明教授的一篇谈话颇有参考意义。可参见周勤博士《本土经验的全球意义——为〈世界汉学〉创刊访杜维明教授》，载《世界汉学》创刊号，1998 年 5 月，《世界汉学》杂志社。

② Harry Harding, The Evolution of American Scholarship on Contemporary China, David L. Shambaugh ed., *American Studies of Contemporary China*, New York: Routledge, 1994.

资总数达 2 593 万多美元，政府对中国学的投资也达 1 504 万美元，各大学自身对中国学投资的总额也有 2 000 多万。大投资使美国中国学机构大幅度地增加，研究人员迅速增加，极大促进了美国中国学的发展。[①]

对美国中国学发展的又一个值得关注的契机，是美国越南战争。60 年代的对越战争，使美国自身受到极大拖累，全国的反战声浪此伏彼起。美国政府在寻找摆脱危机的过程中，认识到中国会有至关重要的作用。在美国大学，很多学者和青年学生都参加了反战抗议活动。裴宜理教授对笔者说，她走上中国研究的道路，转折点是越南战争。她说，当时从越南问题的解决方案中感觉到中国地位的重要。由此决心转向研究中国问题，从此一发不可收。她的解释是有代表性的。越南问题对中国学研究的促进，确实不像国防教育法的那种经济投入；是政治和外交问题解决的需要，客观上带动了中国学的发展，影响同样很大。

和以往相比，近些年来美国对中国学研究的投入有所减少。笔者在美国访问期间，也听到一些学者对美国中国学发展前景的抱怨，认为和以前相比，经费在减少，影响了中国学发展。中国学研究的毕业生难以找到对口工作。据知，福特基金会已经有相当年数，将它对中国研究的基金转向美国国内都市问题和少数民族的研究。而 50—60 年代确定的中国学岗位也基本满员。诚然，这些因素会影响中国学的发展，但美国中国学基础设施的建设还基本稳定，大体的机构和规模还在。由于以往的为政府作决策咨询的兴趣在消减，学者反而更重视深入的学术探讨。这使中国学家更注意走学究化的道路，注重扎根于学术沃壤。所以现在美国中国学研究的总情况还可以。[②] 因而我们对美国中国学的总体研究，要关注其国内政策的变化。忽视这一点，很多情况的把握会有问题。

美国对中国问题的研究，显然还深受中国国情的影响。中国社会的发展、政策的变化、经济的变迁、中美交流的状况等，都会对美国中国学的发展产生影响。这是值得研究的现象。我们暂且不说新中国成立以前，就中华人民共和国成

---

① John M. H Lindbeck, The Developmental Decade, *Understanding China: An assessment of American scholarly resources. A report to the Ford Foundation*, Praeger, 1971.

② Harry Harding, The Evolution of American Scholarship on Contemporary China, David L. Shambaugh ed., *American Studies of Contemporary China*, New York: Routledge, 1994.

立以后的状况言，就有许多值得关注的问题。涉及中国学研究的学科发展、方法演变、研究视野和研究资料收集等多方面问题。

根据史料，可以确切地说，美国对中国马克思主义史学研究，大体开始于60年代。笔者曾就此事请教过前密歇根大学中国研究中心主任费维恺教授。他是美国对中国马克思主义史学研究的开创者。他说：至60年代，你们中华人民共和国站住了，世界上有影响了，这就引起美国人的关注。当时知道中国以马克思主义研究历史，社会地位、学术地位很高。美国中国学家当然要研究，何况我们自己是历史学家。他说，当时在香港收集了很多相关资料，先后编撰了《中国马克思主义史学》和《中国马克思主义史学史料集》。由此开始了美国对中国马克思主义史学的研究。

中华人民共和国的成立和发展对美国中国研究的促进是多方面的。傅高义的《广东共产主义》一书，也是这时候问世。对美国了解中国共产党政权运作机制提供了重要参照。由此也带动了美国中国学中社会学研究系统的开展。历史学也一样。当时的美国学者认为中国是中央集权主义统治模式，很希望从历史学的视角考察这一模式的由来及其对国际局势的影响。史华慈的《集权主义的巩固和中国模式》《世界秩序之中国人的认识——过去和现在》《中国和国际秩序》等论文都是这个时期发表的。费正清主编的《中国人的秩序观：传统中国的对外关系》也是其中有代表性的著作，哈佛和在美国的一些重要历史学家都参加了撰写。① 不能说这些著作和论文的观点或结论都是正确的，但至少可以说，这些探讨有利于他们对中国历史和中国历史上国际地位的探讨，促进了美国对中国历史的研究。

“文化大革命”是中国的一场内乱，严重破坏了中国的正常社会秩序，包括学术研究。“文化大革命”对海外学术界影响很大的一个问题是，由于大陆一些

① *The Chinese World Order: Traditional China's Foreign Relations* Edited by John King Fairbank, with contributions by John King Fairbank *A Preliminary Framework*, Lien-Sheng Yang *Historical notes on the Chinese World Order*, Wang Gunwu *Early Ming Relations with Southeast Asia: A Background Essays*, Joseph F. Fletcher *China and Central Asia, 1938–1884* and many other essays.

资料和文献的外流，为海外学术界接触以前难以看到的资料和文献提供了条件。这就是所谓的“歪打正着”。我们不认为党和国家有些资料的外流是好事，也不认为海外所能看到的文件都是可靠的。但“文化大革命”无意中透开了中国封闭的大门是事实，这对美国中国学的发展是重要机遇。至少，可以不再仅仅从媒体的字里行间来琢磨和研究现实中国。

如果说，“文化大革命”内乱客观上撞开了口子，让外人窥见门内的一些秘事；那么，“文化大革命”后的改革开放，是中国人主动启开闭锁的大门。改革开放对美国中国学的发展至少有三个方面的意义。其一，美国学者有可能直接到中国去考察，目击他们所要了解的对象，这对中国学研究至关重要；其二，改革开放使中国出现前所未有的大变革，政治、经济、文化、社会都出现翻天覆地大变化，呈现前所未有的活力，这刺激了美国中国学家从政治学、社会学、经济学、人类学等诸多领域加强对中国问题的研究；其三，改革开放也促进了中国文献和档案的逐步对外开放，这对美国中国学家正确理解和研究中国创造了条件。裴宜理教授的《罢工中的上海：中国劳动者的政治》、孔飞力教授的《叫魂——1768年中国妖术大恐慌》等著作，都是在对中国档案史料的直接查阅和搜集的基础上撰就的。

中国国情的变化，每每使美国中国学互动演变。总趋势是走向深入。中国的改革开放和现代化进程，使政治学、社会学、经济学、城市学、人类学等学科研究步入美国中国问题研究的中心，跨学科、多学科研究成趋势。

美国中国学的发展，受美国国内政治和中国国情变化的影响外，还受国际诸种学术思潮演变的影响。

任何学术的发展，都有社会思潮和科学发展的背景。受法国年鉴学派总体史学影响，美国史学界的跨学科研究的趋势在增长。而这也波及对中国问题的研究。把社会科学方法引进中国学的研究，是60年代曾经热烈讨论的问题。《亚洲研究杂志》1964年曾刊登过这方面讨论的稿件。问题由人类学家施坚雅挑起，提倡将社会科学引入对中国问题的研究。参加讨论的有史华慈、列文森、芮玛丽、墨菲、弗莱德曼等很多学者。可以认为这次学术讨论后，社会科学介入中国学研究成为不争的事实。涌现了一批有影响的跨学科研究的著作。施坚雅的《中华帝国晚期的城市》，是历史学、社会学、地理学、政治学、人类学等多学科研究的专著。裴宜理的关于淮北农民运动的著作《华北暴动和革命，1845—1945》，是历史学、环境生态学、社会学、人类学跨学科研究的专著。从现在的情况看，美国的中国学著作，很少有单学科研究的专著。研究生的博士论文，仅仅从题目和内容看，很难分辨出出自什么系和什么研究所。这是学术思潮影响下的中国学发展的很突出问题。

关于学术思潮的影响，还可以举出一些突出的案例。后现代主义是现在美国学术界很有影响的思潮，在哲学、文学界的影响还相当大。后现代主义对历史学的影响也越来明显。其表现如对欧洲史学的“西方中心论”的批判，后殖民主义时代史学思想和史学思潮的进展等。又如对非精英阶层及其有关对象的关注，对下层民众、妇女和少数民族的研究，以及日常史、社会礼俗史、医疗史方面的研究成果等。后现代主义影响历史学的表现还体现在对微观史学的研究。所谓“微观史学”，就是研究和描述微观的历史事件，不作理论解释，让读者自己体会时代的文化精神。这种研究的著述方式，使历史叙述和文学创作颇少区别。后现代主义无疑影响了美国中国学的研究。柯文“中国中心观”的提出，就被认为是对西方现代化道路的普遍意义的质疑。芝加哥大学杜赞奇教授的《文化、权利与国家——1900—1942 年的华北农村》、唐小兵的《全球空间与现代性的民族主义论述：梁启超历史思想论》，何伟亚的《怀柔远人——马嘎尔尼使华的中英礼仪冲突》等，都被认为有后现代主义倾向。其中，《怀柔远人——马嘎尔尼使华的中英礼仪冲突》曾引起很大争论，美国加州大学圣地亚哥分校周锡瑞教授给予过尖锐批评。但不管怎么样，何伟亚对这本著作的撰写方式，确实开启了后现代取向的史学的尝试。反映出近年来美国中国学的新动向。“后现代”史学对史料的收取很有其独到之处。[①]

美国中国学家的研究很重视模式的探讨。这样或那样的“模式”，寻根究源，都有其出处。黄宗智的“过密化”理论，实际上借鉴了人类学家沃尔茨对印度尼

① 美国罗文大学王晴佳教授撰有《如何看待后现代主义对史学的挑战》（台湾《新史学》第 10 卷第 2 期，1999 年 10 月）等论文，对这方面情况有较具体分析。

西亚稻作农业的研究的结论，比较有说服力地阐析了中国小农经济和社会变迁之间的关系。杜赞奇对中国华北农村基层政权的研究，也注意了沃尔茨的“过密化”理论。罗威廉的有影响的汉口研究，实际上借鉴了德国社会学家哈贝马斯“市民社会”和“公共领域”理论。尽管受到批评意见，但对促进美国中国近代城市公共空间和晚清城市社会组织的研究，显然意义不小。美国是世界学术大国，也是开放的移民大国。美国中国学界注意观察西方新的学术思潮和方法的同时，对来自中国学术界的成果也相当关注。张仲礼、何炳棣、萧公权、瞿同祖等华人学者的研究成就，相当程度上也影响了美国中国学的发展。孔飞力说过，没有中国学者的努力，美国的中国学也不会有像今天这样的发展，“杰出的中国同事承担了关键角色”。①

要言之，美国中国学不是生长在真空中的，不是“天马行空”“独来独往”，它的每一个进展，都有道理，有其内在因素和外在因素的背景，是遵循一定的发展规律的。对美国中国学的研究，特别是对人物、著作和思潮的研究，一定要放到这些实际的历史背景中考察，这样得出来的观察才会贴切历史原状，才会有历史的内涵和深度，因而也会比较的准确和扎实，经得起历史检验。美国中国学总体特征和欧洲中国研究有诸多区别，但其特殊的背景地位也使对其研究更具普遍价值和学术魅力。而我们对美国中国学的研究，也主要是出于学术互动的需要。我们和海外的中国学之间的交流实在不能算多，这当中的对话和互通信息显然十分重要。美国中国学中的有益的理论和方法应该成为我们自身研究的可贵资源，而其错误的理论观点也将是我们的一种镜鉴。

（原载《历史教学问题》2003 年第 2 期）

① Fairbank Center: 40th Anniversary Celebration, April 26, 1966. http://www.fas.harvard.edu Tefairbank/40th Report-Fulltext. html.

美国“中国学”：进展·阶段·走向

美国“中国学”是世界“中国学”研究的领头羊，研究美国“中国学”的核心和基础问题，就是理清它的学术发展脉络，即它的学术发展史。从美国开始关注中国、研究中国到现在，已有两百年的历史。这一历程是怎样走过来的，大体的发展阶段如何，有何特征，包括目前的主流趋势，都是学者们关心的问题。《中华帝国对外关系史》（*The International Relations of the Chinese Empire*）的作者马士（H. B. Morse, 1855—1933）对于历史阶段研究的重视曾经深刻影响过费正清（J. K. Fairbank, 1907—1991）。与导师马士一样，费正清也重视历史事件、历史趋势、历史走向这一类大问题的探讨。这对后人研究美国“中国学”是颇有启迪的。由于对美国“中国学”的研究是跨学科、多学科的研究，我这里只以历史学为主线展开探索，分析其整体进展、阶段及其走向。

一、中国史学史分期与美国“中国学”史研究

两百年来，美国“中国学”与其他学科的成长一样，有一个发生、发展和越来越成熟的历史。要把握对它的研究，学术史的研究是必须开展的基础工作。而学术史研究的一个基本问题，就是确认它的基本过程和发展阶段，因此，分期研

究是绕不开的。

到现在为止，美国“中国学”的重要主线还是历史学研究的问题，故对美国“中国学”的研究从历史学的视角展开研究是必要的，也是对其作全面研究的重要方面。因此，借鉴中国史学史分期研究的经验，对于美国“中国学”发展史的分期研究也是必要的。

相对于中国历史学其他一些二级学科，中国史学史研究的起步比较晚。20世纪60年代，曾有过一次关于中国史学史分期问题的讨论，但很快因为“文化大革命”运动的爆发而匆匆止步。这一讨论的再次开始是在20世纪80年代，那已是改革开放后的事情了。为了重新开展对中国史学史的研究，史学史分期问题的讨论再次推开，很多中国史学史研究的专家学者介入讨论，提出自己对分期研究的意见和方法。讨论所涉及的问题比以往更多、更丰富，尤其是它的特点、规律的基础研究，被认为是这一学科发展的基本建设问题。

两次讨论形成了关于中国史学史研究分期标准的多样看法。大致可以归纳为七种：一是把史学质的变化作为史学发展的分期标准；二是把史学本身在发展过程中所形成的特点作为考察分期的标准；三是纯粹以史学思想演变、史书体裁演变为依据进行阶段区分；四是以著名史书、史家作为某个阶段分期的标志；五是以社会形态演变的阶段为分期标准；六是以历史上朝代的自然更替为阶段分期的标志；七是以综合考察的方法来确认历史的分期。[①]类似的讨论很热闹，学者们各抒己见，掀起了一波中国史学史研究的新热潮。这些不同的分期意见也产生了表述不一的中国史学史著作。例如，仓修良的《中国古代史学史简编》是“文化大革命”结束后最早出版的中国史学史著作之一，作者本人也是中国史学分期讨论的积极参加者。该书将中国史学划为三期——以人物传记为中心的汉魏六朝史学，“主通明变”的唐宋元史学，具有启蒙思潮的明清史学；主张以史学发展特征作为阶段性的标志。但是，他的这一分期标准也引起人们质疑：中国史学史的三大阶段真是这样吗？

---

① 方方面面的意见很多，河南师范大学的王记录教授对此有探讨和分析（王记录：《五十年来中国史学史分期研究述评》，《中国史研究动态》2002年第6期）。

争议的问题还有很多，但不管怎么样，讨论产生了积极的效果：其一，大多数学者认为，还是要认真研究历史，精心体会史学的演变状况及其变化的实际原因。其二，产生了一批厚重的中国古代史学史、中国近代史学史、现当代中国史学史研究的专著，廓开了局面，奠定了新时期中国史学史研究的基础。

当时，比较一致的意见认为，还是应综合考察中国史学史的发展问题。既然史学在其发展过程中，会受不同因素影响而形成不同演变形态与发展特征，所以，根据这样的特征进行分期是必要的。也就是说，要密切关注历史学与社会历史的联系，把史学的发展放到大的历史进程中考察。这一观点相信，历史学受到社会各方面因素如政治、经济、文化思潮的制约和影响，一定会带有这些历史时期的深刻烙印与痕迹，但它的发展又会有一定的独立性，既是自身历史发展的合乎逻辑的体现，又会对社会现实有一定的反作用。对史学史的分期研究，应该充分考虑这些复杂的、多样的因素。这样去思考问题，就能处理好史学发展、史学分期与社会历史阶段的对应问题，比较准确反映史学发展的基本特点和规律。

当时的讨论特别强调，对史学分期研究千万不能简单化，仅仅从几本著作、几个大人物，或者几个朝代的更替来区分，那样会造成对中国史学研究的简单化倾向。事实上，影响中国史学发展的因素要比学者们想象中的情况复杂得多。所以，对中国史学史的研究，务必放到中国历史进展的大背景中考察，放到史学成长的自我演进过程中考察，放到整个社会文化、社会思潮演变的影响中考察，由此才能比较好地把握史学进程和特点，从历史的动态研究和横向比较研究中把握其演进的规律性。

这些研究经验，足以成为当今对美国“中国学”发展史考察和研究的基本经验和方法。从这样的视角和方法来看美国“中国学”的演变，将会是一个多角度的考虑和分析，不以某本重要著作或某个有影响力的人物为观察分期的依据或标志；它将全方位考察每一阶段的历史情况，由此及彼，由表及里，形成一个大体完整的关于演变进程的看法。

具体来说，就是美国国内形势、美国对外关系、美国社会语境、中美关系、中国国内形势、国际学术思潮发展等，是对美国“中国学”史及其分期研究的重要依据；美国“中国学”发展史本身的发展及其成熟度，它们对社会发展的影响状况以及有重要影响力的人物、著作、历史观、中国观、编撰手段、研究方法，是考虑的另一个重要方面。也就是说，前者重在对外在条件和因素的分析，后者重在对内在状况与因素的探讨，外在问题和内在问题的考虑应该全面结合起来。

二、美国“中国学”发展史的四个时期

借鉴中国史学史研究分期的基本经验，考虑美国“中国学”的发展历史，它基本上可以分为四个时期。如果从总体来表述，则可用美国“中国学”自身发展的成熟度作为阶段发展的标志性称呼。

第一个时期：“‘中国学’发轫时期”

从 18 世纪末年到 19 世纪后期，为美国“中国学”的发轫时期。这七八十年，既是美国“中国学”酝酿和开创的时期，也是从无到有的演进时期。这一发轫时期又可以细分为两个具体阶段：一个是“启蒙思想影响下的中国印象阶段”；一个是“耳闻目击的实录阶段”，包括有一定深度的问题的综合分析。

所谓“启蒙思想影响下的中国印象阶段”，是指美国建国初期对中国的印象和描述。包括开国一代领袖和思想家们在内，他们当时对中国的认识主要受欧洲启蒙思想家研究的影响，基本上都是正面描述。他们都认为，美国应该向中国学习，中国是美国开国发展的理想目标。比如，当时一个叫查尔斯·汤姆森（Ch. Thomson）的美国哲学家就说：“引进古老的东方国家的产物，特别是中国的问题，我们这个国家就可以获得期望已久的空间发展。我们如果有幸引进中国的工业、生活艺术、先进的管理以及当地的植物，美国终将有一天能够成为中国那样人口兴旺的国家。”[①] 而像这样的论述当时还有很多，甚至总统富兰克林（B. Franklin, 1706—1790）、杰斐逊（T. Jefferson, 1801—1809）也说过。这些思想主要受到文艺复兴时期思想家的影响，成为他们当时的治国理想。一直到现在，美国人还认为，自己的公务员制度是仿效了中国的科举制。

---

① Jonathan Goldstein, *Philadelphia and the China Trade 1682–1846* (University Park: Pennsylvnia State University Press, 1978), 20–21.

所谓“耳闻目击的实录阶段”，是美国商人、传教士、外交官亲自到中国，看中国，体会和记录中国。其代表人物前有山茂召（M. S. Shaw, 1754—1794），后有裨治文（E. C. Bridgman, 1801—1861）。第一个踏上中国国土并留有相对完整文字记载的美国人是山茂召。他是1784年2月22日跟随“中国皇后号”商船抵达中国的，先后到过中国四次，所留下的《山茂召日记》应该是美国关于中国印象的首部作品。然后就是裨治文，是第一个到中国的美国传教士，1829年踏上中国土地，不久开始编著《中国丛报》（*Chinese Repository*）。他受美国传教士总部要求，把自己所看到的关于中国历史与现实的方方面面向国内汇报，《中国丛报》因此而生，造就成了典型的目击实录的刊物。当时与《中国丛报》相类似的记载都谈不上是学术研究，但却是相当全面中国情况报道的杂志或书籍，给美国人、欧洲人留下了深刻的中国印象。卫三畏（S. W. Williams, 1812—1884）也参与过《中国丛报》的编撰工作，尔后还撰写了《中国总论》（*The Middle Kingdom*）一书。《中国总论》并不是专门写的，是当时美国人很想了解中国的情况，他回美国后做过一百多场演讲，便把这些演讲搜集起来，汇编成了《中国总论》。所以，这是一份关于中国地理、历史、政治、文学、社会生活、艺术、法律等全方位介绍中国的书。这本著作完成于1848年，之后又做过修订，被认为是美国早期“中国学”研究的经典作品。总体上讲，这些成果的性质，都属于耳闻目击的调查实录。

对于美国“中国学”发轫时期的背景，应该从两个方面看：其一，美国刚刚建立，中国还处在盛世阶段，美国的政治家因为没有到过中国，所以只能从欧洲启蒙思想家那里讨材料、讨思想，而得到的叙述当然基本是好印象，所以，他们想向中国学习。这是“耳闻”阶段。其二，由于耳闻谈不上是研究，交往的动力主要来自贸易发展和传教士事业的需要。传教士的目的十分明确——传播“福音”，希望基督文明能够传播到全世界，包括覆盖中华文明。为了了解中国，所以他们什么都写，把看到的问题都反映出来。这些人不是专业学者，因此他们的作品没有固定章法，没有严格的学术规范。他们客观上成为东学西渐、西学东渐的实践者。但这些早期的所谓汉学家，从他们的中国观来看，也不是清一色的，既有对“炮舰政策”的认同和侵略史观的鼓吹，渲染中国的愚昧落后，也有对中国几千年文明的敬仰，希望加强交流。

第二个时期："汉学发展时期"

从 19 世纪 70—80 年代到 20 世纪 40 年代，为"汉学发展时期"。这六七十年的时间也可以分为两个小阶段：一是"汉学研究准备阶段"，一是"欧洲汉学影响下的发展阶段"。

所谓"汉学研究准备阶段"，大体是从 19 世纪七八十年代到 20 世纪之交。这里面有一个学术生命体发展的认识问题。它一旦形成以后，就有了自己的生长规律和演变特征。为了深入对中国问题的研究，从 19 世纪 70 年代开始，美国人做了各方面的准备工作。当时国际的学术背景是，欧洲的汉学已经达到了相对的高峰阶段，如果美国要深入对中国的认识，在学术上就要向这样一个高峰迈进。但是，这样的演变必须要做很多准备工作，当时做了这样几件事：一是设立"汉学讲座"。"汉学讲座"的设立，在欧洲也是一个重要标志。法国的"汉学讲座"是世界上最早设立的，也是国际汉学研究确立的标志。在美国，主要有卫三畏讲座、戈鲲化（1838—1882）讲座、傅兰雅（J. Fryer, 1839—1928）讲座、丁龙（Dean Lung）讲座等，分别设立在耶鲁大学、哈佛大学、加州大学、哥伦比亚大学，时间是 1876—1901 年。二是学术资料的准备，主要是中国书籍的准备。没有中国书籍和资料，从事中国研究就无从下手。这项工作是从国会图书馆的准备开始的，美国政府出面与清朝交换书籍，收到了第一批来自中国的图书。以后，中国留学生容闳（1828—1912）到美国，又代表中国政府赠送了一些书籍。除了这些交往之外，顾盛（C. Cushing, 1800—1879）、柔克义（W. W. Rockhill, 1854—1914，又译"罗克希尔"）等外交官、传教士也在中国搜集了一些图书，包括西藏的珍贵资料，为日后汉学的发展打下了重要的资料建设基础。三是组织机构的设立，如成立美国东方学会等。这个东方学会虽然不是完全针对中国的，但主要筹备人物是到过中国的传教士。四是"中国学"研究初具反思形态。综观 19 世纪末叶美国"中国学"的作品，包括卫三畏、丁韪良（W. A. P. Martin, 1827—1916）、明恩溥（A. H. Smith, 1845—1932）、何天爵（Ch. Holcombe, 1844—1912）等传教士的著作，都不再是那种简单的调查、目击、实录了，在对中华文明的认识上有一定的反思意识，研究和思维方式都在提升。丁韪良甚至主张，要用黑格尔（G. W. F. Hegel, 1770—1831）的理论来反思中国史学。

至于“欧洲汉学影响下的发展阶段”，则是这一时期汉学的形成和初步发展阶段。美国“中国学”的生长，是在欧洲汉学家影响下逐渐发展的。代表人物是劳费（B. Laufer, 1874—1934，又译“劳费尔”“罗佛”）、夏德（F. Hirth, 1845—1927）、福克（A. Fork），三位都来自德国，带来了欧洲汉学研究的方法和理念，影响了美国“中国学”研究的进展。其中，劳费的作用尤其重要，他被日本汉学家石田干之助（1891—1974）认为是与沙畹（E. Chavannes, 1865—1918）、伯希和（P. Pelliot, 1878—1945）齐名的大汉学家，组成了所谓“沙畹—伯希和—劳费时代”，即所谓世界汉学的轴心时代。劳费的主要精力和贡献都是在美国做出的，他为美国做了大量包括藏经在内的中国书籍的翻译工作，有很多精湛的有关中国与西方交通史的考证与研究著述；他所搜集的诸多中国珍贵书籍文物，也都留在芝加哥和华盛顿的博物馆、图书馆；他还推动在美国成立第一个中国学研究促进会（The Committee on the Promotion of Chinese Studies）①，自己出任第一任会长。

在此基础上，美国自己的汉学家开始培养出来了。卡特（T. F. Carter, 1882—1925，又译“卡忒”“贾德”）、恒慕义（A. W. Hummel, 1884—1975）、赖德烈（K. S. Latourette, 1884—1968）、拉铁摩尔（O. Lattimore, 1900—1989）、卜德（D. Bodde, 1909—2003）、韦慕庭（C. M. Wilbur）、德效骞（H. H. Dubs）、顾立雅（H. G. Creel）等都是要特别提到的人物。他们的研究，一反卫三畏时代的做法，是深入的、实证的对中国历史和文化的研究，形成了一批传世的堪称名著的作品。

他们的主要研究对象是中国历史与文化，与初创时期的“中国学”研究对象有很大区别。恒慕义的《清代名人传略》（*Eminent Chinese of the Ch'ing Period (1644—1912)*）是国际学术界第一部清代人物传，成为美国汉学的代表作。房兆

---

① 美国中国学研究促进会（The Committee on the Promotion of Chinese Studies）成立于 1928 年 12 月 1 日，地点在纽约哈佛俱乐部。发起者美国学术团体理事会，资助者洛克菲勒基金会。参加成立会议的学者有劳费、恒慕义、赖德烈、伯希和等。会议确定了推动美国中国学发展的几件大事，在美国中国学发展史上有重要奠基意义。

楹（1908—1985）、杜联喆（1902—1994）等来自中国的学者起了重要作用，将近三分之二的篇幅是房兆楹夫妇做的。韦慕庭的《中国西汉奴隶制》着眼于从中国《史记》《汉书》中寻找中国奴隶制度形态的线索与依据，提出西汉奴隶制社会形态的判断。德效骞翻译的《汉书》，是世界首部英译《汉书》，重在翻译的准确性，考证十分严密，甚至用欧洲先进的天文学研究成果核对《汉书》天文记载的准确性。顾立雅对中国史前社会的研究引用了当时殷墟考古发掘的最新成果，为此受到过李济（1896—1979）的批评。所有这些作品，与以往的目击实录的方法大相径庭。这些由美国人自己撰写的著作体系的出现，说明美国汉学发展的时代已经到来。

“汉学发展时期”是美国“中国学”转型的重要时期，是一个成熟向上的发展时期。这一时期汉学的发展和突破，无疑受到国内外众多因素的影响。其中，美国对外发展战略因素的影响最为重要。在将近半个世纪的时间里，美国从后起的帝国主义新秀逐渐成为强大的西方国家，伴随着对远东和中国利益的追逐，不断要求加强对远东和中国问题的研究。以前那种对中国的了解程度、研究成果及其规模都无法满足它的新需求。所以，才考虑设立有关的研究机构，加强汉语教学课程与图书数据收集，加强基础建设与中美学术交流等。由于新的“中国学”研究的组织是在这样的情况下出现的，对中国历史和文化的新的诠释及其中国观也出现了。诚然，学术自身发展演变的内在要求也是重要原因。是时，国际上最好的中国研究出自欧洲，美国选择欧洲汉学发展模式以调整之是必然的。欧洲汉学研究的方法深刻影响了美国“中国学”的演变轨迹，出现了一批新汉学家，并在此基础上产生了一批优秀的汉学著作，甚至反过来影响了欧洲汉学。需要指出的是，在此演变过程中，不能忽视来自中国的洪业（1893—1980）、赵元任（1892—1982）、裘开明（1898—1977）、房兆楹等华人学者的作用。如果说欧洲汉学家引领美国早期朴素的“中国学”向汉学方向演变和转型，那么华人学者为这新一轮汉学研究体系的建立，对其演进过程中的中华历史与文化诠释的准确性起了关键作用。

第三时期：“中国学发展时期”

从20世纪40年代开始到80年代，为“中国学发展时期”。这一时期也可以分为两个小阶段：前一阶段是“向‘中国学’转型阶段”，后一阶段是“‘中国学’振兴阶段”。

所谓“向‘中国学’转型阶段”，是相对于前面的汉学发展而言的，其研究对象有所变化；而就整个美国的中国研究进程而言，这是一个向“中国学”回归的阶段，就是又回到原来的“中国学”研究形态。但是，这是一个螺旋式上升的阶段，而不是倒退。所谓“汉学”，主要是指以中国历史与文化为研究对象的学问，属于人文科学研究的范畴；所谓“中国学”，则是对中国的全方位探讨，研究范围涉及政治学、经济学、社会学、法律学、军事学等方方面面的探讨，是一种多学科的研究。后者这种超越传统汉学的研究，当时被称为“区域研究”，就是集中多学科智慧，多渠道、多方法研究中国问题。“区域研究”的出现，是美国中国问题研究的一次新的重要转型。这一新的转型的决定性因素，是第二次世界大战后对中国认识的新需求，“冷战”以后对中国研究的新需求。1946 年，哈佛大学设立“区域研究”项目，标志着美国“区域研究”的开始。[①]“区域研究”的基础是汉学研究，是汉学研究的新发展；它一头连着对中国历史与文化的研究，一头连着对中国现实问题的全面思考，开辟了中国问题研究的新方向。费正清撰写的《美国与中国》(*The United States and China*) 成为当时这一研究的代表作，现实性、应用性是其研究的主旨。不过，美国的当代中国研究却在 20 世纪 50 年代受“麦卡锡主义”沉重打击而严重受挫。右翼分子把所谓“丢失中

① 关于区域研究的缘起，费正清认为应该提到 1946 年由唐·麦凯（Don Mckay）组织和领导的国际与区域性研究（International and Regional Studies），一个包括有帕森斯（T. Parsons, 1902—1979）、梅森（E. S. Mason）等著名学者组成的专业委员会。它所发起的区域研究计划设立有九个研究部门，以扩大当时被研究的非西方世界的范围。费正清说，他为这个组织拟定了中国研究的项目。当时的情况是，国际与区域性研究委员会提供资助和监督，下面则是具体摸索和探讨。费正清回忆说：“人们的思想异常活跃，各种问题纷至沓来”，“沉浸在种种激动人心的思想争鸣的氛围之中”，“真正地做到了将书本知识与战时的经验结合在一起”，“这种拼命的精神正反映了我们的信念，我们正在进行着一种全新的事业”，“我本人也把五年教学和政府工作的经验，特别是两年半在华的实践同理论做有机的结合。经过一年的努力，我便开始把这样得到的新成果变成描述的文字”（费正清著，黎鸣、贾玉文等译：《费正清自传》，天津人民出版社 1993 年版，第 401—403 页）。

国”的责任推到国务院一些外交官身上，推到包括拉铁摩尔、费正清等一批“中国学”家身上，认为他们向美国政府提供了错误信息。费正清推行的“区域研究”刚起步就遭受打击，陷于艰难维持的困境，美国对华观察与决策的渠道严重不畅。

所以，就有了重整旗鼓的“‘中国学’振兴阶段”，福特基金会对“中国学”受挫情况的调查及其研究报告发挥了重要影响。这后一阶段的发展有三件重要的事情：一是“国防教育法案”颁布，重新布局美国“中国学”研究。一大笔资金用于资助中国语言教学、人才培养，一批新的中国研究中心成立，算是一种“绝处逢生”。二是展开如何促进“中国学”研究的大讨论，确定社会科学应该全面介入“中国学”研究的发展理念和方法，明确与传统汉学研究的区别与界限，为“区域研究”的中国学学科定位做了重要的研究任务、研究对象、研究方法等基础理论建设的奠基工作，史华慈（B. I. Schwartz, 1916—1999）、芮玛丽（M. C. Wright, 1917—1970）、萧公权（1897—1981）、牟复礼（F. W. Mote, 1900—2005）等一流“中国学”专家介入了讨论。① 三是着眼于中国学研究全新格局的创立。费正清创立现代“中国学”，着眼于现实中国问题研究，但他的基础在汉学，汉学研究依然抓得很紧，哈佛大学东亚研究中心的主要出版物还是有关中国近代历史与思想文化的研究。对此，费正清十分清醒。这一研究局面的真正突破是魏斐德（F. E. Wakeman Jr., 1937—2006）、孔飞力（P. A. Kuhn, 1933—　）、史景迁（J. D. Spence, 1936　　）、施坚雅（G. W. Skinner, 1925—2008）等第二代中国学家，他们的研究真正实现了跨学科、多学科研究，产生了真正意义上的“中国学”成果，并以所谓的“中国中心观”突破费正清“冲击—反应”观念，一系列重要成果都突破了欧洲汉学研究模式及其理念，研究视野与方法也大为活跃。“‘中国学’振兴阶段”的成果是以他们的成就为标志的。华裔历史学家在这一重要的学术演变中再次起了重要作用，萧公权、何炳棣（1917—2012）、张仲礼（1920—　）、瞿同祖（1910—2008）等学者对清代基层政府、乡村社会结构、明

① 亚洲研究协会从学理的探讨上开展了进一步的研究。1964 年 3 月 22 日在华盛顿召开的会议，是其中一场重要的学术研讨。这也是亚洲研究协会第 16 届年会上的一次讨论，施坚雅主持，发言稿发表在《亚洲研究》杂志第 23 卷第 4 期、第 24 卷第 1 期。

清人口状况等诸多问题的深入探讨，解决了当时一些洋人学者难以理解与突破的大问题。

第三时期是美国“中国学”发展的重要转折时期，是美国奠定其在世界“中国学”研究营垒领军地位的关键时期。历史的原因促进形成了“区域研究”，“区域研究”又推进产生新的研究模式，一改原来汉学研究的探索形态，调整了汉学研究的对象和方法。这个“区域研究”也超越了美国历史上中国问题研究的成果，改变了世界中国研究的版图。第二次世界大战以后美国“中国学”的兴起，尤其是1958年以后的大调整，使美国一跃而成为世界上最强的“中国学”研究国家之一。学术界所谓“二战”后世界的中国问题研究由汉学转向“中国学”，主要是指美国成为世界中国问题研究的领衔大国。这里，还应注意学术思潮影响的问题。公允地说，欧洲“年鉴学派”对美国“中国学”发展的影响是深远的。魏斐德、史景迁、卫思韩（J. E. Wills Jr., 1936—　）等学者所提出的对明清长时段变迁的研究，法国“年鉴学派”在这方面就有丰富的理论阐述和研究实践。他们主张长时段看历史，尤其重视经济研究，从心理、心态等诸方面考察历史变迁，史景迁、魏斐德等学者显然意识到其对历史研究的重要意义。包括地方史研究、下层民众研究、中国内部发展不平衡性问题研究等，都受到“年鉴学派”思潮的影响。当时的越南战争影响相当大，致使一批青年学者转向对中国问题的探讨，而且很多是当时美国学术界的精英人物。柯文（P. A. Cohen, 1934—　）“中国中心观”的酝酿也与此有关。但这一阶段还是存在问题，主要是中美两国还没有接触，有些研究还是空对空，不接地气。

第四时期：“新‘中国学’时期”

从20世纪80年代至今，为“新‘中国学’时期”。这三十来年的突出特点是：一大批美国“中国学”家来到中国，直接考察中国社会和现状，到档案馆查阅数据，与学术界联系空前广泛，一些学者甚至介入中国的各种现实研究、管理和顾问工作中，产生一批与以往研究有很大区别的著作。实际上，两百年来，中美之间断绝交往的也就是20世纪50—80年代，其他一百多年还是在交流的。但每一历史时期的交流不一样，20世纪80年代以来的交流更深入、更全面了，属于更高层次的学术交流。

这一时期的研究成果与上一时期的研究成果也大不相同，不仅与费正清时代的研究大相径庭，就是与魏斐德、孔飞力、史景迁等第二代学者的研究模式也不一样了。如果说，费正清关注的是中国的政治、军事、上层人物研究，魏斐德等学者关注的是社会结构、历史运动形态研究，那么，20 世纪 80 年代以后的所谓第三代及其更新的研究，眼光总体上更往下，研究更细微。匹兹堡大学许倬云对此有过一个概括性描述：研究课题逐渐由国家转向社会，精英思想转向平民心态，典章制度转向日常生活，使用文献转向访谈与计量，关心主流转向关心弱势，宗教研究转向信仰与礼仪，个别人物转向一般众人，静态结构转向动态运动，单一现象转向多向的整体讨论，以及注重经济之外的生态与天文关系问题。[①] 这虽然包括了第二代的特点，但更多讲的还是第三代包括当下研究的特点和走向。裴宜理（E. J. Perry）、黄宗智（P. C. C. Huang）的农民学研究，杜赞奇（P. Duara）、艾尔曼（B. A. Elman）的文化研究，韩书瑞（S. Naquin）的大众宗教研究，罗威廉（W. T. Rowe）、叶文心、卢汉超的城市史研究，高家龙（Sh. Cochran）的企业史、消费文化研究，柯娇燕（P. Crossley）、欧立德（M. C. Elliott）的边疆民族研究，贺萧（G. Hershatter）、曼素恩（S. Mann）、伊沛霞（P. Ebrey）的妇女史研究，包筠雅（C. J. Brokaw）、周绍明（J. P. McDermott）、贾晋珠（L. Chia）的书籍史研究等，这些全方位、多视角的深入探讨，涌现出不少重要著作，在美国“中国学”史上也算是空前的。

这一时期的另一重要特点，是宏观思考大著的同时出现，并不是只见树木不见森林。最典型的就是彭慕兰（K. Pomeranz）的《大分流：欧洲、中国及现代世界经济的发展》（*The Great Divergence: Europe, China, and the Making of the Modern World Economy*）、王国斌的《转变的中国：历史变迁与欧洲经验的局限》（*China Transformed: Historical Change and the Limits of European Experience*）等所谓“尔湾学派”的学术著作的面世。他们认为，以往以西方历史为基本出发点的中国问题研究立场应该得到扭转，中国与西方在近代历史的起点与基础应该是

① 许倬云：《北美中国学——研究概述与文献资源》序，张海惠主编：《北美中国学——研究概述与文献资源》，中华书局 2010 年版。

一样的。在东部，哈佛大学以史华慈为代表的学者提出了对人类文明的比较研究问题，认为“轴心时代”的人类始初文明就没有高下之分。达特茅斯学院的柯娇燕注意到那些重要历史观点的演变，认为美国“中国学”的视角已经转入全球视角，以费正清、牟复礼为代表的研究模式已为全球史观的研究所取代，全球视角下的中国更有变化与活力。[①] 有学者把美国这一演变中的中国研究之走向称为已经步入“人类中心观”或“全球中心观”阶段。柯娇燕就撰写有《什么是全球史》（*What is Global History*）等理论作品。

这一时期成果的又一重要特点，还在于一些老话题新阐述，较之以前成果有很大突破和创新。这样的新著，很多来自对史料的新斩获。韩森（V. Nansen）《开放的帝国：1600 年以前的中国历史》（*The Open Empire: A History of China to 1600*）被认为是“唱盛中国”的作品，但作者自己强调，主要还是来自史料的新发现及其运用。作者称自己注意运用新的考古成就重新解读历史，利用史家不太重视的文学作品重新释读古代社会和妇女生活，运用域外非汉文文献开辟观察历史的新领域，对 1600 年（明万历二十八年）之前的中国做了全新评估，认为古代中国始终对外来文化保持开放态势。当然，像这样的老话重提研究，还包括研究者视角的变化。作为中外史家多年研究过的太平天国，因为观察角度的变化，居然也会有全新诠释，耶鲁大学年轻学者普拉特（S. R. Platt）在新著《太平天国之秋》（*Autumn in the Heavenly Kingdom*）中提出太平天国是中国内战的观点，并认为这一战争甚至影响到美国南北战争的进展。他认为，当时中美两国是英国最大的贸易市场，两个国家的内战使英国面临同时失去两大市场的风险，英国经过权衡最终选择了投入中国内战，从而对美国内战保持了中立。[②] 而类似这样的有

---

① 柯娇燕：《全球视野下的中国研究》，朱政惠、崔丕主编：《北美中国学的历史与现状》，上海辞书出版社 2013 年版。

② In 2012, *Autumn in the Heavenly Kingdom* won the Cundill Prize, the largest international literary prize for a work on history. The Cundill Prize in History at McGill University (or simply Cundill Prize) was founded in 2008 by Peter Cundill to recognize and promote literary and academic achievement in history. The prize is presented annually to an author who has published a non-fiction book in the prior year that is likely to have profound literary, social, and academic impact in the area of history.

新意的成果正不断从美国“中国学”界流淌出来。

与学科建设同步的总是方法论问题，学科演变总是带来方法论演变。有学者提出，20 世纪 80 年代以后，出现了由跨学科、多学科合作到后学科时代的变化的新趋势。持有这一观点的学者认为，跨学科、多学科毕竟还是有学科，而现实的很多学科基础是西方人奠定的，如果再按照西方人创立的学科理论和方法论来研究中国，问题还是会存在，所以，更要紧的也许是研究者的问题意识，是一种对学术眼光、知识本身的强调。不过，反对者认为，忽视专门的学科建设是可怕的。① 但问题的提出，说明了 20 世纪 80 年代后的国际“中国学”研究的新思考、新走向。

“新‘中国学’时期”与“‘中国学’时期”差一字，但背景差别很大。“新‘中国学’时期”实际上已经告别了“区域研究”，“区域研究”发起时代的背景已经根本变化了，具体的研究对象和方法都在调整。中美建交，“冷战”结束，中国改革开放，中国崛起，这些都是非常大的变化因素。新的历史阶段形成新的研究形态是必然的。费正清奠定了“中国学”基础，但很多东西是那个时代的产物；现在一切都在变化，美国人当然要考虑新的“中国学”研究体系及其相应方法论。但这是“接着干”，不是“对着干”，是原来基础上的调整与发展。

这一时期，美国“中国学”的发展还受到其他因素的影响。其 ，“后现代主义”和“新文化史”等学术思潮的影响。继“年鉴学派”之后，“后现代主义”和“新文化史”思潮对美国“中国学”影响力度颇大，有关“新文化史”研究的著作很多，大多强调从文化视角对中国问题重新审视。其二，经济全球化和全球史观的影响。经济全球化没有使文化全球化，却使“区域研究”受到很大限制，从全球观念考察中国、考察中国的历史和文化的做法受到支持。其三，科学发展导致研究手段、史料获取手段的全面革新。电子数据库储藏数据的非凡能力与数据搜索的高超技术，使研究者深受其惠。其四，研究者可以直接来到中国进行学术交流、收集档案、田间考察，了解最新的考古成就，发现未曾发现的文献史

---

① 2011 年 6 月 25—26 日，在华东师范大学的“北美中国学的历史与现状”国际学术研讨会上，新加坡南洋理工大学刘宏教授提出这一观点并引起讨论。

料，这在以前都是难以想象的。

对美国“中国学”发展阶段的划分，是综合研究了各方面资料后得出的认识。考察美国“中国学”从无到有、从弱到强，直至成为世界“中国学”研究领头羊的演进历程，除了可以使中国学者对整体的美国“中国学”研究有更实在的感受和体会外，也可以对目前中国的历史学研究提供借鉴。

首先，应该十分关注美国“中国学”研究史中的非学术因素。这是理解美国“中国学”的非常重要的问题。美国“中国学”的发展，绝对不是简单的学术问题，背后有着重要的社会政治背景问题。美国“中国学”的每一次大的进展，都与美国的国家利益有关，与他们的远东战略有关，也与中国的兴衰和国际地位有关。所以，对美国“中国学”的考虑，对美国学术机构的观察，都应当放到这样的历史背景中。否则，很多现象的分析，就说不到点子上，甚至迷失研究的方向。而这些重大的外在因素的变化，很大程度上影响了美国“中国学”发展的阶段性。也正是因为影响美国“中国学”发展的这些重要因素，对美国“中国学”的研究也就成了中国了解中美关系的晴雨表与重要窗口，从而有其十分重要的现实意义。

其次，学术方法和研究理念的不断调整是美国“中国学”研究的重要推动力。透过美国“中国学”的历史进程可以看出，促进美国“中国学”史发展的另一重要因素，就是学者们对自己研究对象、方法的不断自我更新和调整。这样的调整来自三个方面的因素：一是学术研究的多元化引起的自我调整。美国是移民国家，“中国学”是后起之秀，它在发展过程中自然会注意吸取世界上业已成熟的汉学体系的经验，包括欧洲的、日本的、中国的。这样，就导致“中国学”研究理论和方法的多种来源，从而也便于博采众家之长，集中优秀研究智慧，其中来自中国的经验尤其重要。有影响的“中国学”大家像卫三畏、恒慕义、费正清，都与中国有密切关联的历史。二是不断自我更新。不仅基础研究设施，包括图书馆、档案馆、数据库不断更新，而且研究机制、研究队伍、研究手段也在不断更新。其三，自觉融入国际汉学、“中国学”研究大潮中，保持与前沿理论和思潮的同步思考，保持学科建设和理论思考的前沿性。而做到这一点的关键，就是不断反思和自我批评。要言之，一旦学术生命体形成以后，其内在发展有各种需求。这种需求会促进学术生命主体不断更新研究基础，调整视野、视角，乃至变换研究队伍。这是美国“中国学”研究的重要内动力，非常值得关注。

复次，注意内外因素的影响与互动特点的研究。外在原因使美国“中国学”受到强烈的外在要求的驱使，不得不调整以适应现实，但与此同时，作为已经成长的学术生命体，美国“中国学”也有自我规范的企求。两股力量有时是同方向的，有时也可能是相悖的；有时候外在力量强于内在力量，有时候内在力量强于外在力量，当外在力量违背学科发展规律并强制“中国学”逆转时，“中国学”会变得很僵硬，难有生机；但当“中国学”的发展忽视国家利益轨道，也会是无力的。这两种力量的交错和博弈，使美国“中国学”进程显示出波澜起伏的特点。当双方力量都很强劲，共同发力，会使它成为国际“中国学”界的佼佼者。所以，对美国“中国学”史的研究要注意到其内在、外在因素及其相互关系，从这样的视角关注其发展前景问题。

再次，海外“中国学”史研究与当今中国文化建设。中国文化建设实际上是有两个大目标：一个是把国内的文化建设做大，要与崛起的国力相称；一个是要把中国的文化传播出去，让世界了解中国、认识中国。就后者而言，世界上对中国文化了解和研究如何，是中国学者把握问题的关键。学术史研究使中国学者得以从整体上把握美国“中国学”的发展走向——他们关心什么，不关心什么，一个阶段一个阶段如何过来，为什么会有这样具体的变化和差异。中国的学者可以从这些具体演变的原因、背景、语境中，确定对其成果价值的基本判断，从根本上避免不必要的无知、盲从，不犯低级、幼稚的错误，并顺利找到其最有借鉴价值的经验和成果，为我所用。学术、思想是任何国家、任何时期社会之精神和灵魂所在。认真清理美国“中国学”家关于中国历史与现实研究的学术史的文化遗产，回顾两百余年的发展历程，总结其成败得失和学术规律，见盛观衰，述往知来，不仅对美国“中国学”研究有益，对于中国学者从更深层面认识自家历史与现实，也都有积极意义。

最后，中国的历史学研究应置于国际“中国学”研究的大背景下展开。美国“中国学”的发展历程表明，美国学者对中国研究的一条重要主线，就是关于中国历史和中国史学的研究，尤其是中美建交以后，积累了相当丰富的成果和经验。中国研究是中国的，也是世界的，国际“中国学”界对中国历史和史学的研究，理所当然地应该成为中国史学理论和史学史工作者的重要关注与研究对象。欧美学者对中国历史和史学的研究，难免会有隔靴搔痒的局限，但他们所引用的域外文献，他们身在山外的观察，他们的丰富学科建设和方法论的背景经验，都可能生产出有异于中国学者常规思考研究的成果。所以，将他们的研究纳入自己的研究范畴，中国学者责无旁贷；尤其是在中外史学交流频繁、互联网大发展的时代，更应如此。不把自己置于国际中国史学研究的背景和历史进程中考察，不把域外成果和方法作为中国学者的研究对象，没有对全局情况的宏观把握（包括相关的思考、批判与借鉴），还是关起大门来自扫阶前雪、“两耳不闻窗外事”，那么，这一学科建设的前沿性、前瞻性、新颖性、包容性势必会大打折扣。这是中国史学理论与史学史学科建设的新起点之一。

（原载《南国学术》2014 年第 1 期）

朱政惠先生学术著述系年目录

吴原元* 编

1981年

- 《章太炎志读史日程》,《文史知识》1981年第6期

1983年

- 《世罕与匹的中国古代史学》,《历史知识》1983年第4期

1984年

- 《简论顾炎武的经世致用思想》,《中学历史教学》1984年第4期
- 《胡思敬和〈戊戌履霜录〉》,《社会科学研究资料》1984年第9—10期

1985年

- 《史学概论》,与吴泽、魏承思等合编,安徽教育出版社1985年版
- 《吕振羽史学研究》,华东师范大学硕士学位论文(指导老师苏渊雷、桂遵义),1985年

1986年

- 《"传统文化和现代化"讨论的一个思考》,《群言》1986年第12期
- 《从接受角度研究史学》,《历史教学问题》1986年第5期;中国人民大学复印报刊资料《历史学》1986年第12期转载

---

* 吴原元,华东师范大学马克思主义学院教授。

- 《从接受的角度研究史学——由“接受美学”引起的一个思考》，《社会科学》1986 年第 11 期；《中国史研究动态》1987 年第 3 期
- 《胡思敏的〈盐乘〉——对近代正统派史著的一个解剖》，《史学月刊》1986 年第 6 期

1987 年

- 《吕振羽史学研究》，与吴泽合著，《历史教学问题》1987 年第 1 期
- 《从〈史记〉看司马迁的创造性思维》，《百科知识》1987 年第 9 期
- 《名臣治家》，与邬国义、张鸿雁合著，辽宁大学出版社 1987 年版
- 《中国文化史三百题》，与上海古籍出版社合编，上海古籍出版社 1987 年版

1988 年

- 《历史学研究的时代性》，《百科知识》1988 年第 4 期
- 《论吕振羽马克思主义世界观的形成》，《史学月刊》1988 年第 2 期
- 《吕振羽历史学研究》，博士学位论文（指导老师吴泽），1988 年
- 《昏君传》，与朱绍侯等合编，河南人民出版社 1988 年版

1989 年

- 《吕振羽〈中国民族简史〉的史学思想》，《历史教学问题》1989 年第 3 期
- 《吕振羽史学渊源的几个因素》，《邵阳师专学报》1989 年第 4 期
- 《论吕振羽史学》，《历史研究》1989 年第 4 期；中国人民大学复印报刊资料《中国现代史》1989 年第 9 期转载
- 《十大史学家》，与裴汝诚、朱维铮等合著，上海古籍出版社 1989 年版
- 《为什么说中华民族是勤劳勇敢的民族？》，收录于《传统文化与近代中国：国情教育读本》，上海古籍出版社 1989 年版

1990 年

- 《优秀史著是爱国心之源泉》，《人民日报》1990 年 7 月 20 日
- 《注意国际间史学交流情况的研究》，《光明日报》1990 年 8 月 1 日；中国人民大学复印报刊资料《历史学》1990 年第 8 期转载
- 《吕振羽〈中国政治思想史〉贡献论》，《历史教学问题》1990 年第 1 期
- 《论吕振羽的〈简明中国通史〉》，《史学集刊》1990 年第 3 期

1991年

- 《略说比较历史学中的“比较史学”》，《光明日报》1991年12月31日
- 《论吕振羽〈殷周时代的中国社会〉学术贡献》，《历史教学问题》1991年第5期
- 《论吕振羽〈史前期中国社会研究〉的学术价值》，《江淮论坛》1991年第4期；中国人民大学复印报刊资料《历史学》1991年第10期转载
- 《中国马克思主义史学与中国共产党的革命事业》，《探索与争鸣》1991年第4期；中国人民大学复印报刊资料《历史学》1991年第9期转载；收录于《党史党建论文集——纪念中国共产党成立七十周年学术讨论专辑》，上海人民出版社1992年版
- 《吕振羽的史学理论和史学成就》，《华东师范大学学报（哲学社会科学版）》1991年第5期；中国人民大学复印报刊资料《历史学》1991年第12期转载
- 《中外关系史三百题》，与石源华等合编，上海古籍出版社1991年版

1992年

- 《时代发展与史学变革——上海市首届史学理论讨论会学术观点综述》，与陈麟辉合著，《解放日报》1992年1月20日；《历史教学问题》1992年第2期；《史学理论研究》1992年第1期；《探索与争鸣》1992年第2期；《华东师范大学学报（哲学社会科学版）》1992年第2期；中国人民大学复印报刊资料《历史学》1992年第5期转载
- 《吕振羽的史学致用实践及其思想》，《史学理论研究》1992年第4期；中国人民大学复印报刊资料《历史学》1993年第4期转载；后以《吕振羽的史学致用思想与实践》为题收录于《吕振羽和中国历史学——学术研讨纪念文集》，吉林大学出版社1996年版
- 《炽热的爱国主义精神——建国后郭沫若史学研究剖析》，收录于《郭沫若研究》第10辑，文化艺术出版社1992年版
- 《历史发展道路多样性问题的探讨》《封建主义再批判》《史学危机与史学改革论》《关于史学功能、社会价值与学术价值的探讨》，收录于《中国80年代人文思潮综述》，学林出版社1992年版

- 《社会风俗三百题》，与胡申生、巴兆祥、吕静等合编，上海古籍出版社 1992 年版
- 《吕振羽和他的历史学研究》，湖南教育出版社 1992 年版

1993 年

- 《关于比较史学研究的若干问题》,《社会科学》1993 年第 1 期；中国人民大学复印报刊资料《历史学》1993 年第 2 期转载
- 《当代中国史学思潮散论》，与林慈生合著,《历史教学问题》1993 年第 3 期
- 《挽狂澜而奋进——当代中国史学思潮述评》,《探索与争鸣》1993 年第 4 期；中国人民大学复印报刊资料《历史学》1993 年第 8 期转载
- 《毛泽东与中国史学》,《华东师范大学学报（哲学社会科学版）》1993 年第 6 期

1994 年

- 《"书是我们时代的生命"——访问美国大学的图书馆》,《青年报》1994 年 4 月 21 日
- 《美国东亚研究机构的印象》,《青年报》1994 年 5 月 17 日
- 《"欲知大道，必先为史"——访问美国的历史纪念地》,《青年报》1994 年 7 月 19 日
- 《时代精神的回归与重建——"市场经济与人文社会科学的发展研讨会"综述》,《社会科学报》1994 年 7 月 21 日；以《中国人文社会科学的现状与出路——"市场经济与人文社会科学的发展研讨会"综述》为题，收录于《当代学术信息》1994 年第 5 期
- 《"坐书斋"、"出书斋"和"书斋现代化"》，收录于《市场化大潮中的人文科学走向》(笔谈),《探索与争鸣》1994 年第 8 期
- 《唐代佛教略论》,《历史教学问题》1994 年第 5 期

1995 年

- 《"胡适与中国新文化"国际学术研讨会综述》，署名正慰,《光明日报》1995 年 10 月 30 日
- 《"天人合一"思想对中国纪传体史书发展的影响》,《社会科学》1995 年第 3

期；中国人民大学复印报刊资料《历史学》1995年第5期转载；上海《报刊文摘》1995年4月13日作观点介绍；收录于《中国“八五”科学技术成果选》《中国“九五”成就与探索》《中国当代社科研究文库》《中国改革成果通报》《史学研究新视野》《世界学术文库华人卷》《中国发展理论与实践文集》

- **《方兴未艾的中国人口史研究——当代中国史学趋势研究之一》**，《历史教学问题》1995年第2期
- **《历史城市学的崛起——当代中国史学趋势研究之二》**，《华东师范大学学报（哲学社会科学版）》1995年第5期；《中国史研究动态》1996年第3期
- **《敦煌学发展的三大态势——当代中国史学趋势研究之三》**，《学术月刊》1995年第9期；中国人民大学复印报刊资料《历史学》1995年第11期转载；《新华文摘》1995年第12期作观点介绍；《甘肃日报》1996年1月25日转载
- **《1978年以来亚细亚生产方式问题研究的若干思考——当代中国史学趋势研究之四》**，《史学理论研究》1995年第3期；中国人民大学复印报刊资料《历史学》1995年第11期转载；美国《历史文摘》（*Historical Abstracts*）和《美国：历史和生活》（*America: History and Life*）刊载该文摘要
- **《日益受到关注的海外中国学研究——当代中国史学趋势研究之五》**，《华东师范大学学报（哲学社会科学版）》1995年第6期；中国人民大学复印报刊资料《历史学》1996年第2期转载；《高等学校文科学报文摘》1996年第1期摘登其中观点
- **《当前中国韩国学研究析略》**，《亚太论坛》1995年第6期
- **《关于中韩史学比较研究的若干问题》**，收录于《韩国研究论丛》第1辑，上海人民出版社1995年版
- **《撼天的怒吼，血写的痛史——评朴殷植〈韩国独立运动之血史〉》**，收录于《韩国独立运动研究国际学术会议论文汇编》，1995年；收录于《韩国独立运动血史新论》，上海人民出版社1996年版
- **《“五·七”连队创业记》**，署名仙夫，收录于《东方十日谈——老三届人的

故事》，上海人民出版社 1995 年版

- 《11—8 公路开通记》，收录于《东方十日谈——老三届人的故事》，上海人民出版社 1995 年版

1996 年

- 《重视史学发展前沿研究》，《文汇报》1996 年 7 月 10 日
- 《〈现代西方史学〉出版》，《人民日报》1996 年 10 月 29 日
- 《重“通”和践“今”——张广智〈现代西方史学〉读后》，《宁波日报》1996 年 11 月 6 日
- 《“中国学”研究在海外》，《高等学校文科学报文摘》1996 年第 1 期
- 《美国的中国学和中国学者的反研究》，《面向太平洋》1996 年第 3 期
- 《研究海外华人学者中国学成就的必要性及其意义》，《面向太平洋》1996 年第 4 期；《上海统战理论研究》1998 年第 2 期
- 《论东方社会历史发展的道路及其研究——第九届全国史学理论研讨会观点综述》，《史学理论研究》1996 年第 2 期；美国《历史文摘》(*Historical Abstracts*)和《美国：历史和生活》(*America: History and Life*)刊载该文摘要
- 《大学校园呼唤人文素质教育》，《探索与争鸣》1996 年第 8 期；《社科信息文萃》1996 年第 19 期转载
- 《探赜索隐，着眼未来——1995 年史学理论研究述要》，《史学理论研究》1996 年第 3 期；收录于 1995 年度《中国历史学年鉴》，中国社会科学出版社 1996 年版
- 《美国中国学的由来和发展》，《华东师范大学学报(哲学社会科学版)》1996 年第 5 期
- 《当代中国韩国学析略》，收录于《韩国研究论丛》第 2 辑，上海人民出版社 1996 年版
- 《亲爱的母校，你信么？》，收录于《100 个博士的少年情》，少年儿童出版社 1996 年版
- 《吕振羽年谱简编》，收录于《吕振羽和中国历史学——学术研讨纪念文集》，

吉林大学出版社 1996 年版

- 《史之心旅——关于时代和史学的思考》，华东师范大学出版社 1996 年版

1997 年

- 《现代化和人文素质教育》，《上海教育报》1997 年 1 月 3 日
- 《传统在中国现代化进程中显示的力量》，《中国市场经济报》1997 年 5 月 6 日
- 《百年喜回归，明珠更璀璨——写在香港回归的历史性时刻》，《华东师范大学校报》1997 年 7 月 1 日
- 《东方国家现代化发展中的理论问题——第 10 届全国史学理论研讨会观点综述》，《光明日报》1997 年 9 月 9 日；《史学理论研究》1997 年第 4 期；中国人民大学复印报刊资料《历史学》1997 年第 12 期转载
- 《宝鼎熔铸华夏情——“香港宝鼎”诞生记》，香港《环球中华》1997 年 7 月号
- 《难以忘怀的记忆》，《历史教学问题》1997 年第 1 期
- 《研究中国学，心系中国学——法国学者巴斯蒂夫人来访记》，《历史教学问题》1997 年第 2 期
- 《辟开榛莽播浓荫——吕振羽史学成就述要》，《历史教学问题》1997 年第 4 期
- 《走中国马克思主义史学的开创之路——吕振羽的学术思想述要》，《邵阳师专学报》1997 年第 4 期；收录于《我的学述》，吉林大学出版社 1998 年版；收录于《吕振羽研究文集》，中国社会科学出版社 1999 年版
- 《塞纳河畔的一位中国通——法国学者巴斯蒂夫人印象记》，《史学理论研究》1997 年第 3 期；《历史教学问题》1997 年第 2 期
- 《面向未来的孙中山研究——近 20 年的情况和前瞻》，收录于《孙中山与现代文明》，苏州大学出版社 1997 年版
- 《史学理论》，收录于《中国历史学年鉴 1996》，中国社会科学出版社 1997 年版
- 《史学发展的影响》，收录于《史学研究新视野》，山东大学出版社 1997 年版

1998 年

- 《东亚金融危机引起的文化思考》，《文汇报》1998 年 4 月 27 日
- 《确立全球文化价值是当务之急》，《社会科学报》1998 年 4 月 30 日
- 《不可忽视的另一边——关于海外中国学研究的若干思考》，与施宣圆合著，《文汇报》1998 年 11 月 27 日；《文摘报》1998 年 12 月 6 日作观点介绍；收录于《中华学林名家访谈》，文汇出版社 2003 年版
- 《一位杰出中国学家的生动写照——英文版〈回忆费正清〉读后》，《学术月刊》1998 年第 3 期；收录于《中国社会主义精神文明建设宝典》，团结出版社 1998 年版
- 《"国魂之不灭者存焉"——朴殷植史学思想之一瞥》，收录于《韩国研究论丛》第 4 辑，上海人民出版社 1998 年版；收录于韩国《李炫熙教授花甲纪念论丛》，1998 年；收录于《韩国研究二十年 · 文化卷》，社会科学文献出版社 2012 年版
- 《简议严复进化论传播和中国近代史学发展》，收录于《严复与中国近代化学术研讨会论文集》，海峡文艺出版社 1998 年版
- 《史学理论》，收录于《中国历史学年鉴 1997》，生活 · 读书 · 新知三联书店 1998 年版
- 《中国文史百科 · 民俗卷》，与张岱年、林大雄合编，浙江人民出版社 1998 年版

1999 年

- 《史坛呼唤史学评论——读〈史学与史学评论〉》，《探索与争鸣》1999 年第 2 期
- 《马克思主义史学家吕振羽》，《历史教学》1999 年第 4 期
- 《历史不容两岸分裂——斥李登辉"两国论"》，（香港）《中国评论》1999 年第 11 期
- 《论东西方文化的交流和碰撞——评张广智、邹振环两先生的论文》，收录于《韩国研究论丛》第 6 辑，中国社会科学出版社 1999 年版
- 《马克思主义史学新探》，与陈启能、于沛等合著，社会科学文献出版社 1999 年版

2000年

- 《裴宜理教授的中国学研究》，《世纪之窗》2000年第3期
- 《法国近现代中国研究中心及其科研走向——法国、瑞典中国学研究机构学术访问记》，《史学理论研究》2000年第4期
- 《求真、求实、求新——巴斯蒂教授的中国学研究成就及其特点》，《学术研究》2000年第11期
- 《记马克思主义史学家吕振羽》，收录于《学林往事》，朝华出版社2000年版
- 《史学理论》，收录于《中国历史学年鉴1998》，生活·读书·新知三联书店2000年版
- 《吕振羽学术思想评传》，北京图书馆出版社2000年版
- 《费正清的中国世界——同时代人的回忆》，［美］柯文、［美］戈德曼主编，朱政惠等译，东方出版中心2000年版

2001年

- 《美国的中国学研究重镇——密歇根大学中国学机构访问印象记》，《人民日报》（海外版）2001年9月26日
- 《哈佛大学费正清研究中心的中国学考察记》，《人民日报》（海外版）2001年11月21日；美国《明报》2001年11月25日转载
- 《美国的中国学研究大本营》，《人民日报》（海外版）2001年11月21日
- 《为海外汉学发展作贡献——记哈佛大学哈佛燕京图书馆善本部主任沈津先生》，《学术月刊》2001年第3期
- 《裴宜理教授的中国学研究——哈佛大学费正清东亚研究中心主任访谈记》，《史学理论研究》2001年第3期；中国人民大学复印报刊资料《历史学》2001年第12期转载
- 《美国中国学的大本营——哈佛大学费正清东亚研究中心》，（台湾）《历史月刊》2001年11月号；以《美国中国学研究的大本营——哈佛大学费正清东亚研究中心印象记》为题，收录于《近代中国的国家形象与国家认同》，上海古籍出版社2003年版

2002年

- 《密歇根大学中国学考察记》,《社会科学报》2002年3月14日
- 《加州大学的中国学研究》,《社会科学报》2002年3月14日
- 《加州大学圣地亚哥分校中国学考察记》,《社会科学报》2002年3月21日
- 《中东部中国学研究重镇》,《社会科学报》2002年3月21日
- 《风光旖旎康乃尔》,《社会科学报》2002年10月17日
- 《康乃尔大学中国学考察记》,《社会科学报》2002年10月17日
- 《史华慈：当代美国中国学大师》,《社会科学报》2002年12月19日
- 《施拉姆教授的毛泽东研究》，收录于《文景》第5辑，上海书店出版社2002年版

2003年

- 《我在哈佛过春节》,《文汇报》2003年2月9日
- 《美国如何培育民族精神》，收录于《民族精神：中华民族的立国之本》(笔谈),《探索与争鸣》2003年第2期
- 《史华慈的中国学研究》,《历史教学问题》2003年第1期；收录于《史华慈论中国》，新星出版社2006年版
- 《美国中国学史研究中的若干问题》,《历史教学问题》2003年第2期
- 《他乡有夫子——史华慈生平和学术谱略》,《世界汉学》2003年第1期；收录于《史华慈论中国》，新星出版社2006年版
- 《美国对中国史学史研究的几个问题》,《历史教学问题》2003年第3期
- 《关于美国中国学家的总结和反思》,《历史教学问题》2003年第4期
- 《海外博士论文中的上海研究》,《档案与史学》2003年第4期
- 《20世纪美国对中国史学史的研究》,《史学史研究》2003年第4期；中国人民大学复印报刊资料《历史学》2004年第2期转载
- 《史华慈中国学研究析略》，收录于《史学理论与史学史学刊2002年卷》，社会科学文献出版社2003年版
- 《史华兹和他的严复研究》，收录于《中国近代启蒙思想家——严复诞辰150周年纪念论文集》，方志出版社2003年版

2004年

- 《**重视历史档案**》，《社会科学报》2004年3月4日
- 《**义和团战争并非不可避免**》，与冯绍雷、戴超武合著，《社会科学报》2004年3月4日
- 《**相兰欣〈义和团战争的起源〉读后感**》，《社会科学报》2004年3月12日
- 《**科学发展观和教育创新发展**》，《华东师范大学校报》2004年6月1日
- 《**美国清史资料及其研究情况述略**》（上）（下），《中国史研究动态》2004年第1—2期；中国人民大学复印报刊资料《明清史》2004年第3期转载；以《美国清史资料及其研究情况述略——以历史学研究为主线的考察》为题收录于《清史译丛》第1辑，中国人民大学出版社2004年版；以《美国清史资料及其研究述略——以历史学研究为主线的考察》为题，收录于《中国学者论美国中国学》，上海辞书出版社2008年版
- 《**驰骋国际汉学界的骁将——在耶鲁大学拜访史景迁教授**》，《探索与争鸣》2004年第5期
- 《**20世纪中外史学交流回顾**》，与李江涛合著，《史林》2004年第5期；收录于《史学理论的世界视野——外国史学研究》，北京师范大学出版社2007年版
- 《**柯文教授的清史研究**》，《江西师范大学学报（哲学社会科学版）》2004年第6期；以《柯文教授的清史研究——三次相聚及请教的若干问题》为题，收录于《清史译丛》第2辑，中国人民大学出版社2005年版；收录于《跨越东西方的思想：世界语境下的中国文化研究》，外语教学与研究出版社2010年版
- 《**海外英文博士论文中的上海学研究**》《**上海罢工**》《**裴宜理**》，收录于《海外上海学》，上海古籍出版社2004年版
- 《**美国中国学史研究——海外中国学探索的理论与实践**》，上海古籍出版社2004年版
- 《**知青部落——黄山脚下的10,000个上海人**》，与金光耀合编，上海古籍出版社2004年版

2005年

- 《纠结的历史方法》，收录于《历史学家茶座》总第1辑，山东人民出版社2005年版；收录于《历史学家茶座1第1—4辑合订本》，山东人民出版社2009年版
- 《上海档案馆藏晚清租界外文文献概况》，与李江涛共同整理，收录于《清史译丛》第4辑，中国人民大学出版社2005年版
- 《重新认识中国传统文化——儒家文化命运与当今中国新选择》（韩文本），收录于《"亚洲民族文化的振兴与韩商标化"学术研讨会论文集》，2005年；收录于《国学研究》2006年第8辑，韩国国学振兴院2006年版
- 《中国近代史学"科学化"进程研究（1902—1949）》序，收录于《中国近代史学"科学化"进程研究（1902—1949）》，湖南师范大学出版社2005年版
- 《美国的韩国研究机构和韩国独立运动研究》（韩文），收录于《中国抗日战争与韩国独立运动》，韩国眼望一声出版社2005年版
- 《20世纪末的一次重要学案——80年代史华慈对东亚政治秩序问题讨论的组织和研究》，收录于《东亚汉文化圈与中国关系》，中国社会科学出版社2005年版
- 《现代化进程中的中国人文学科·史学卷》，与王斯德、童世骏、盛邦和、路新生、胡逢祥、王东、邬国义合著，上海人民出版社2005年版

2006年

- 《海外中国学研究——一个正在发展的新方向》，《华东师范大学校报》2006年5月26日
- 《美国主要的中国学研究机构》，《社会科学报》2006年7月27日
- 《美国的中国学专家》，《社会科学报》2006年8月24日
- 《世界中国学家的群体分析》，与马军合著，《社会科学报》2006年8月24日
- 《中国学研究热的表现与原因》，《社会科学报》2006年9月14日
- 《怀念魏斐德教授》，《社会科学报》2006年11月16日
- 《海外学者对中国史学的研究及其思考》，《史林》2006年第4期

- 《马克思主义史学在中国的传承与发展》,《历史教学问题》2006 年第 6 期
- 《英国的清史研究资源》,收录于《历史学家茶座》总第 4 辑,山东人民出版社 2006 年版
- 《史前期中国社会研究》,收录于《中国史学名著评介》第 4 卷(第 2 版),山东教育出版社 2006 年版
- 《关于史华慈的两份重要档案文件·按语》,收录于《海外中国学评论》第 1 辑,上海古籍出版社 2006 年版
- 《美国中国学的职业化进程问题》,收录于《海外中国学评论》第 1 辑,上海古籍出版社 2006 年版
- 《海外中国学评论》第 1 辑,朱政惠主编,上海古籍出版社 2006 年版
- 《史华慈学谱:1916—1999》,上海辞书出版社 2006 年版

2007 年

- 《史华慈对中国思想史的研究》,《文汇报》2007 年 1 月 4 日
- 《要多与海外汉学家打交道》,《中国图书商报》2007 年 11 月 27 日
- 《关于史学史研究和海外中国学研究的若干问题》,《探索与争鸣》2007 年第 1 期
- 《"会当临绝顶,一览众山小"——史学理论杂志创刊 20 周年笔谈》,《史学理论研究》2007 年第 1 期
- 《近二十年中国大陆海外中国学研究的若干思考》,与吴原元合著,《中国大陆研究教学通讯》2007 年 3 月号;以《近二十年来国内海外中国学研究的基本状况及若干思考》为题,收录于《汉学研究》第 10 集,学苑出版社 2007 年版
- 《现代国外学者对中国史学的研究》(上)(下),收录于《20 世纪中外史学交流》,北京师范大学出版社 2007 年版
- 《海外学者对中国史学的研究及其思考》,收录于《海外中国学评论》第 2 辑,上海古籍出版社 2007 年版
- 《纪念龙彼得教授》,[英]杜德桥著,朱政惠译,收录于《海外中国学评论》第 2 辑,上海古籍出版社 2007 年版

- 《海外中国学评论》第 2 辑，朱政惠主编，上海古籍出版社 2007 年版

2008 年

- 《中国史家对海外同行的关注和研究》，《史学理论研究》2008 年第 3 期；中国人民大学复印报刊资料《历史学》2008 年第 11 期转载
- 《中外文化交流史研究的新成果——读〈走出中世纪〉(增订版)、〈走出中世纪二集〉》，《探索与争鸣》2008 年第 10 期
- 《我们对海外中国学研究的探索》，收录于《海外中国学评论》第 3 辑，上海辞书出版社 2008 年版
- 《史景迁的史学内涵和意义》，收录于《海外中国学评论》第 3 辑，上海辞书出版社 2008 年版
- 《史华慈与中国》，与许纪霖合编，吉林出版集团有限责任公司出版 2008 年版
- 《中国学者论美国中国学》，朱政惠编，上海辞书出版社 2008 年版
- 《海外中国学评论》第 3 辑，朱政惠主编，上海辞书出版社 2008 年版

2009 年

- 《二十世纪美国的中国史学史研究》，《中国社会科学报》2009 年 11 月 3 日；《国际社会科学杂志（中文版）》2009 年第 2 期
- 《把握海外中国学研究的大机遇》，《中国社会科学报》2009 年 12 月 15 日
- 《史景迁史学探要》，《史学月刊》2009 年第 1 期；《中国社会科学文摘》2009 年第 5 期摘要转载；中国人民大学复印报刊资料《历史学》2009 年第 5 期转载
- 《倡议建立知青学》，《黑土情》2009 年第 3 期
- 《章学诚的史学批评理论及其思考》，与陈勇合著，第三届中国社会科学前沿论坛，西安，2009 年；"中国传统学术的近代转型"国际学术研讨会，上海，2009 年；以《章学诚的史学批评理论及其借鉴意义》为题，《史学史研究》2010 年第 1 期；收录于《思勉论丛》第 1 辑，上海人民出版社 2012 年版；收录于《章学诚研究概览：章学诚诞辰 280 周年纪念文集》，杭州出版社 2018 年版
- 《史前期中国社会研究 殷周时代的中国社会·前言》，收录于《湖湘文库》

甲编第413卷，湖南教育出版社2009年版

- 《美国中国学研究：以施坚雅模式社会科学化取向的考察》序，收录于《美国中国学研究：以施坚雅模式社会科学化取向的考察》，上海人民出版社2009年版11月
- 《“知青学”呼之欲出——对知青问题研究的一个思考》，收录于《中国知识青年上山下乡研究文集》，上海社会学院出版社2009年版
- 《美国学者论美国中国学》，朱政惠编，上海辞书出版社2009年版

2010年

- 《中美学者对话美国中国史学新动向》，与艾尔曼、葛兆光、王俊义合著，《社会科学报》2010年1月7日
- 《康乃尔大学的中国学研究》，《中国社会科学报》2010年1月26日
- 《吕振羽的史学贡献和高尚情操》，《中国社会科学报》2010年7月22日
- 《美国的中国研究：历史与现状——汪荣祖教授访问记》，《中国社会科学报》2010年9月2日；以《关于美国中国学研究及其他——汗荣祖教授访问记》为题，收录于《汉学研究》第13集，学苑出版社2011年版
- 《美国大师重视中国学的综述》，《中国社会科学报》2010年10月12日；中国人民大学复印报刊资料《历史学》2010年第12期转载
- 《正确对待历史和未来——学术史视角思考圆明园罹劫研究》，《中国社会科学报》2010年11月2日
- 《近30年来中国学者的海外中国学研究：收获和思考》，《江西社会科学》2010年第4期
- 《内藤湖南的〈中国史学史〉》，《历史教学问题》2010年第3期；中国人民大学复印报刊资料《历史学》2010年第9期
- 《跋》，收录于《北美中国学——研究概述与文献资源》，中华书局2010年版
- 《全球视野下的史学：区域性与国际性》，与胡逢祥合编，上海辞书出版社2010年版

2011年

- 《注意史学与现实的沟通》，《社会科学报》2011年5月12日

- 《反思是美国中国学发展的助推剂》,《社会科学报》2011 年 8 月 25 日
- 《美国中国学：学术史研究的富矿》，与陈菁霞合著,《中华读书报》2011 年 11 月 16 日
- 《史学理论与史学史的新思考——与海外中国学研究关系的讨论》,《安徽史学》2011 年第 2 期；中国人民大学复印报刊资料《历史学》2011 年第 8 期转载:《国际汉学》2012 年第 2 期
- 《史学理论与史学史研究的一个新思考——与海外中国学研究关系之若干问题的讨论》，与褚艳红、吕杰、张斌、张颖华、张怡、刘莉、李想合著,《历史教学问题》2011 年第 2 期
- 《美国学者对中国学研究的回顾与反思》,《江海学刊》2011 年第 3 期；《高等学校文科学术文摘》2011 年第 4 期转载
- 《马克思主义史学在中国》，收录于《史学之魂：当代西方马克思主义研究》第 10 章，复旦大学出版社 2011 年版

2012 年

- 《在与外来思潮的碰撞中研究中国历史——追忆朱维铮先生》,《中国社会科学报》2012 年 5 月 16 日
- 《西班牙汉学研究的新成果》,《文汇报》2012 年 7 月 23 日
- 《80 年前雷海宗对国际汉学研究的关注》,《中华读书报》2012 年 9 月 26 日；收录于《纪念雷海宗先生诞辰 110 周年中国第四届世界古代史国际学术研讨会论文集》，中华书局 2016 年版
- 《中国史学史研究的国际视野》,《学术月刊》2012 年第 1 期；收录于《中国史学史研究的再出发（专题讨论）》，中国人民大学复印报刊资料《历史学》2012 年第 5 期；收录于《执着的史学追求：仓修良教授八十华诞庆寿文集》，华东师范大学出版社 2012 年版
- 《“北美中国学的历史与现状”国际学术研讨会述评》,《史学理论研究》2012 年第 1 期
- 《缅怀先辈，做好工作》,《海外中国学评论》第 4 辑，上海辞书出版社 2012 年版

- 《大陆学者对海外中国史学研究的关注及其理论思考》，收录于《海外中国学评论》第4辑，上海辞书出版社2012年版
- 《海外中国学评论》第4辑，朱政惠主编，上海辞书出版社2012年版

2013年

- 《世界秩序变革中的海外中国学研究》，《中国社会科学报》2013年4月3日
- 《蔡美彪先生二三事》，《文汇读书周报》2013年7月16日
- 《纪念中国学家费惟恺教授》，《文汇报》2013年7月22日
- 《历史学视域中的海外中国学》，《中国社会科学报》2013年9月6日
- 《应重视对海外中国文化的研究》，《探索与争鸣》2013年第1期
- 《柳暗花明又一村——关于海外中国学研究与史学研究的对话》，与刘莉合著，《史学月刊》2013年第4期
- 《美国学者对中国史学的研究探要》，《史学理论研究》2013年第3期；中国人民大学复印报刊资料《历史学》2013年第10期转载
- 《中国学者对海外中国学研究的百年回顾——进程、特点和若干问题的思考》，《甘肃社会科学》2013年第5期
- 《美国学者对中国学研究的回顾与反思——进程、特点和研究方法的若干思考》，收录于《北美中国学的历史与现状》，上海辞书出版社2013年版
- 《"北美中国学的历史与现状"国际学术研讨会述要》，收录于《北美中国学的历史与现状》，上海辞书出版社2013年版
- 《北美中国学的历史与现状》，与崔丕合编，上海辞书出版社2013年版

逝世后

- 《美国"中国学"：进展·阶段·走向》，中国人民大学复印报刊资料《社会科学总论》2014第3期
- 《学术史研究能告诉我们什么？——以美国汉学、中国学发展的研究为例》，《国际汉学》2014年第1期
- 《民国年间史家与国际汉学界的互动民国史家与史学》，收录于《民国史家与史学：1912—1949民国史家与史学国际学术研讨会论文集》，上海大学出版社2014年版

- **《美国中国学发展史：以历史学为中心》**，中西书局2014年版
- **《美国学者的中国人物传记研究——概况、特点、背景及相关诸问题的思考》**，《史学理论研究》2015第3期；中国人民大学复印报刊资料《历史学》2015第11期转载
- **《海外中国学研究的学科建设刍议》**，收录于《海外中国学评论》第5辑，上海辞书出版社2015年版
- **《美国中国学研究之概览》**，收录于《海外中国学评论》第5辑，上海辞书出版社2015年版
- **《海外中国学评论》第5辑**，与王东、刘昶合编，上海辞书出版社2015年版
- **《美国中国研究促进会的成立——20世纪20年代后美国远东战略影响之一瞥》**，与刘莉合著，收录于《中国文化与亚洲的价值》，学苑出版社2018年版

后　记

端坐在办公室桌前，打开电脑，凝望着这部受华东师大中国史学研究中心委托而由朱师弟子们编辑的纪念文集，不禁顿生万千感慨。令人感慨的，不仅仅是倏忽之间先生离开竟已十年；更有编辑过程中那令人感动的一幕幕，不由得让人感觉先生似乎从未离开过我们……

2023 年的 2 月 15 日，正是农历正月二十五，恰逢中国传统节日填仓节，这是中国民间一个象征新年五谷丰登的节日。这天上午，忽接上海辞书出版社编辑发来信息，说明系由时任华东师大历史学系党委书记的王东老师介绍，主要是征询朱政惠弟子及其亲属对于编辑出版纪念朱师文集的意向，并称“朱老师是辞书社的老作者，大家都有长期良好的合作，在朱老师去世十周年之际，我们也希望借此契机表达对朱老师的纪念和追思！”闻其言后，当即回复称，“作为朱师弟子，我们早有此意向”。在这种“不谋而合”的力量推动之下，纪念文集的编辑出版事宜驶入“快车道”：华东师大历史学系对于纪念文集的出版给予了大力支持；中国史学研究中心与上海辞书出版社联络商定纪念文集出版的相关事宜；上海辞书出版社则不仅将出版费用降至成本价，更为纪念文集的尽早出版开设“绿色通道”。

当我们向朱师生前同事与师友邀约追念之文时，他们虽或年事已高，或身体有恙，或科研任务缠身，却皆予以热忱响应。现居台湾的汪荣祖先生和复旦大学的张广智先生已逾杖朝之年，不仅当即允诺，且在邀约发出后一个月即发来所撰之文。尤令人感动的是，张先生的追忆之文，不仅系亲笔手书，而且“落笔虔诚”，字斟句酌，虽“短短四千字余”，却是“费尽心思和精力”，此皆系“深情出自内心”。南开大学的乔治忠先生在朱师去世一周年之际，曾在《华东师范大学校报》上刊发过题为《绵绵不尽的怀思》的追忆文。近来虽身体欠佳，乔先生仍希望勉力撰著新文以示怀念；后因故未能撰出，我们遂询问他可否收入那篇情真意切的旧作，乔先生应允，仍称“谢谢对我的迁就！我还是修改一下原稿！”中国社会科学院的于沛先生在将所撰之文发来的同时，充满怀思之情地言道：“你有一名好老师，我有一个好朋友，我们都是幸运的人。”当我们向中国社会科学院的李红岩先生邀约时，其回复称：“好的！我特别愿意。”南开大学的孙卫国先生亦如是回复：“文章一定写！早应该写了。”北京师范大学的张越先生则一再称：“朱老师的事，义不容辞，责无旁贷。”朱师的师弟亦为同事的王东老师，在发来写就的悼念之文后感慨道：“我写着写着就会泪流满面。还有很多话，实在写不出！”这样令人感动与泪目的话语与场景还有很多很多……

所应感谢的，还有责任编辑陆琦杨和裴杰。文集的架构、彩插照片的设计以及附录的格式，他们皆贡献诸多建议；为了纪念文集能在今年11月底之前出版，陆编辑嘱我每收到学人所撰之文即转寄于他；至于他们对文集所收文章审校的谨严与细致，更不待言。笔者粗略统计与陆琦杨在微信上往返的信息，其数不下千条。正是缘于他们如此的用心与细心，文集方得以如期出版，并因此而增色良多。

朱师的家人与亲属对纪念文集的编辑出版高度关注与重视，倾心尽力地提供各种力所能及的帮助。为准确提供有关朱师生平的信息，朱师的大哥朱政明、二哥朱政源、四妹朱政平及五弟朱政成冒着酷热“翻箱倒柜”查找相关资料和物件，并且数度召开家庭会议进行核实；为了撰著追思同胞兄弟之文，他们在详尽查实相关资料的基础上，数易其稿，借此表达深情之思。

作为朱师的弟子，在感动于各方对先师之深情高谊的同时，皆尽可能想方设法主动为纪念文集的出版出力献策。在接到华东师大中国史学研究中心委托后，曹景文、龚咏梅、杨华、马少甫、褚艳红、阮洁卿等朱师弟子即分头联络熟识的朱师之师友，邀请其撰写追忆文章。不仅如此，作为大师兄的曹景文还担负指导之责，召集同门就纪念文集的内容、架构安排以及朱师代表性论文的挑选等进行商议；师姐龚咏梅主动承担朱师小传的撰写工作及西班牙学者劳尔所撰追忆文的翻译，并与师母共同担负纪念文集中彩插照片的挑选与标注；师兄马少甫则负责与中国史学研究中心的联络沟通，并就纪念文集的各种事宜出计献策，藏于校档案室的朱师之简历即由其提供；师弟高勇将其整理的《朱政惠教授发表成果汇总》发来，以方便于我所编《朱政惠先生学术著述系年目录》的查漏补缺及审校，并为师姐龚咏梅翻译劳尔所撰追忆文提供力所能及的帮助及审校；师妹刘莉亦主动承担了纪念文集中"斯人文存篇"校样的审校工作……

缘于担负与责任编辑沟通联系之责，我得以有机会与诸多朱师生前同事及师友联系，并第一时间拜读所撰追忆之文。其间，深深触动我的是，他们无一不言朱师的高情厚意，称其是"忠厚的长者""谦谦君子""永不停息的探索者"……同时，我亦因此得以管窥朱师曾经的生活世界和学术世界，了解到其更多的学习、工作与生活的往事细节，追随朱师的一幕幕场景又一次一一浮现于眼前。

这不禁让我想起博尔赫斯的话："大部分的时间里，我们并不存在；在某些时间，有你而没有我；在一些时间，有我而没有你；再有一些时间，你我都存在。"在浩渺的星空下，我们与朱师能够有缘存在于同一时间，并相知相聚，这本身就值得铭记与回忆。事实上，大至种族小至个体都离不开回忆，因为它是我们对抗时间与遗忘的唯一方式，亦是证明朱师仍存在于这个世界的唯一方式，正如大卫·伊格曼在《生命的清单》中所言，后人记忆中的死亡，代表着其与这个世界的彻底告别。如其所言，任何人都只能凭借记忆，方能免于随时间的流逝而隐入尘烟，更为长久地存在于我们所生活的这个世界，这或许即是出版此纪念文集的意义所在！

吴原元

2023 年 9 月 10 日于丽娃河畔